企业
财税管理
一本通

邵永为◎编著

中国铁道出版社有限公司
CHINA RAILWAY PUBLISHING HOUSE CO., LTD.

内容简介

这是一本关于企业会计和税务实务操作的专业书，内容涉及以下几个方面的账务处理：企业设立阶段的会计与纳税；收付款项和有价证券；资产的收发、增减和使用；债权债券；收入、成本、费用。对实际生活中经常出现的疑难问题给出具体的解析，包括：发票使用过程中、个人所得税实施过程中、财务成果计算及企业所得税的疑难点；如何享受税收优惠等。每章均从企业日常经营中遇到的现实业务出发，而不是从财税专业术语入手，按实际业务划分不同的章节，对每项业务执行中通常可能会遇到的财务问题和涉税问题进行分析，并有针对性地提供解决方案。

图书在版编目（CIP）数据

企业财税管理一本通 / 邵永为编著. —北京：中国铁道出版社有限公司，2021.7

ISBN 978-7-113-27913-4

Ⅰ. ①企… Ⅱ. ①邵… Ⅲ. ①企业管理-财务管理 Ⅳ. ①F275

中国版本图书馆CIP数据核字（2021）第073274号

书　　名：企业财税管理一本通
QIYE CAISHUI GUANLI YIBENTONG

作　　者： 邵永为

责任编辑： 王　佩　　**编辑部电话：**（010）51873022　　**邮箱：** 505733396@qq.com

封面设计： 宿　萌

责任校对： 焦桂荣

责任印制： 赵星辰

出版发行： 中国铁道出版社有限公司（100054，北京市西城区右安门西街8号）

印　　刷： 北京铭成印刷有限公司

版　　次： 2021年7月第1版　2021年7月第1次印刷

开　　本： 700 mm×1 000 mm　1/16　**印张：** 16.75　**字数：** 275千

书　　号： ISBN 978-7-113-27913-4

定　　价： 59.80元

前言

■ 写作目的

企业的财务、税务部门虽然不能直接创造价值，但是规范、严谨、灵活的财务与税务工作，对于企业吸引投资、控制财务成本、降低纳税成本都有着非常积极的意义。

我国出台了很多有利于企业会计与税务工作规范运作的法律法规，但是在实际操作中仍然面临很多具体的问题，这些问题需要结合交易实质、当事人意愿、税务机关的要求等各种因素来解决，因此，会计和税务实务就成了企业的一项具有挑战性的工作。

■ 主要内容

这是一本关于企业会计和税务实务操作的专业书，内容涉及多项具体的账务处理，并对实际生活中经常出现的疑难问题给出具体的解析。每章均从企业日常经营中遇到的现实业务出发，按实际业务划分不同的章节，对实务中相对基础、常见且容易混淆的常识问题进行深入剖析，并提出合理的解决方法。

其中第1～5章为会计相关科目的具体账务处理，每一章都在账务处理后进行案例讲解；第6～10章为税务在实务中的疑难问题及解析，采用提问和回答的方式对经常遇到的重要问题进行逐一解答。

■ 主要特色

第一，通俗易懂。在讲解实务案例的同时，给出合理的解决方法，以最大限度达到读者能“看了就懂、懂了就会、会了就用”的效果。

第二，全面系统。本书涵盖了企业日常经营中会计和税务的具体实务，坚持理论与实际相结合的原则，用实务案例对一些重点、难点问题进行深入解读，旨在帮助财务工作者举一反三，融会贯通。

第三，实用性强。书中每一章都从企业经营实际，而不是教科书的财税理论出发，帮助企业的财税人员厘清常见经济事项的会计和税务处理，同时结合案例对日常工作中容易遇到的重点和难点财税事项进行了详细阐释，引导读者进行实践操作，具有非常强的实用性。

第四，与时俱进。书中使用的是最新的财税政策，并且引用了大量翔实的国家相关法律、法规、规章、解释和指南，内容更新及时，具有较强的可读性与可操作性。

■ 读者对象

本书体系完整、内容全面，通过阅读、查询本书，将会带给不同需求的读者不同的收获。

- 对于公司决策人：可以在业务决策时提前考虑财税风险，避免以往只考虑市场不考虑财税所带来的潜在风险。
- 对于财税从业人员：可以有效规避日常财税处理中的问题，提升自身专业水平。
- 企业培训及咨询人员：查询企业重点的会计税务审核事项，增强实务经验，满足业务需要。
- 对于拟对企业投资的投资人：在对目标公司调研时，可以非常容易地发现目标公司的财税风险，从而判定是否值得投资。

本书在编写过程中，得到了多位企业财务人员、国家机关工作人员的大力支持，在此一并表示感谢。由于水平有限，书中疏漏之处在所难免，恳请广大读者不吝指正。

编　者

目录

第1章
企业设立阶段的账务处理

1.1 设立企业所需条件

1.1.1 股份有限公司的设立条件

根据《中华人民共和国公司法》（以下简称《公司法》）的有关规定，设立股份有限公司，应当具备下列条件：①发起人符合法定人数；②有符合公司章程规定的全体发起人认购的股本总额或者募集的实收股本总额；③股份发行、筹办事项符合法律规定；④发起人制定公司章程，采用募集方式设立的经创立大会通过；⑤有公司名称，建立符合股份有限公司要求的组织机构；⑥有公司住所。

1. 发起人条件

根据《公司法》规定，发起人人数为2人以上200人以下，其中须有半数以上的发起人在中国境内有住所。股份有限公司发起人承担公司筹办事务。发起人应当签订发起人协议，明确各自在公司设立过程中的权利和义务。《最高人民法院关于适用〈中华人民共和国公司法〉若干问题的规定（三）》第一条规定：为设立公司而签署公司章程、向公司认购出资或者股份并履行公司设立职责的人，应当认定为公司的发起人，包括有限责任公司设立时的股东。可见法律上对于发起人并无明确定义，而发起人的主要特征是履行公司设立职责的股东。

2. 财产条件

（1）注册资本。《公司法》规定，股份公司采取发起设立方式设立的，注册资本为在公司登记机关登记的全体发起人认购的股本总额；股份公司采取募集设立方式设立的，注册资本为在公司登记机关登记的实收股本总额。换句话说，除非采取募集设立方式设立，股份公司在设立时股东不需要缴纳任何出资，只需要全体发起人认购的股本总额达到公司章程规定的标准即可。

2013年《公司法》修改后，取消了对股份公司最低注册资本的要求，但如果其他法律、行政法规以及国务院决定对股份公司注册资本实缴、注册资本最低限额另有规定的，从其规定。例如，《商业银行法》《保险法》均对商业银行和保险公司规定了最低注册资本要求，而且要求发起人必须在设立时实缴出资。

公司的注册资本由公司章程规定，登记机关按照公司章程规定予以登记。公司注册资本发生变化，应当修改公司章程并向公司登记机关依法申请办理变更登记。

（2）缴纳注册资本的方式和期限。股份有限公司采取发起设立方式设立的，注册资本为在公司登记机关登记的全体发起人认购的股本总额。至于发起人何时缴纳出资，法律则没有任何规定，完全交由公司章程规定。因此，股份公司可以按照公司业务发展情况计划对资金的需求，在公司章程中列明各个发起人缴纳出资的期限和顺序。《公司法》只是规定：在发起人认购的股份缴足前，不得向他人募集股份。

股份有限公司采取募集设立方式设立的，注册资本为在公司登记机关登记的实收股本总额。这意味着：以募集设立方式设立的股份公司，股东必须在设立时缴纳全部出资。另外，《公司法》还规定，以募集设立方式设立股份有限公司的，发起人认购的股份不得少于公司股份总数的35%；但法律、行政法规另有规定的，从其规定。

股东出资额或者发起人认购股份、出资时间及方式由公司章程规定。发生变化的，应当修改公司章程并向公司登记机关依法申请办理公司章程或者公司章程修正案备案。

3. 组织条件

组织条件包括公司名称、住所、章程以及依法建立的组织机构等。股份有限公司的设立需要有相应的名称、住所，必须在名称中标明股份有限公司或者股份公司字样。同时，需要建立相应的组织机构，且股份发行、筹办事项符合法律规定等。

股份有限公司的发起人应当制定公司章程，采用募集方式设立的须经创立大会通过。公司章程是由设立公司的股东共同制定，对公司、股东、董事、监事、高级管理人员具有约束力的，调整公司内部关系和经营行为的公司规范性文件。公司章程是公司设立的必备条件之一，也是一个体现公司自治原则和自治手段的文件，《公司法》中任意性的规定，主要授权由公司章程规定，此外，公司章程是一个公开性的文件，其记载的内容都是公开的，股东、债权人以及有关人士可通过不同的途径进行查阅。

（1）根据我国《公司法》的规定，股份有限公司的发起人应当制定公司章程，采用募集方式设立的须经创立大会通过。公司章程的修改必须经过股东大会，并且应当经过出席会议的代表2/3以上表决权的股东通过。

（2）公司章程的内容。公司章程记载内容分为三类，即绝对必要记载事项、相对必要记载事项、选择性记载事项或者任意记载事项。绝对必要记载事项，是公司立法规定应当在章程中载明的内容，但如未加载明，可由法律规定推定其内容，不影响整个章程的效力。选择性记载事项或任意记载事项，是公司立法无强制记载规定，股东认为应当记载于章程之中的内容。股份有限公司的章程应当载明下列事项：①公司名称和住所；②公司经营范围；③公司设立方式；④公司股份总数、每股金额和注册资本；⑤发起人的姓名或者名称、认购的股份数、出资方式和出资时间；⑥董事会的组成、职权和议事规则；⑦公司法定代表人；⑧监事会的组成、职权和议事规则；⑨公司利润分配办法；⑩公司的解散事由与清算办法；⑪公司的通知和公告办法；⑫股东大会会议认为需要规定的其他事项。此外，上市公司应在其公司章程中规定股东大会的召开和表决程序，包括通知、登记、提案的审议、投票、计票、表决结果的宣布、会议决议的形成、会议记录及其签署、公告等，还应在公司章程中规定股东大会对董事会的授权原则，授权内容应具体明确。

1.1.2 有限责任公司的设立条件

根据《公司法》的有关规定，设立有限责任公司，应当具备下列条件：①股东符合法定人数；②有符合公司章程规定的全体股东认缴的出资额；③股东共同制定公司章程；④有公司名称，建立符合有限责任公司要求的组织机构；⑤有公司住所。

1. 股东人数

我国《公司法》规定有限责任公司由50个以下股东出资设立，允许设立一人公司。同时，出资设立公司的股东还要符合相应的资格条件。

2. 财产条件

2013年修改后，《公司法》取消了对有限责任公司最低注册资本的要求，也取消了对于缴纳出资的法定期限要求。有限责任公司的注册资本为在公司登记的全体股东的出资额。除了法律、行政法规以及国务院决定对有限责任公司注册资本实缴、注册资本最低限额另有规定外，《公司法》没有规定有限责任公司的最低注册资本限额和出资期限。

《公司法》对有限责任公司出资形式、缴纳方式和股东的出资与责任，参见本章第一节“出资制度”的相关内容。

3. 组织条件

（1）公司章程的制定和修改。根据我国《公司法》的规定，设立有限责任公司必须由股东共同依法制定公司章程，一人有限责任公司的公司章程由股东制定。但是，根据《公司法》的有关规定，国有独资公司章程由国有资产监督管理机构制定，或者由董事会制订报国有资产监督管理机构批准。公司章程制定之后，股东应当在公司章程上签名、盖章。

根据《公司法》的规定，公司章程的修改必须经过股东会，并且应当经过代表2/3以上表决权的股东通过。

（2）公司章程的内容。根据《公司法》的规定，有限责任公司章程应当载明下列事项：①公司名称和住所；②公司经营范围；③公司注册资本；④股东的姓名或者名称；⑤股东的出资方式、出资额和出资时间；⑥公司的机构及其产生办法、职权、议事规则；⑦公司法定代表人；⑧股东会会议认为需要规定的其他事项。

1.1.3 普通合伙企业的设立条件

根据《中华人民共和国合伙企业法》（以下简称《合伙企业法》）的规定，设立普通合伙企业，应当具备下列条件：

（1）有两个以上合伙人。合伙人为自然人的，应当具有完全民事行为能力。合伙企业合伙人至少为两人以上，对于合伙企业合伙人数的最高限额，我国《合伙企业法》未作规定，完全由设立人根据所设企业的具体情况决定。

关于合伙人的资格，《合伙企业法》作了以下限定：①合伙人可以是自然人，也可以是法人或者其他组织。除法律另有规定外，这些人的组成不受限制。②合伙人为自然人的，应当具有完全民事行为能力。无民事行为能力人和限制民事行为能力人不得成为普通合伙企业的合伙人。③国有独资公司、国有企业、上市公司以及公益性的事业单位、社会团体不得成为普通合伙人。

（2）有书面合伙协议。合伙协议，是指由各合伙人通过协商，共同决定相互间的权利义务，达成的具有法律约束力的协议。合伙协议应当依法由全体合伙人协商一致，以书面形式订立。合伙协议应当载明下列事项：合伙企业的名称和主要经营场所的地点；合伙目的和合伙经营范围；合伙人的姓名或者名称、住所；合伙人的出资方式、数额和缴付期限；利润分配、亏损分担方式；合伙事务的执行；入伙与退伙；争议解决办法；合伙企业的解散与清算；违约责任等。合伙协议经全体合伙人签名、盖章后生效。合伙人按照合伙协议享有权利，履行义务。修改或者补充合伙协议，应当经全体合伙人一致同意；但是，合伙协议另有约定的除外。合伙协议未约定或者约定不明确的事项，由合伙人协商决定；协商不成的，依照《合伙企业法》和其他有关法律、行政法规的规定处理。

根据《合伙企业法》的规定，合伙人违反合伙协议的，应当依法承担违约责任。合伙人履行合伙协议发生争议的，合伙人可以通过协商或者调解解决。不愿通过协商、调解解决或者协商、调解不成的，可以按照合伙协议约定的仲裁条款或者事后达成的书面仲裁协议，向仲裁机构申请仲裁。合伙协议中未订立仲裁条款，事后又没有达成书面仲裁协议的，可以向人民法院起诉。

（3）有合伙人认缴或者实际缴付的出资。合伙协议生效后，合伙人应当按照合伙协议的规定缴纳出资。合伙人可以用货币、实物、知识产权、土地使用权或者其他财产权利出资，也可以用劳务出资。合伙人的劳务出资形式是有别于公司出资形式的重要不同之处。合伙人以实物、知识产权、土地使用权或者其他财产权利出资，需要评估作价的，可以由全体合伙人协商确定，也可以由全体合伙人委托法定评估机构评估。合伙人以劳务出资的，其评估办法由全体合伙人协商确定，并在合伙协议中载明。合伙人应当按照合伙协议约定的出资方式、数额和缴付期限履行出资义务。以非货币财产出资的，依照法律、行政法规的规定，需要办理财产权转移手续的，应当依法办理。

（4）有合伙企业的名称和生产经营场所。普通合伙企业应当在其名称中标明“普通合伙”字样，其中，特殊的普通合伙企业，应当在其名称中标明“特殊普通合伙”字样，合伙企业的名称必须和“合伙”联系起来，名称中必须有“合伙”二字。违反《合伙企业法》的规定，合伙企业未在其名称中标明“普通合伙”“特殊普通合伙”或者“有限合伙”字样的，由企业登记机关责令限期改正，处以2 000元以上1万元以下的罚款。

经企业登记机关登记的合伙企业主要经营场所只能有一个，并且应当在其企业登记机关登记管辖区域内。

1.2　取得投资的账务处理

1.2.1　接受投资的账务处理

1．业务概述

“实收资本”科目核算小企业收到投资者按照合同协议约定或相关规定投入的、构成注册资本的部分。应特别注意的是：①小企业（股份有限公司）应当将“实收资本”科目的名称改为“股本”科目。②小企业收到投资者出资超过其在注册资本中所占份额的部分，作为资本溢价，在“资本公积”科目核算，不在“实收资本”核算。③小企业（中外合作经营）根据合同规定在合作期间归还投资者的投资，应在“实收资本”科目设置“已归还投资”明细科目进行核算。

小企业收到投资者的出资，借记“银行存款”“其他应收款”“固定资产”“无形资产”等科目，按照其在注册资本中所占的份额，贷记“实收资本”，按照其差额，贷记“资本公积”科目。

根据有关规定增加注册资本，借记“银行存款”“资本公积”“盈余公积”等科目，贷记“实收资本”。

根据有关规定减少注册资本，借记“实收资本”“资本公积”等科目，贷记“库存现金”“银行存款”等科目。

小企业（中外合作经营）根据合同规定在合作期间归还投资者的投资，应当按照实际归还投资的金额，借记“实收资本”（已归还投资），贷记“银行存款”等科目；同时，借记“利润分配——利润归还投资”科目，贷记“盈余公积——利润归还投资”科目。

2. 账务处理

接受投资相关会计处理如表1-1所示：

表 1-1　接受投资的会计处理

实收资本	会计处理
收到投资者的出资	借：“银行存款”等科目 　贷：实收资本（按照其在注册资本中所占的份额） 　　　资本公积（按照其差额）
增加注册资本	借：“银行存款”等科目 　贷：实收资本
减少注册资本	借：“实收资本”等科目 　贷：“银行存款”等科目
小企业（中外合作经营）根据合同规定在合作期间归还投资者的投资	借：实收资本——已归还投资 　贷：“银行存款”等科目 借：利润分配——利润归还投资 　贷：盈余公积——利润归还投资

3. 案例解析

【例1-1】某小企业收到A企业投入的固定资产，该固定资产作价300万元，小企业注册资本为1 000万元，占注册资本的20%，该小企业的会计处理如下：

借：固定资产　　3 000 000

　贷：实收资本　　2 000 000

　　　资本公积　　1 000 000

1.2.2 资本公积转增资本的账务处理

1. 业务概述

“资本公积”科目核算小企业收到投资者出资超出其在注册资本中所占

份额的部分。

小企业根据有关规定用资本公积转增资本，借记“资本公积”，贷记“实收资本”科目。

2. 账务处理

相关会计处理如图1-1所示：

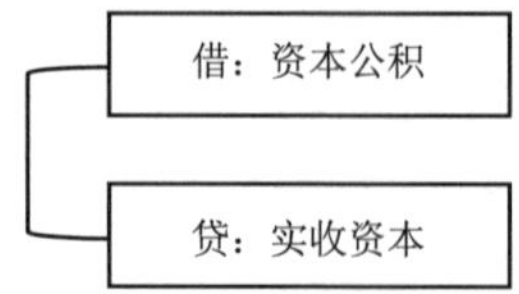

图1-1　资本公积转增资本的会计处理

3. 案例解析

【例1-2】某小企业为扩大经营规模，现将资本公积300 000元转增资本。该小企业的会计处理如下：

借：资本公积　　300 000

　贷：实收资本　　300 000

第2章
收付款项和有价证券的账务处理

2.1　现金和银行存款的相关经济业务的账务处理

2.1.1　从银行提取现金的账务处理

1. 业务概述

库存现金是指通常存放于企业财会部门、由出纳人员经管的货币资金。小企业应当设置“库存现金日记账”，由出纳人员根据收付款凭证，按照业务发生顺序逐笔登记。每日终了，应当计算当日的现金收入合计额、现金支出合计额和结余额，将结余额与实际库存额核对，做到账款相符。

小企业为维持正常经营往往需要留存一定的现金，这时就会涉及提现及存现的业务处理。当小企业现金不足，或因向职工支付工资、各种工资性津贴，向个人支付劳务报酬等事项时，就需要从银行提取一定的现金。主要会计科目为“库存现金”“银行存款”，小企业增加库存现金，借记“库存现金”，贷记“银行存款”等科目。小企业有内部周转使用备用金的，可以单独设置“备用金”科目。

2. 账务处理

相关账务处理如图2-1所示：

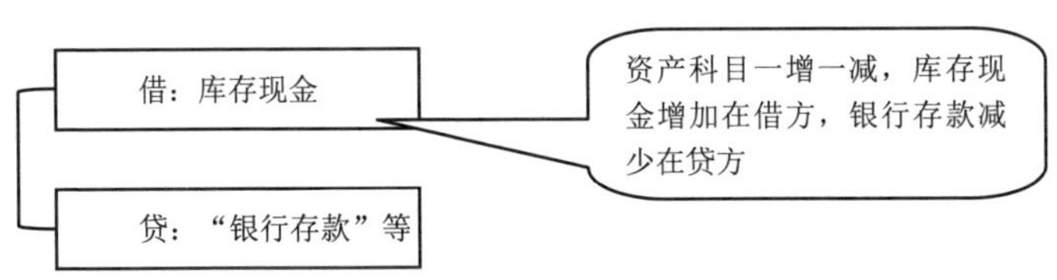

图2-1　从银行提取现金的会计处理

3. 案例解析

【例2-1】2×19年3月20日，某小企业因日常经营的需要，从银行提取200 000元现金。该小企业账务处理如下。

借：库存现金　　200 000

　贷：银行存款　　200 000

2.1.2　将现金存入银行的账务处理

1. 业务概述

小企业减少库存现金，借记“银行存款”等科目，贷记“库存现金”。

2. 账务处理

相关会计处理如图2-2所示：

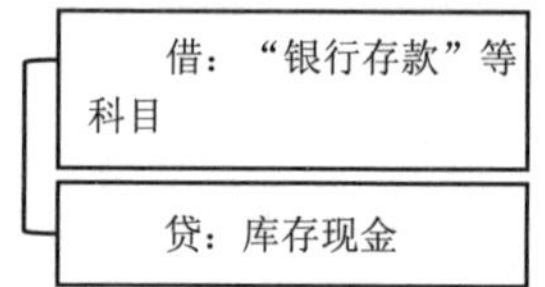

图2-2　将现金存入银行的会计处理

3. 案例解析

【例2-2】2×19年4月17日，某小企业将现金180 000元存入银行。该小企业账务处理如下：

借：银行存款　　180 000

　贷：库存现金　　180 000

2.1.3　每日终了结算现金收支的账务处理

1. 业务概述

小企业应在每日终了进行现金收支结算、财产清查，清查的结果应编制现金盘点报告单。发现的有待查明原因的现金短缺或溢余，应通过“待处理财产损溢”科目核算：属于现金短缺，应按照实际短缺的金额，借记“待处理财产损溢——待处理流动资产损溢”，贷记“库存现金”；属于现金溢余，按照实际溢余的金额，借记“库存现金”，贷记“待处理财产损溢——

待处理流动资产损溢”科目。

2. 账务处理

（1）每日终了发现有待查明原因的现金短缺或溢余。

属于现金短缺的，会计分录如图2-3所示：

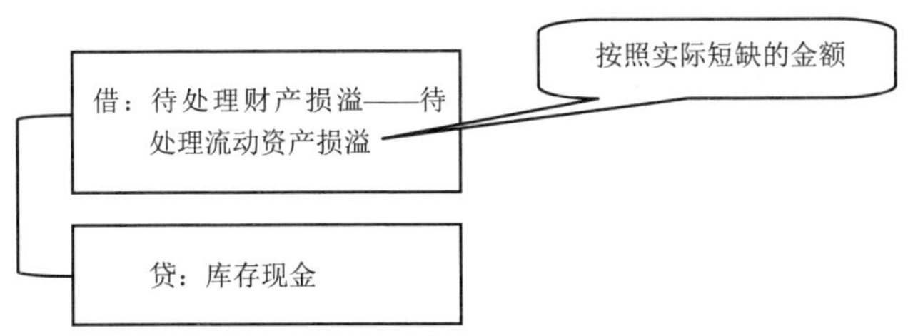

图2-3　现金短缺的会计处理

属于现金溢余的，会计分录如图2-4所示：

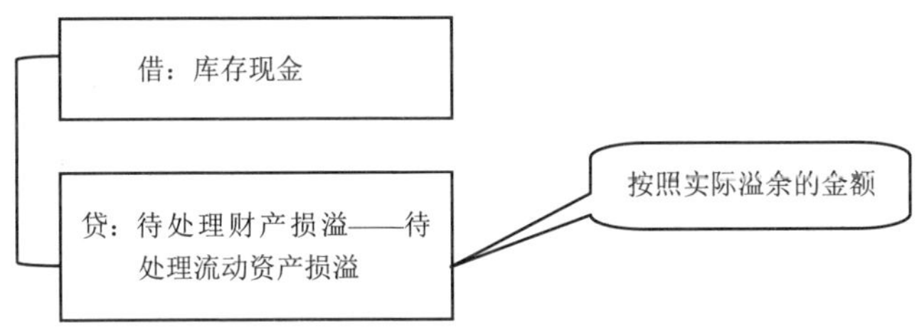

图2-4　现金溢余的会计处理

（2）待查明原因后按如下要求进行处理。

①现金短缺。

现金短缺时，不同原因下的会计处理如表2-1所示。

表 2-1　现金短缺的会计处理

短缺原因	会计处理
属于应由责任人赔偿的部分	借：其他应收款——应收现金短缺款（或库存现金等科目） 贷：待处理财产损溢
属于应由保险公司赔偿的部分	借：其他应收款——应收保险赔款 贷：待处理财产损溢
属于无法查明的其他原因，根据管理权限，经批准后处理	借：管理费用——现金短缺 贷：待处理财产损溢

②现金溢余。

现金溢余时，不同原因下的会计处理如表2-2所示。

表 2-2　现金溢余的会计处理

溢余原因	会计处理
属于应支付给有关人员或单位的部分	借：待处理财产损溢 　贷：其他应付款——应付现金溢余
属于无法查明原因的现金溢余，经批准后处理	借：待处理财产损溢 　贷：营业外收入——现金溢余

3．案例解析

【例2-3】某小企业2×19年3月31日现金清查时发现现金短缺2 000元，4月5日查明原因，其中500元属于出纳小李保管不善造成的损失，另外1 500元短缺原因不明。企业处理决定由小李赔偿600元，小李于4月15日交纳现金赔款。

该小企业2×19年3月31日的账务处理为：

借：待处理财产损溢　　2 000

　贷：库存现金　　2 000

2×19年4月5日的账务处理为：

借：其他应收款——出纳小李　　600

　　管理费用　　1 400

　贷：待处理财产损溢　　2 000

2×19年4月15日的账务处理为：

借：库存现金　　600

　贷：其他应收款——出纳小李　　600

2.1.4　日常业务取得银行存款收入的账务处理

1．业务概述

银行存款是企业存入银行和其他金融机构的货币资金，是企业货币资金的重要组成部分。小企业应当按照开户银行和其他金融机构、存款种类等设置“银行存款日记账”，由出纳人员根据收付款凭证，按照业务的发生顺序逐笔登记。每日终了，应结出余额。“银行存款日记账”应定期与“银行对账单”核对，至少每月核对一次。小企业银行存款账面余额与银行对账单余额之间如有差额，应编制“银行存款余额调节表”调节相符。

小企业发生对外销售货物或提供劳务等日常业务时，将收到的货款存入银行。

2．账务处理

相关会计处理如图2-5所示：

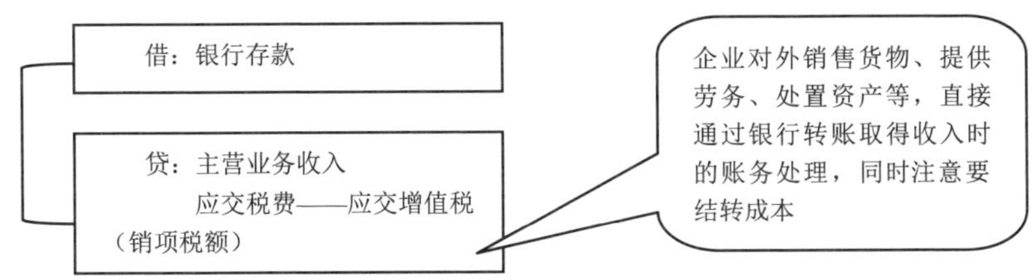

图2-5　取得收入存入银行的会计处理

3．案例解析

【例2-4】某小企业为增值税一般纳税人，主要从事机器零件的生产与销售。2×19年5月1日，对外出售机器零件价款合计为800元，该批零件成本为600元。该企业于15日收到转账的银行存款904元（价款和增值税款）。

该小企业2×19年5月1日的账务处理如下：

借：银行存款	904	
贷：主营业务收入		800
应交税费——应交增值税（销项税额）		104
借：主营业务成本	600	
贷：库存商品		600

2.1.5　日常业务支出银行存款的账务处理

1．业务概述

小企业发生购入原材料或货物等日常业务时，需支出银行存款，借记“原材料”“库存商品”等科目，按照税法规定可抵扣的增值税进项税额，借记“应交税费——应交增值税（进项税额）”科目，贷记“银行存款”科目。

2．账务处理

相关会计处理如图2-6所示：

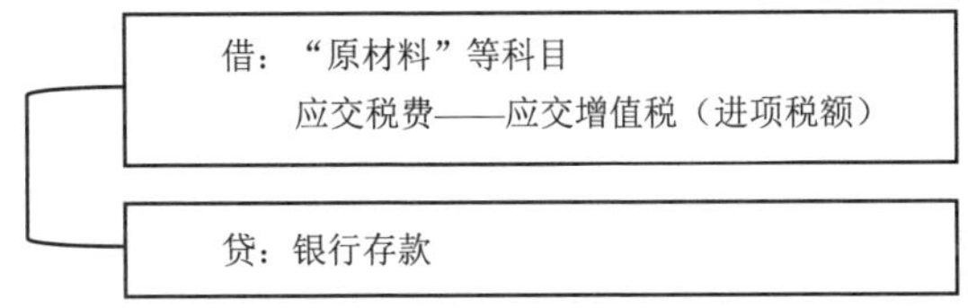

图2-6　日常业务支出银行存款的会计处理

3. **案例解析**

【例2-5】2×19年5月10日，某小企业购入原材料100 000元，增值税为13 000元，用银行存款支付。该小企业账务处理如下：

借：原材料　　100 000

　　应交税费——应交增值税（进项税额）　　13 000

　贷：银行存款　　113 000

2.1.6 发生银行存款利息的账务处理

1. **业务概述**

小企业在确认利息和取得利息时要分别做会计分录。确认利息时，借记“应收利息”，贷记“财务费用”；取得时做相反的会计分录。

2. **账务处理**

相关会计处理如图2-7所示：

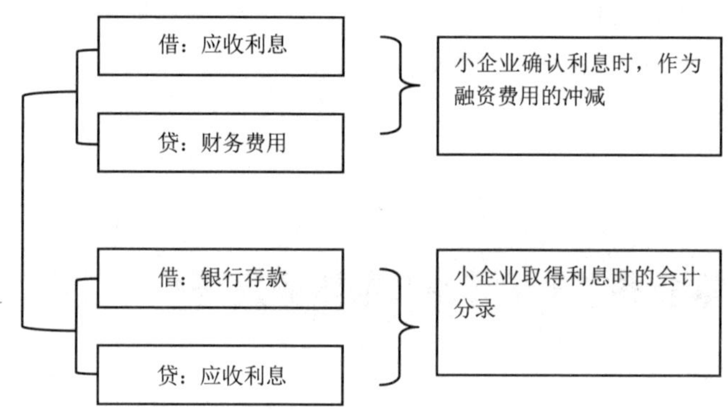

图2-7　银行存款利息相关的会计分录

3. **案例解析**

【例2-6】2×19年3月31日，某小企业当年第一季度银行存款产生利息总额为1 000元，并于2×19年4月8日收到这部分利息。该小企业会计处理如下：

（1）2×19年3月31日，确认银行利息：

借：应收利息　　1 000

　贷：财务费用　　1 000

（2）2×19年4月8日，收到银行利息：

借：银行存款　　　　　　　　　　　　　　　　　　　　　1 000

　　贷：应收利息　　　　　　　　　　　　　　　　　　　　　1 000

2.2 有价证券的相关经济业务的账务处理

2.2.1 发生短期投资的账务处理

1. 业务概述

短期投资，是指小企业购入的能随时变现并且持有时间不准备超过1年（含1年）的投资。如小企业以赚取差价为目的从二级市场购入的股票、债券、基金等。根据《小企业会计准则》，与《企业会计准则》不同的是，小企业不设置“交易性金融资产”及“公允价值变动”等科目，而是设置“短期投资”“应收股利”“应收利息”“投资收益”等科目进行会计处理。

（1）小企业购入各种股票、债券、基金等作为短期投资的，应当按照实际支付的购买价款和相关税费，借记“短期投资”科目，贷记“银行存款”科目。

小企业购入股票，如果实际支付的购买价款中包含已宣告但尚未发放的现金股利，应当按照实际支付的购买价款和相关税费扣除已宣告但尚未发放的现金股利后的金额，借记“短期投资”，按照应收的现金股利，借记“应收股利”科目，按照实际支付的购买价款和相关税费，贷记“银行存款”科目。

小企业购入债券，如果实际支付的购买价款中包含已到付息期但尚未领取的债券利息，应当按照实际支付的购买价款和相关税费扣除已到付息期但尚未领取的债券利息后的金额，借记“短期投资”，按照应收的债券利息，借记“应收利息”科目，按照实际支付的购买价款和相关税费，贷记“银行存款”科目。

（2）在短期投资持有期间，被投资单位宣告分派的现金股利，借记“应收股利”科目，贷记“投资收益”科目。在债务人应付利息日，按照分期付息、一次还本债券投资的票面利率计算的利息收入，借记“应收利息”科目，贷记“投资收益”科目。

（3）出售短期投资，应当按照实际收到的出售价款，借记“银行存款”或“库存现金”科目，按照该项短期投资的账面余额，贷记“短期投资”，按照尚未收到的现金股利或债券利息，贷记“应收股利”或“应收利息”科目，按照其差额，贷记或借记“投资收益”科目。

2. 账务处理

相关会计处理如表2-3所示：

表 2-3　短期投资相关会计处理

短期投资	会计处理
取得时	借：短期投资（按实际支付的价款和相关税费） 　　应收利息（或应收股利） 　贷：银行存款
持有期间利息或股息	借：应收利息（或应收股利） 　贷：投资收益
处置时	借：银行存款（按实际收到的出售价款） 　　投资收益（盈利时贷记） 　贷：短期投资

3. 案例解析

【例2-7】某小企业于2×19年1月1日从二级市场购入A企业债券，支付价款合计为2 070 000元，其中，已到付息期但尚未领取的利息40 000元，交易费用30 000元。该债券面值是2 000 000元，剩余期限为3年，票面年利率4%，每半年末付息一次，该小企业将其划分为短期投资。其他资料如下：（1）2×19年1月5日，收到A企业债券2×18年下半年利息40 000元。（2）2×19年6月30日，A企业债券的公允价值为2 500 000元（不含利息）。（3）2×19年7月15日，收到A企业债券2×19年上半年的利息。（4）2×19年12月31日，A企业债券的公允价值是2 200 000元（不含利息）。（5）2×20年1月10日，收到A企业债券2×19年下半年的利息。（6）2×20年3月18日，通过二级市场出售A企业的债券，取得价款2 260 000元。

会计处理如下：

（1）2×19年1月1日，从二级市场购入A企业债券：

借：短期投资——A企业债券　　2 030 000

　　应收利息——A企业　　40 000

　贷：银行存款　　2 070 000

（2）2×19年1月5日，收到该债券2×18年下半年利息40 000元：

借：银行存款　　40 000

　贷：应收利息——A企业　　40 000

（3）2×19年6月30日：

借：应收利息——A企业　　40 000

　贷：投资收益——A企业债券　　40 000

（4）2×19年7月15日，收到A企业债券2×19年上半年的利息：

借：银行存款　　40 000

　贷：应收利息——A企业　　40 000

（5）2×19年12月31日：

借：应收利息——A企业　　40 000

　贷：投资收益——A企业债券　　40 000

（6）2×20年1月10日，收到A企业债券2×19年下半年的利息：

借：银行存款　　40 000

　贷：应收利息——A企业　　40 000

（7）2×20年3月18日，通过二级市场出售A企业的债券：

借：银行存款　　2 260 000

　贷：短期投资　　2 030 000

　　投资收益　　230 000

2.2.2 发生长期股权投资的账务处理

1. 业务概述

长期股权投资，是指小企业准备长期持有（通常指1年以上）的权益性投资。小企业的长期股权投资通常设置“长期股权投资”“应收股利”和“投资收益”等科目。根据《小企业会计准则》，初始确认时运用历史成本，后续计量采用与《企业会计准则》成本法类似的处理思路，相比较《小企业会计准则》而言核算更简单。

（1）小企业以支付现金取得的长期股权投资，如果实际支付的购买价款中包含已宣告但尚未发放的现金股利，应当按照实际支付的购买价款和相关税费扣除已宣告但尚未发放的现金股利后的金额，借记“长期股权投资”，按照应收的现金股利，借记“应收股利”科目，按照实际支付的购买价款和相关税费，贷记“银行存款”科目。

通过非货币性资产交换取得的长期股权投资，应当按照非货币性资产的评估价值与相关税费之和，借记“长期股权投资”，按照换出非货币性资产的账面价值，贷记“固定资产清理”“无形资产”等科目，按照支付的相关税费，贷记“应交税费”等科目，按照其差额，贷记“营业外收入”或借记“营业外支出”等科目。

（2）在长期股权投资持有期间，被投资单位宣告分派的现金股利或利润，应当按照应分得的金额，借记“应收股利”科目，贷记“投资收益”科目。

（3）处置长期股权投资，应当按照处置价款，借记“银行存款”等科目，按照其成本，贷记“长期股权投资”，按照应收未收的现金股利或利润，贷记“应收股利”科目，按照其差额，贷记或借记“投资收益”科目。

（4）根据《小企业会计准则》规定，确认实际发生的长期股权投资损失，应当按照可收回的金额，借记“银行存款”等科目，按照其账面余额，贷记“长期股权投资”，按照其差额，借记“营业外支出”科目。

2. 账务处理

相关会计处理如表2-4所示：

表 2-4　长期股权投资的会计处理

长期股权投资	会计处理	
取得时	货币资产	借：长期股权投资 　　应收股利 　贷：银行存款
	非货币资产	借：长期股权投资 　贷：固定资产清理（按照资产账面价值） 　　　（或无形资产）
持有期间现金股利或利润	借：应收股利 　贷：投资收益	
资产负债表日	发生投资损失时： 借：投资收益 　贷：长期股权投资	
处置时	借：银行存款（按照处置价款） 　　投资收益（按照差额，盈利时贷记） 　贷：长期股权投资（按照其账面余额） 　　　应收股利（按照应收未收回的现金股利或利润）	
确认实际发生的损失	借：银行存款（按照可收回的金额） 　　营业外支出（按照其差额） 　贷：长期股权投资（按照其账面余额）	

3. 案例解析

【例2-8】某小企业2×19年8月2日购入A企业股票100 000股作为长期股权投资，每股买入价10元，每股价格中包含有0.2元的已宣告但尚未分派的现金股利，另支付相关税费7 000元。该小企业于2×19年9月15日收到被投资方宣告发放现金股利的通知，应取得现金股利5 000元。该小企业于2×19年11月7日将A企业100 000股股票以每股12元卖出，支付相关税费2 000元，实际取得价款1 198 000元，款项已由银行收妥。处置时长期股权投资账面余额为1 100 000元。

会计处理如下：

（1）2×19年1月2日购入长期股权：

借：长期股权投资　　987 000

　　应收股利　　20 000

　贷：银行存款　　1 007 000

（2）2×19年9月15日应取得现金股利：

借：应收股利　　5 000

　贷：投资收益　　5 000

（3）2×19年11月7日出售长期股权：

借：银行存款　　1 198 000

　贷：长期股权投资　　1 100 000

　　　投资收益　　98 000

【例2-9】某小企业于2×19年2月20日，以银行存款1 000万元及一栋办公楼取得A企业80%的股权，并于当日起能够对A企业实施控制。该办公楼的原价为3 000万元，已计提折旧800万元，公允价值为3 000万元；A企业净资产的账面价值为6 000万元，公允价值为6 250万元。

会计处理如下：

（1）对固定资产进行处理：

借：固定资产清理　　22 000 000

　　累计折旧　　8 000 000

　贷：固定资产　　30 000 000

（2）购入长期股权的账务处理：

借：长期股权投资　　32 000 000

　贷：银行存款　　10 000 000

固定资产清理　　22 000 000

2.2.3 发生长期债券投资的账务处理

1. 业务概述

长期债券投资，是指小企业购入的准备长期（1年以上）持有的，或在1年内（不含1年）不能变现或不准备随时变现的债券投资。小企业应按照债券种类和被投资单位，分别以“面值”“溢折价”“应计利息”进行明细核算。

与《企业会计准则》不同的是，根据《小企业会计准则》，长期债券取得时，应通过“长期债券投资”核算，而不是“持有至到期投资”；在持有期间，确认的利息收入根据面值和票面利率计算确定，而且不需要考虑减值问题；在处置时，由于不存在减值问题，因而也不需要计提减值准备。

（1）小企业购入债券作为长期投资，应当按照债券票面价值，借记“长期债券投资”（面值），按照实际支付的购买价款和相关税费，贷记“银行存款”科目，按照其差额，借记或贷记“长期债券投资”（溢折价）。

如果实际支付的购买价款中包含已到付息期但尚未领取的债券利息，应当按照债券票面价值，借记“长期债券投资”（面值），按照应收的债券利息，借记“应收利息”科目，按照实际支付的购买价款和相关税费，贷记“银行存款”科目，按照其差额，借记或贷记“长期债券投资”（溢折价）。

（2）在长期债券投资持有期间，在债务人应付利息日，按照分期付息、一次还本的长期债券投资票面利率计算的利息收入，借记“应收利息”科目，贷记“投资收益”科目；按照一次还本付息的长期债券投资票面利率计算的利息收入，借记“长期债券投资”（应计利息），贷记“投资收益”科目。

在债务人应付利息日，按照应分摊的债券溢折价金额，借记或贷记“投资收益”科目，贷记或借记“长期债券投资”（溢折价）。

（3）长期债券投资到期，收回长期债券投资，应当按照收回的债券本金或本息，借记“银行存款”等科目，按照其账面余额，贷记“长期债券投资”（成本、溢折价、应计利息），按照应收未收的利息收入，贷记“应收利息”科目。

处置长期债券投资，应当按照处置收入，借记“银行存款”等科目，按照其账面余额，贷记“长期债券投资”（成本、溢折价），按照应收未收的利息收入，贷记“应收利息”科目，按照其差额，贷记或借记“投资收益”科目。

（4）按照《小企业会计准则》规定确认实际发生的长期债券投资损失，应当按照可收回的金额，借记“银行存款”等科目，按照其账面余额，贷记“长期债券投资”（成本、溢折价），按照其差额，借记“营业外支出”科目。

2. 账务处理

相关会计处理如表2-5所示：

表 2-5　长期债权投资的会计处理

<table>
<tr><th>长期债券投资</th><th colspan="2">会计处理</th></tr>
<tr><td>取得时</td><td colspan="2">借：长期债券投资——面值
长期债券投资——溢折价（或贷记）
应收利息
贷：银行存款（按照实际购买价款和相关税费）</td></tr>
<tr><td rowspan="3">持有期间利息</td><td>按照分期付息、一次还本的票面利率计算的利息收入</td><td>借：应收利息
贷：投资收益</td></tr>
<tr><td>按照一次还本付息的票面利率计算的利息收入</td><td>借：长期债券投资——应计利息
贷：投资收益</td></tr>
<tr><td>处置取得时应分摊的债券溢折价金额</td><td>借：投资收益（或贷记）
贷：长期债券投资——溢折价（或借记）</td></tr>
<tr><td>处置或到期收回时</td><td colspan="2">借：银行存款
投资收益（或贷记）
贷：长期债券投资——成本
长期债券投资——溢折价
应收利息</td></tr>
<tr><td>确认实际发生的长期债券投资损失</td><td colspan="2">借：银行存款（按照可收回的金额）
营业外支出（按照其差额）
贷：长期债券投资——成本
长期债券投资——溢折价</td></tr>
</table>

3. 案例解析

【例2-10】2×19年1月1日，某小企业支付价款1 000 000元购入A企业同日发行的3年期企业债券12 500份，面值1 250 000元，票面利率4.72%，实际支付的购买价款中包含已到付息期但尚未领取的债券利息59 000元，每年年末支付利息，本金最后一次偿还，实际利率为10%。2×19年12月31日，收到A企业支付的利息59 000元。2×20年12月31日，企业收回长期债券投资，实际收到利息59 000元，本金1 000 000元。

会计处理如下：

（1）2×19年1月1日，购入长期债券：

借：长期债券投资——面值　　1 250 000

　　应收利息　　59 000

　贷：银行存款　　1 000 000

　　　长期债券投资——溢折价　　309 000

（2）2×19年12月31日，收到债券利息：

借：应收利息　　59 000

　贷：投资收益　　59 000

借：银行存款　　59 000

　贷：应收利息　　59 000

（3）2×19年12月31日，处置应分摊的债券溢折价金额：

借：长期债券投资——溢折价　　309 000

　贷：投资收益　　309 000

（4）2×20年12月31日，收回长期债券投资：

借：应收利息　　59 000

　贷：投资收益　　59 000

借：银行存款　　1 059 000

　贷：长期债券投资——成本　　1 000 000

　　　应收利息　　59 000

第3章 资产的收发、增减和使用的账务处理

3.1 采购材料、商品相关业务的账务处理

3.1.1 企业外购材料支付价款和运杂费

1. 业务概述

小企业采用计划成本进行材料日常核算、购入材料的采购成本时，应在“材料采购”科目进行核算。

小企业外购材料，支付价款和运杂费时，应当按照发票账单所列购买价款、运输费、装卸费、保险费以及在外购材料过程发生的其他直接费用，借记“材料采购”，按照税法规定可抵扣的增值税进项税额，借记“应交税费——应交增值税（进项税额）”科目，按照实际支付或应支付的金额，贷记“库存现金”“银行存款”“其他货币资金”“预付账款”“应付账款”等科目。

材料已经收到、但尚未办理结算手续的，可暂不作会计分录，待办理结算手续后，再根据所付金额或发票账单的应付金额，借记本科目，贷记“银行存款”等科目。

2. 账务处理

相关会计处理如图3-1所示：

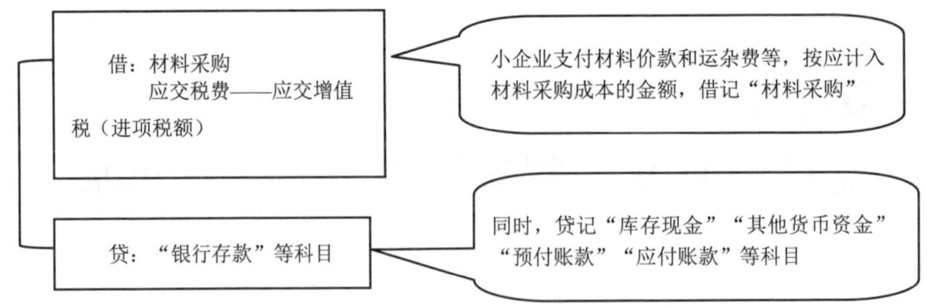

图3-1 外购材料的会计处理

3．案例解析

【例3-1】某小企业采用汇兑结算方式购入一批化工材料，专用发票上记载的货款为200 000元，增值税税额26 000元，发票账单已收到，计划成本180 000元，材料尚未入库。该小企业会计处理如下：

借：材料采购　　200 000

　　应交税费——应交增值税（进项税额）　　26 000

　贷：银行存款　　226 000

3.1.2 发生应冲减材料采购成本的情况

1．业务概述

应向供应单位、运输机构等收回的材料短缺或其他应冲减材料采购成本的赔偿款项，应根据有关的索赔凭证，借记“应付账款”或“其他应收款”科目，贷记“材料采购”。因自然灾害等发生的损失和尚待查明原因的途中损耗，先记入“待处理财产损溢”科目，查明原因后再作处理。

2．账务处理

相关会计处理如表3-1所示：

表3-1 应冲减材料采购成本的会计处理

材料采购	会计处理
应向供应单位、运输机构等收回的材料短缺或其他应冲减材料采购成本的赔偿款项	借：应付账款（或其他应收款） 贷：材料采购
因自然灾害等发生的损失和尚待查明原因的途中损耗	借：待处理财产损溢 贷：材料采购

3. 案例解析

【例3-2】承接【例3-1】，该小企业收到材料后，经验收发现有待查明原因的途中损耗4 000元。该小企业会计处理如下：

借：待处理财产损溢　　4 000

　贷：材料采购　　4 000

3.1.3 月末的会计处理

1. 业务概述

月末，企业应将仓库转来的外购收料凭证，分别按下列不同情况进行处理。

对于收到发票账单的收料凭证（包括本月付款或开出、承兑商业汇票的上月收料凭证），应按照实际成本和计划成本分别汇总，并按照计划成本，借记“原材料”“周转材料”等科目，贷记“材料采购”；将实际成本大于计划成本的差异，借记“材料成本差异”科目，贷记“材料采购”；实际成本小于计划成本的差异做相反的会计分录。

对于尚未收到发票账单的收料凭证，应按照计划成本暂估入账，借记“原材料”“周转材料”等科目，贷记“应付账款——暂估应付账款”科目，下月初用红字做同样的会计分录予以冲回，以便下月收到发票账单等结算凭证时，按照正常程序进行账务处理。

2. 账务处理

（1）对于收到发票账单的收料凭证：

相关会计处理如图3-2所示：

图3-2　材料采购月末收到发票的会计处理

（2）对于尚未收到发票账单的收料凭证：

相关会计处理如图3-3所示：

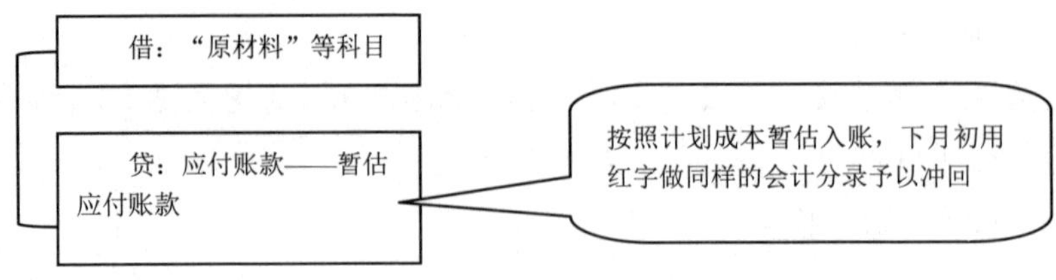

图3-3　材料采购月末尚未收到发票的会计处理

3．案例解析

【例3-3】承接【例3-1】，月末材料入库。该小企业会计处理为：

上述入库材料的实际成本为200 000元，计划成本为180 000元，入库材料的成本差异为超支20 000元。

借：原材料　　180 000

　　材料成本差异　　20 000

　贷：材料采购　　200 000

3.1.4　企业购入材料、商品

1．业务概述

"在途物资"科目核算小企业采用实际成本进行材料、商品等物资的日常核算、尚未到达或尚未验收入库的各种物资的实际采购成本。小企业（批发业、零售业）在购买商品过程中发生的费用（运输费、装卸费、包装费、保险费、运输途中的合理损耗和入库前的挑选整理费等），在"销售费用"科目核算，不在"在途物资"科目核算。

小企业外购材料、商品等物资，应当按照发票账单所列购买价款、运输费、装卸费、保险费以及在外购材料过程发生的其他直接费用，借记"在途物资"，按照税法规定可抵扣的增值税进项税额，借记"应交税费——应交增值税（进项税额）"科目，贷记"库存现金""银行存款""其他货币资金""预付账款""应付账款"等科目。

2．账务处理

相关会计处理如图3-4所示：

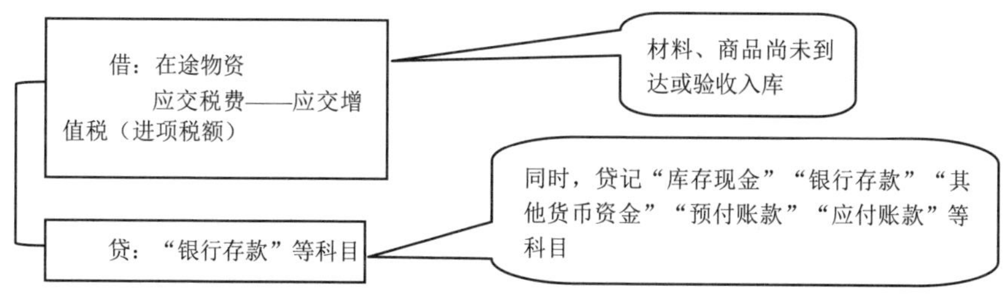

图3-4　在途物资购入的相关会计处理

3．案例解析

【例3-4】某小企业采用汇兑结算方式购入一批材料，发票及账单已收到，增值税专用发票上记载的货款为120 000元，增值税额15 600元。支付运杂费1 000元，材料尚未到达。该小企业会计处理为：

借：在途物资　　121 000

　　应交税费——应交增值税（进项税额）　　15 600

　贷：银行存款　　136 600

3.1.5　所购材料、商品到达并验收入库

1．业务概述

所购材料、商品到达并验收入库，应借记"原材料""库存商品"等科目，贷记"在途物资"。对于月末还尚未收到发票账单的收料凭证，应分别材料或商品，并按照估计金额暂估入账，借记"原材料""周转材料""库存商品"等科目，贷记"应付账款——暂估应付账款"科目，下月初用红字做同样的会计分录予以冲回，以便下月收到发票账单等结算凭证时，按照正常程序进行账务处理。

2．账务处理

（1）收到发票账单的收料凭证：

相关会计处理如图3-5所示：

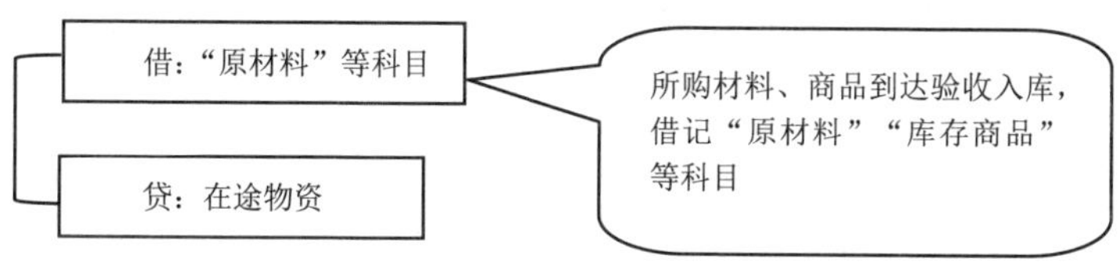

图3-5　在途物资入库（收到发票）的会计处理

（2）尚未收到发票账单的收料凭证：

相关会计处理如图3-6所示：

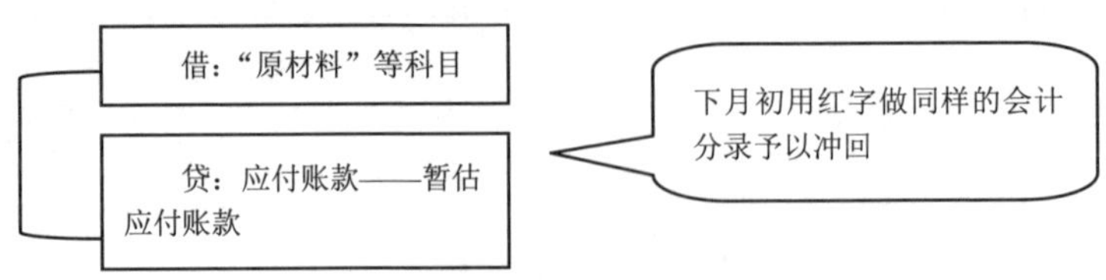

图3-6　在途物资入库（尚未收到发票）的会计处理

3．案例解析

【例3-5】承接【例3-4】，该小企业所购的材料已验收入库，且收到发票账单的收料凭证。该小企业的会计处理如下：

借：原材料　　121 000

　贷：在途物资　　121 000

【例3-6】某小企业购入一批材料，材料已验收入库，发票账单尚未收到，月末按照计划成本300 000元估价入账。该小企业的会计处理如下：

借：原材料　　300 000

　贷：应付账款——暂估应付账款　　300 000

下月初编制相反的会计分录予以冲回。

借：应付账款——暂估应付账款　　300 000

　贷：原材料　　300 000

3.1.6　发生应冲减材料或商品采购成本的情况

1．业务概述

小企业发生应向供应单位、外部运输机构等收回的材料或商品短缺或其他应冲减材料或商品采购成本的赔偿款项时，应根据有关的索赔凭证，借记"应付账款"或"其他应收款"科目，贷记"在途物资"。因自然灾害等发生的损失和尚待查明原因的途中损耗，先记入"待处理财产损溢"科目，查明原因后再作处理。

2．账务处理

相关会计处理如表3-2所示：

表 3-2 应冲减在途物资的情形及会计处理

在途物资	会计处理
应向供应单位、外部运输机构等收回的材料或商品短缺或其他应冲减材料或商品采购成本的赔偿款项	借：应付账款（或其他应收款） 　贷：在途物资
因自然灾害等发生的损失和尚待查明原因的途中损耗	借：待处理财产损溢 　贷：在途物资

3. 案例解析

【例3-7】承接【例3-4】，因自然灾害的原因导致该批材料在途中损耗了2 000元。该小企业的会计处理如下：

借：待处理财产损溢　　2 000

　贷：在途物资　　2 000

3.1.7 企业购入或自制取得原材料

1. 业务概述

原材料是指小企业库存的各种材料，包括原料及主要材料、辅助材料、外购半成品（外购件）、修理用备件（备品备件）、包装材料、燃料等。购入的工程用材料，在“工程物资”科目核算，不在“原材料”科目核算。

（1）小企业购入并已验收入库的材料，按照实际成本，借记“原材料”，贷记“在途物资”“应付账款”等科目。涉及按照税法规定可抵扣的增值税进项税额的，还应当借记“应交税费——应交增值税（进项税额）”科目。

购入的材料已经到达并已验收入库，但在月末尚未办理结算手续的，可按照暂估价值入账，借记“原材料”“周转材料”等科目，贷记“应付账款——暂估应付账款”科目；下月初用红字做同样的会计分录予以冲回，以便下月收到发票账单等结算凭证时，按照正常程序进行账务处理。

（2）自制并已验收入库的材料，按照实际成本，借记“原材料”，贷记“生产成本”科目。

（3）取得投资者投入的原材料，应当按照评估价值，借记“原材料”，贷记“实收资本”“资本公积”科目。涉及增值税进项税额的，还应进行相应的账务处理。

2. 账务处理

相关会计处理如表3-3所示：

表 3-3　原材料的取得及其会计处理

原材料	会计处理	
购入并已验收入库	借：原材料 　应交税费——应交增值税（进项税额） 　贷：应付账款（或银行存款、在途物资）	
	在月末尚未办理结算手续的	借：原材料（下月初用红字做同样的分录予以冲回） 　贷：应付账款——暂估应付账款
自制并已验收入库	借：原材料 　贷：生产成本	
取得投资者投入的原材料	借：原材料 　贷：实收资本（或资本公积）	

3. 案例解析

【例3-8】2×19年5月15日，某小企业从A企业购入生产用原材料2 000元，增值税额为260元，款项尚未支付，该批原材料已验收入库。该小企业会计处理如下：

借：原材料　　2 000

　　应交税费——应交增值税（进项税额）　　260

　贷：应付账款　　2 260

3.1.8 领用、出售或委托加工材料

1. 业务概述

（1）小企业生产经营领用材料，按照实际成本，借记“生产成本”“制造费用”“销售费用”“管理费用”等科目，贷记“原材料”。

（2）出售材料结转成本，按照实际成本，借记“其他业务成本”科目，贷记“原材料”。发给外单位加工的材料，按照实际成本，借记“委托加工物资”科目，贷记“原材料”。

（3）外单位加工完成并已验收入库的材料，按照加工收回材料的实际成本，借记“原材料”，贷记“委托加工物资”科目。

2. 账务处理

相关会计处理如表3-4所示：

表 3-4 原材料的领用、出售与委托加工的会计处理

<table>
<tr><th>原材料</th><th colspan="2">会计处理</th></tr>
<tr><td>生产经营领用材料</td><td colspan="2">借：生产成本（或“制造费用”“销售费用”“管理费用”等科目）
贷：原材料（按照实际成本）</td></tr>
<tr><td>出售材料</td><td colspan="2">借：其他业务成本
贷：原材料</td></tr>
<tr><td rowspan="2">委托加工材料</td><td colspan="2">借：委托加工物资
贷：原材料</td></tr>
<tr><td>外单位加工完成收回的材料</td><td>借：原材料
贷：委托加工物资</td></tr>
</table>

3. 案例解析

【例3-9】某小企业1月份生产车间领用A材料200 000元，车间管理部门领用A材料10 000元，企业行政管理部门领用A材料5 000元。该小企业的会计处理如下：

借：生产成本　　200 000
　　制造费用　　10 000
　　管理费用　　5 000
　贷：原材料——A材料　　215 000

3.1.9 清查盘点原材料

1. 业务概述

小企业应在每月末对原材料进行清查盘点，发现盘盈、盘亏、毁损的原材料，按照实际成本（或估计价值），借记或贷记“原材料”，贷记或借记“待处理财产损溢——待处理流动资产损溢”科目。

2. 账务处理

相关会计处理如图3-7所示：

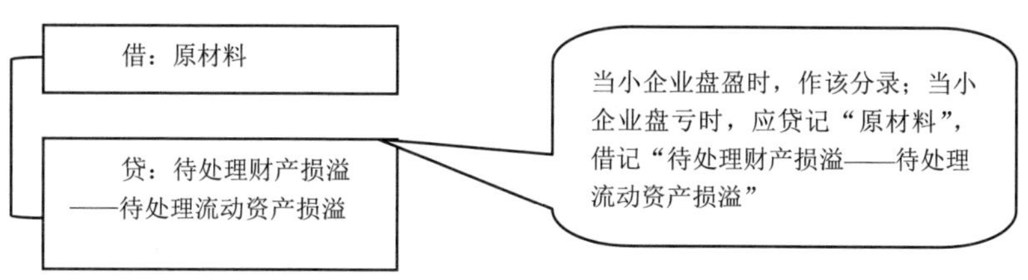

图3-7 清查盘点原材料的会计处理

3. **案例解析**

【例3-10】2×19年3月31日，某小企业对原材料进行清查盘点，发现有待查明原因的盘盈原材料2 000元。该小企业的会计处理如下：

借：原材料　　2 000

　贷：待处理财产损溢——待处理流动资产损溢　　2 000

3.1.10　材料验收入库

1. **业务概述**

小企业验收入库材料发生的材料成本差异，实际成本大于计划成本的差异，借记“材料成本差异”，贷记“材料采购”科目；实际成本小于计划成本的差异做相反的会计分录。

入库材料的计划成本应当尽可能接近实际成本。除特殊情况外，计划成本在年度内不得随意变更。

2. **账务处理**

相关会计处理如图3-8所示：

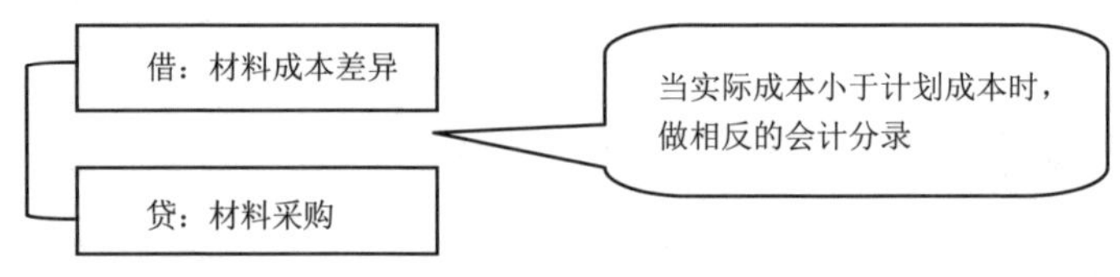

图3-8　材料验收入库时成本差异的处理

3. **案例解析**

案例解析见【例3-3】。

3.1.11　结转发出材料

1. **业务概述**

小企业结转发出材料应负担的材料成本差异，按照实际成本大于计划成本的差异，借记“生产成本”“管理费用”“销售费用”“委托加工物资”“其他业务成本”等科目，贷记“材料成本差异”；实际成本小于计划成本的差异做相反的会计分录。

发出材料应负担的成本差异应当按月分摊，不得在季末或年末一次计算。发出材料应负担的成本差异，除委托外部加工发出材料可按照月初成本差异率计算外，应使用本月的实际成本差异率；月初成本差异率与本月实际成本差异率相差不大的，也可按照月初成本差异率计算。计算方法一经确定，不得随意变更。

材料成本差异率的计算公式如下：

本月材料成本差异率=（月初结存材料的成本差异+本月验收入库材料的成本差异）÷（月初结存材料的计划成本+本月验收入库材料的计划成本）×100%

月初材料成本差异率=月初结存材料的成本差异÷月初结存材料的计划成本×100%

发出材料应负担的成本差异=发出材料的计划成本×材料成本差异率

2. 账务处理

相关会计处理如图3-9所示：

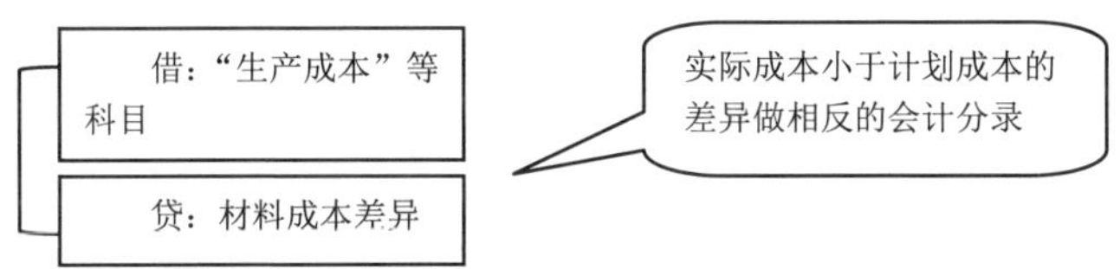

图3-9　结转发出材料时成本差异的处理

3. 案例解析

【例3-11】某小企业2×19年7月1日购入A材料一批，增值税专用发票上记载的货款为5 000 000元，增值税额650 000元，发票账单已收到，计划成本为4 500 000元，材料已验收入库，全部款项以银行存款支付。2×19年7月31日，该小企业根据"发料凭证汇总表"的记录，7月A材料的消耗（计划成本）为：生产车间领用2 000 000元，车间管理部门领用850 000元，行政管理部门领用50 000元。该小企业7月初结存A材料的计划成本为1 000 000元，成本差异为超支60 000元；当月入库A材料的计划成本为4 500 000元，成本差异为节约500 000元。该小企业的会计处理如下：

（1）2×19年7月1日购入A材料：

借：材料采购　　5 000 000

　　应交税费——应交增值税（进项税额）　　650 000

贷：银行存款　　5 650 000

（2）2×19年7月31日领用A材料：

借：生产成本　　2 000 000

制造费用　　850 000

管理费用　　50 000

贷：原材料——A材料　　2 900 000

（3）结转发出材料的成本差异：

材料成本差异率=（60 000−500 000）÷（1 000 000+4 500 000）×100%=−8%。

发出材料应负担的成本差异=−8%×2 900 000=−232 000（元）

结转发出材料的成本差异的分录为：

借：材料成本差异　　232 000

贷：生产成本　　160 000

制造费用　　68 000

管理费用　　4 000

3.2　库存商品相关业务的账务处理

3.2.1　自产的产成品入库

1．业务概述

“库存商品”核算小企业库存的各种商品的实际成本或售价。包括库存产成品、外购商品、存放在门市部准备出售的商品、发出展览的商品以及寄存在外的商品等。

小企业（农、林、牧、渔业）可将本科目改为“农产品”科目。小企业（批发业、零售业）在购买商品过程中发生的费用（运输费、装卸费、包装费、保险费、运输途中的合理损耗和入库前的挑选整理费等），在“销售费用”科目核算，不在“库存商品”核算。

小企业生产的产成品的入库和出库，平时只记数量不记金额，月末计算入库产成品的实际成本。生产完成验收入库的产成品，按照其实际成本，借记“库存商品”，贷记“生产成本”等科目。

对外销售产成品，借记“主营业务成本”科目，贷记“库存商品”。

2．账务处理

（1）自产产成品：

相关会计处理如图3-10所示：

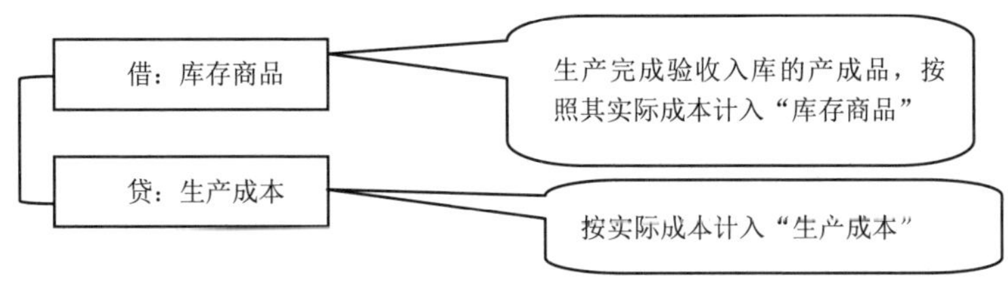

图3-10　自产产成品入库的会计处理

（2）对外销售产成品：

相关会计处理图3-11所示：

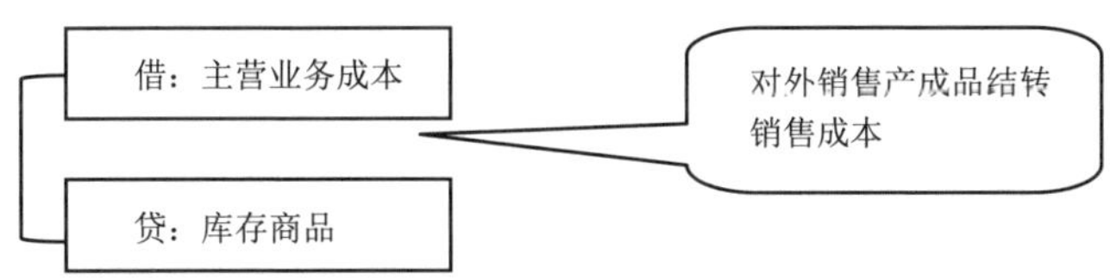

图3-11　对外销售产成品的会计处理

3．案例解析

【例3-12】某小企业2×19年3月7日已验收入库A产品100件，实际每件成本3 000元；B产品150件，实际每件成本4 000元。当月实现销售的A产品50件，B产品120件。月末结转成本。该小企业的会计处理如下：

（1）2×19年3月7日产成品验收入库：

借：库存商品——A产品　　300 000

　　　　　　——B产品　　600 000

　贷：生产成本　　900 000

（2）2×19年3月31日结转成本：

借：主营业务成本　　630 000

　贷：库存商品——A产品　　150 000

　　　　　　　——B产品　　480 000

3.2.2 购入商品并验收入库

1. 业务概述

购入商品到达验收入库后，按照商品的实际成本或售价，借记“库存商品”，贷记“银行存款”“在途物资”等科目。涉及增值税进项税额的，还应进行相应的处理。按照售价与进价之间的差额，贷记“商品进销差价”科目。“商品进销差价”核算小企业采用售价进行日常核算的商品售价与进价之间的差额。

购入的商品已经到达并已验收入库，但尚未办理结算手续的，可按照暂估价值入账，借记“库存商品”，贷记“应付账款——暂估应付账款”科目；下月初用红字做同样的会计分录予以冲回，以便下月收到发票账单等结算凭证时，按照正常程序进行账务处理。

对外销售商品结转销售成本或售价，借记“主营业务成本”科目，贷记“库存商品”。月末，分摊已销商品的进销差价，借记“商品进销差价”科目，贷记“主营业务成本”科目。

2. 账务处理

相关会计处理如表3-5所示：

表 3-5 购入商品验收入库的会计处理

库存商品	会计处理
购入商品并验收入库	借：库存商品（按照商品实际成本或售价） 贷：银行存款（按照商品进价） 商品进销差价（按照售价与进价之间的差额）
购入商品并验收入库，但未办理结算手续	借：库存商品 贷：应付账款——暂估应付账款
结转销售成本	借：主营业务成本 贷：库存商品
月末分摊已销商品的进销差价	借：商品进销差价 贷：主营业务成本

销售商品应分摊的商品进销差价，按照以下公式计算：

商品进销差价率=（期初库存商品进销差价+本期购入商品进销差价）÷（期初库存商品售价+本期购入商品售价）×100%

本月销售商品应分摊的商品进销差价=本期商品销售收入×商品进销差价率

小企业的商品进销差价率各月之间比较均衡的，也可以采用上月商品进销差价率计算分摊本月的商品进销差价。年度终了，应对商品进销差价进行复核调整。

3. 案例解析

【例3-13】某小企业2×19年5月购入一批商品共10万件，每件成本50元，计划每件商品按70元的价格对外销售。该小企业采用售价进行日常核算的商品售价与进价之间的差额。本月月初库存商品的进价成本为450元，售价总额为620万元，本月销售收入为280万元。该小企业会计处理如下：

（1）购入商品时：

借：库存商品　　7 000 000

　贷：银行存款　　5 000 000

　　　商品进销差价　　2 000 000

（2）月末分摊商品进销差价：

商品进销差价率=（200+170）÷（700+620）×100%=28.03%

已销商品应分摊的商品进销差价=280×28.03%=78.48（万元）

编制会计分录：

借：商品进销差价　　784 800

　贷：主营业务成本　　784 800

3.3 固定资产相关业务的账务处理

3.3.1 取得固定资产

1. 业务概述

小企业购入（含以分期付款方式购入）不需要安装的固定资产，应当按照实际支付的购买价款、相关税费（不包括按照税法规定可抵扣的增值税进项税额）、运输费、装卸费、保险费等，借记“固定资产”科目，按照税法规定可抵扣的增值税进项税额，借记“应交税费——应交增值税（进项税额）”科目，贷记“银行存款”“长期应付款”等科目。

购入需要安装的固定资产，先记入“在建工程”科目，安装完成后再转入“固定资产”科目。

自行建造固定资产完成竣工决算，按照竣工决算前发生相关支出，借记“固定资产”科目，贷记“在建工程”科目。

取得投资者投入的固定资产，应当按照评估价值和相关税费，借记“固定资产”或“在建工程”科目，贷记“实收资本”“资本公积”科目。

融资租入的固定资产，在租赁期开始日，按照租赁合同约定的付款总额和在签订租赁合同过程中发生的相关税费等，借记“固定资产”或“在建工程”科目，贷记“长期应付款”等科目。

2. 账务处理

（1）小企业购入固定资产，相关会计处理如表3-6所示：

表 3-6　购入固定资产的会计处理

固定资产	会计处理
不需要安装	借：固定资产（按照实际支付价款和相关税费） 　　应交税费——应交增值税（进项税额） 　贷：“银行存款”等科目
需要安装	借：在建工程 　贷：“银行存款”等科目 安装完成后： 借：固定资产 　贷：在建工程

（2）自行建造固定资产，相关会计处理如图3-12所示：

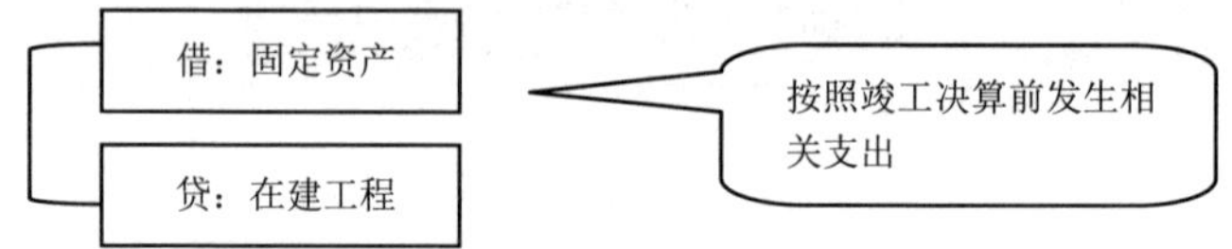

图3-12　自行建造固定资产的会计处理

（3）投资者投入的固定资产，相关会计处理如图3-13所示：

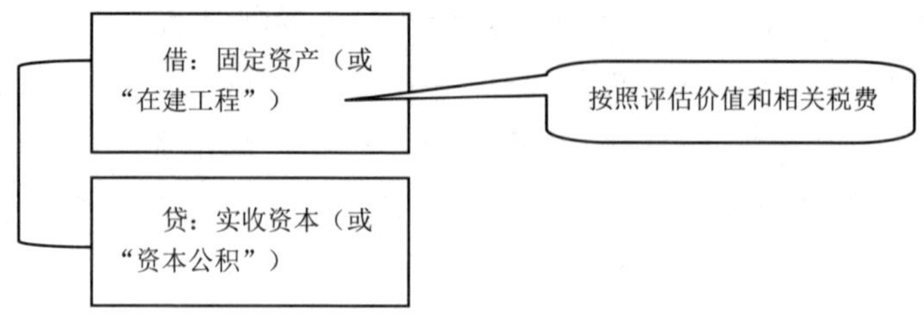

图3-13　投资者投入固定资产的会计处理

（4）融资租入的固定资产，相关会计处理如图3-14所示：

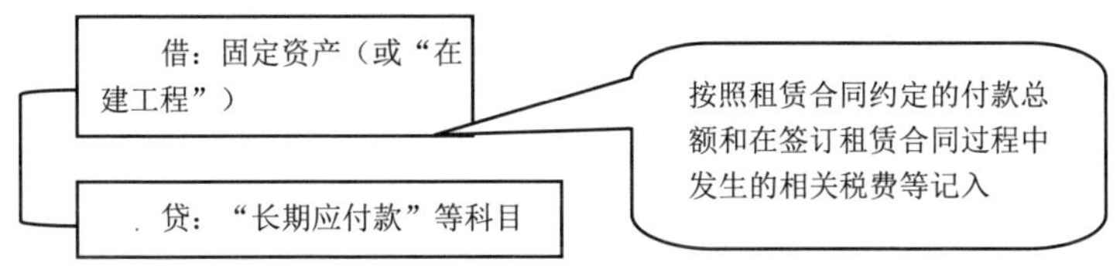

图3-14　融资租入固定资产的会计处理

3．案例解析

【例3-14】某小企业2×19年6月12日购入一台不需要安装的机器设备，该设备的购买价款为180 000元，增值税额23 400元，支付运输费2 000元，保险费1 000元，款项全部通过银行存款付清。该小企业的会计处理如下：

借：固定资产　　183 000

　　应交税费——应交增值税（进项税额）　　23 400

　贷：银行存款　　206 400

【例3-15】某小企业2×19年7月3日购入一台需要安装的机器设备，该设备的购买价款为100 000元，增值税额13 000元，支付运输费1 500元，另外支付安装费用2 700元，上述款项已通过银行存款支付。该小企业的会计处理如下：

（1）购入并安装：

借：在建工程　　101 500

　　应交税费——应交增值税（进项税额）　　13 000

　贷：银行存款　　114 500

（2）支付安装费：

借：在建工程　　2 700

　贷：银行存款　　2 700

（3）设备安装完毕交付使用：

借：固定资产　　104 200

　贷：在建工程　　104 200

3.3.2　固定资产使用过程中发生的费用

1．业务概述

小企业在固定资产使用过程中发生的修理费，应当按照固定资产的受益对象，借记“制造费用”“管理费用”等科目，贷记“银行存款”等科目。

固定资产的大修理支出，借记“长期待摊费用”科目，贷记“银行存款”等科目。

2. 账务处理

（1）固定资产使用过程中发生的修理费，相关会计处理如图3-15所示：

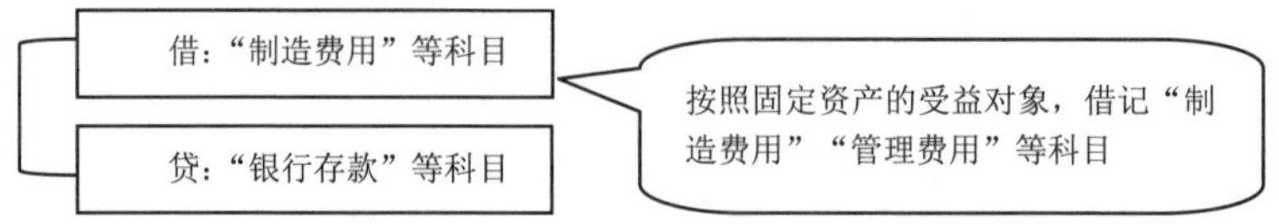

图3-15　固定资产使用发生修理费的会计处理

（2）固定资产的大修理支出，相关会计处理如图3-16所示：

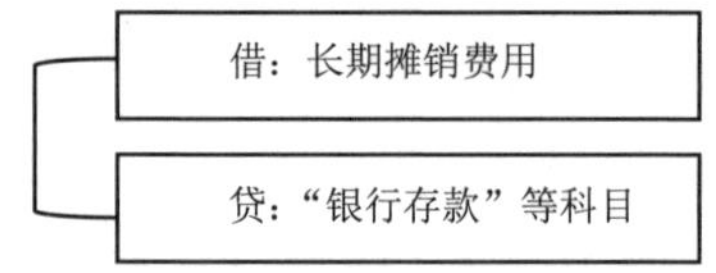

图3-16　固定资产发生大修理支出的会计处理

3. 案例解析

【例3-16】某小企业对现有的一台生产用机器设备进行日常维修护理，用银行存款支付修理费1 500元。该小企业的会计处理如下：

借：制造费用　　　　1 500

　贷：银行存款　　　　1 500

3.3.3　固定资产改扩建

1. 业务概述

小企业对固定资产进行改扩建时，应当按照该项固定资产账面价值，借记“在建工程”科目，按照其已计提的累计折旧，借记“累计折旧”科目，按照其原价，贷记“固定资产”。

2. 账务处理

相关会计处理如图3-17所示：

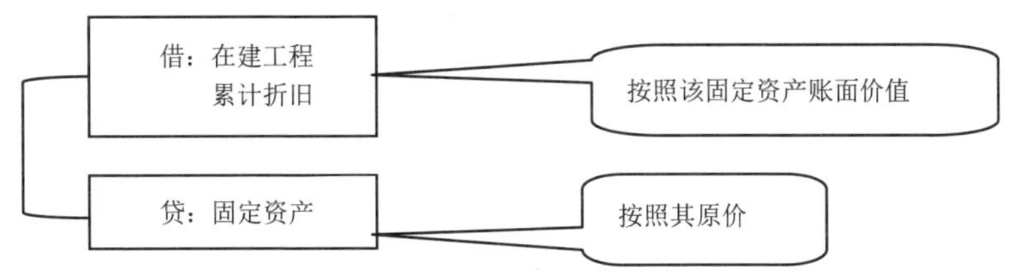

图3-17 固定资产改扩建的会计处理

3．案例解析

【例3-17】某小企业对原有的一项固定资产进行改扩建，该项固定资产的建造成本为120 000元，已计提的累计折旧为50 000元。该小企业的会计处理如下：

借：在建工程　　　　70 000

　　累计折旧　　　　50 000

　贷：固定资产　　　　120 000

3.3.4 处置固定资产

1．业务概述

小企业因出售、报废、毁损、对外投资等原因处置固定资产，应当按照该项固定资产账面价值，借记“固定资产清理”科目，按照其已计提的累计折旧，借记“累计折旧”科目，按照其原价，贷记“固定资产”。

2．账务处理

相关会计处理如图3-18所示：

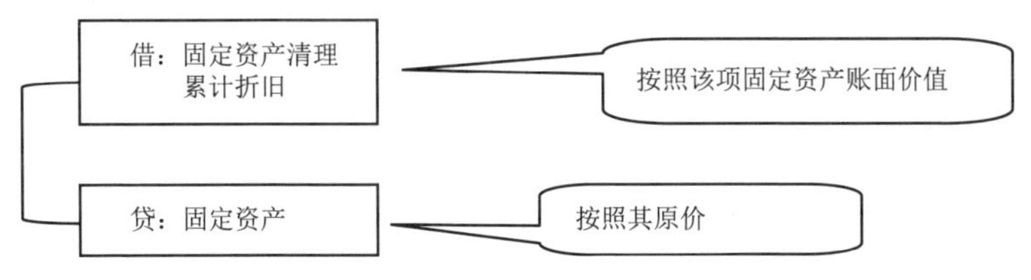

图3-18 处置固定资产的会计处理

3．案例解析

【例3-18】某小企业处置一台原价为120 000元的机器设备，该机器设备已计提的累计折旧为75 000元。该小企业的会计处理如下：

借：固定资产清理　　45 000

　　累计折旧　　75 000

　贷：固定资产　　120 000

3.3.5　盘盈、盘亏的固定资产

1．业务概述

盘盈的固定资产，按照同类或类似固定资产的市场价格或评估价值扣除按照该项固定资产新旧程度估计的折旧后的余额，借记“固定资产”科目，贷记“待处理财产损溢——待处理非流动资产损溢”。按照管理权限经批准后处理时，借记“待处理财产损溢——待处理非流动资产损溢”，贷记“营业外收入”科目。

盘亏的固定资产，按照该项固定资产的账面价值，借记“待处理财产损溢——待处理非流动资产损溢”科目，按照已计提的折旧，借记“累计折旧”科目，按照其原价，贷记“固定资产”。按照管理权限经批准后处理时，借记“营业外支出”，贷记“待处理财产损溢——待处理非流动资产损溢”科目。

2．账务处理

（1）盘盈的固定资产：

相关会计处理如图3-19所示：

①固定资产盘盈：

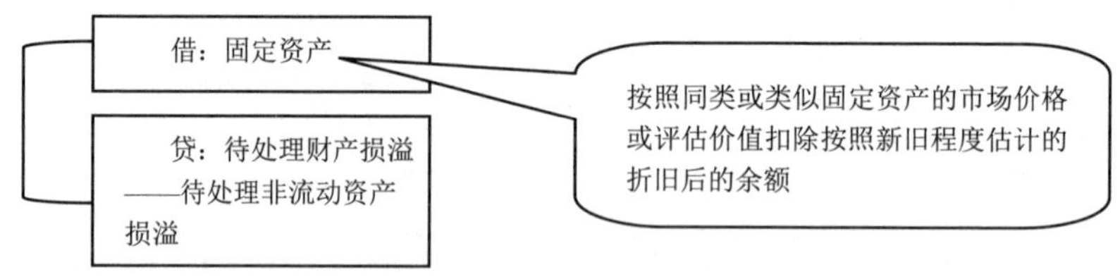

图3-19　盘盈固定资产的会计处理

②批准后：

借：待处理财产损溢——待处理非流动资产损溢

　贷：营业外收入

（2）盘亏的固定资产：

相关会计处理如图3-20所示：

①固定资产盘亏：

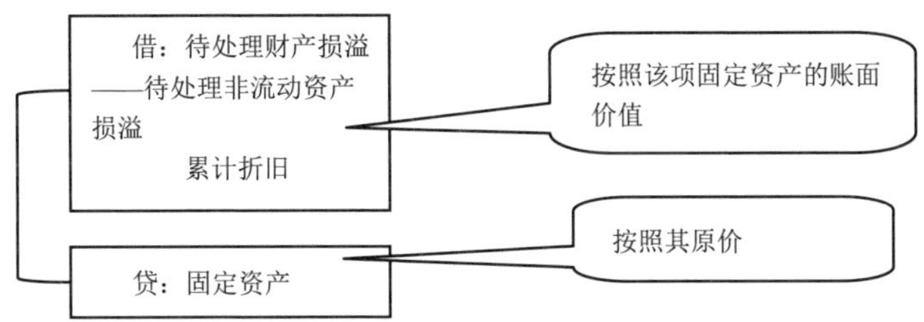

图3-20　盘亏固定资产的会计处理

②批准后：

借：营业外支出

　贷：待处理财产损益——待处理非流动资产损溢

3．案例解析

【例3-19】某小企业月末清查固定资产时发现有盘亏的固定资产，该项固定资产原价值100 000元，已计提的累计折旧为70 000元。该小企业的会计处理如下：

（1）固定资产盘亏

借：待处理财产损益——待处理非流动资产损溢　　30 000

　　累计折旧　　70 000

　贷：固定资产　　100 000

（2）批准后

借：营业外支出　　30 000

　贷：待处理财产损益——待处理非流动资产损溢　　30 000

3.3.6　按月计提折旧费

1．业务概述

小企业应当按照年限平均法（即直线法，下同）计提折旧。小企业的固定资产由于技术进步等原因，确需加速折旧的，可以采用双倍余额递减法和年数总和法。小企业应当按月计提折旧，当月增加的固定资产，当月不计提折旧，从下月起计提折旧；当月减少的固定资产，当月仍计提折旧，从下月起不计提折旧。

小企业按月计提固定资产的折旧费，应当按照固定资产的受益对象，借记“制造费用”“管理费用”等科目，贷记“累计折旧”。

2. 账务处理

相关会计处理如图3-21所示：

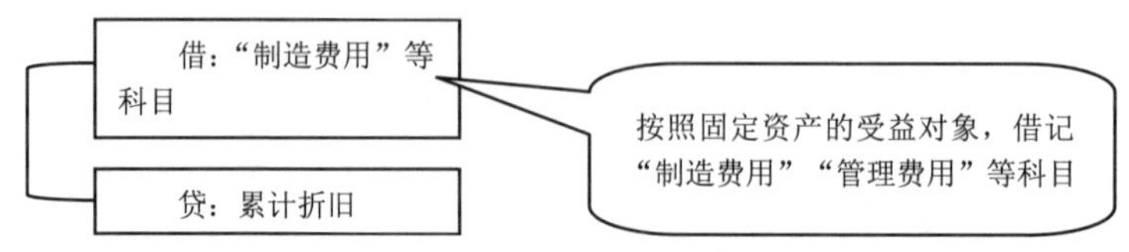

图3-21 折旧费计提的会计处理

3. 案例解析

【例3-20】某小企业2×19年5月固定资产计提折旧的情况如下：机器设备计提折旧18 500元，厂房计提折旧21 500元；行政办公楼计提折旧17 000元；销售部门的运输工具计提折旧13 000元。该小企业的会计处理如下：

借：制造费用　　40 000

　　管理费用　　17 000

　　销售费用　　13 000

　贷：累计折旧　　70 000

3.3.7 处置固定资产

1. 业务概述

“固定资产清理”科目核算小企业因出售、报废、毁损、对外投资等原因处置固定资产所转出的固定资产账面价值以及在清理过程中发生的费用等。

2. 账务处理

小企业因出售、报废、毁损、对外投资等原因处置固定资产，应当按照该项固定资产的账面价值，借记“固定资产清理”，按照其已计提的累计折旧，借记“累计折旧”科目，按照其原价，贷记“固定资产”科目。

同时，按照税法规定不得从增值税销项税额中抵扣的进项税额，借记“固定资产清理”，贷记“应交税费——应交增值税（进项税额转出）”科目。

3.3.8 清理发生的相关费用或处置收入

1. 业务概述

清理过程中应支付的相关税费及其他费用，借记“固定资产清理”，贷记“银行存款”“应交税费”等科目。取得出售固定资产的价款、残料价值和变价收入等处置收入，借记“银行存款”“原材料”等科目，贷记“固定资产清理”。应由保险公司或过失人赔偿的损失，借记“其他应收款”等科目，贷记“固定资产清理”。

2. 账务处理

（1）清理过程中支付的相关费用，相关会计处理如图3-22所示：

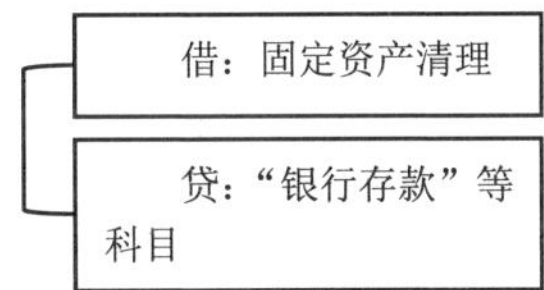

图3-22 支付清理费用的会计处理

（2）取得各种处置收入，相关会计处理如图3-23所示：

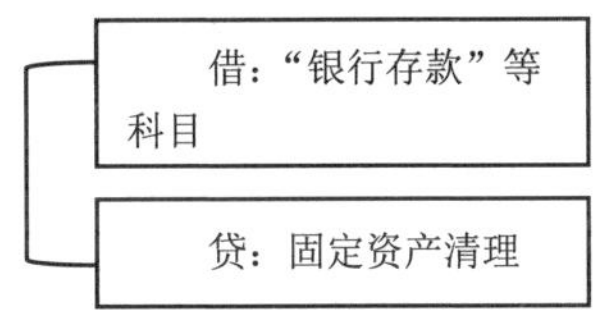

图3-23 取得处置收入的会计处理

（3）由保险公司或过失人赔偿的损失，相关会计处理如图3-24所示：

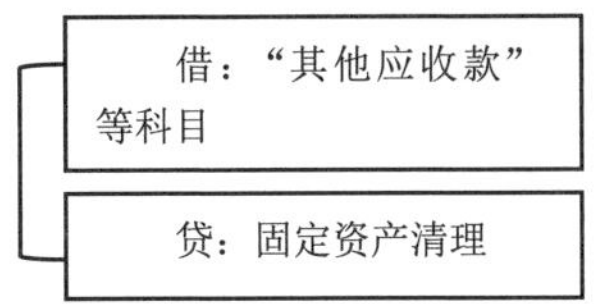

图3-24 取得赔偿收入的会计处理

3. 案例解析

【例3-21】某小企业清理一台机器设备，该机器设备原价150 800元，累计已计提折旧145 000元。在清理过程中，用银行存款支付清理费用5 000元，收到残料变卖收入2 600元，支付相关税费300元。该小企业的会计处理如下：

（1）固定资产转入清理：

借：固定资产清理　　5 800

　　累计折旧　　145 000

　贷：固定资产　　150 800

（2）支付相关税费和费用：

借：固定资产清理　　5 300

　贷：银行存款　　5 000

　　　应交税费　　300

（3）收入残料变卖收入：

借：银行存款　　2 600

　贷：固定资产清理　　2 600

3.3.9 清理完成后结转损溢

1．业务概述

固定资产清理完成后，如为借方余额，借记“营业外支出——非流动资产处置净损失”科目，贷记“固定资产清理”。如为贷方余额，借记“固定资产清理”，贷记“营业外收入——非流动资产处置净收益”科目。

2．账务处理

（1）借方有余额，相关会计处理如图3-25所示：

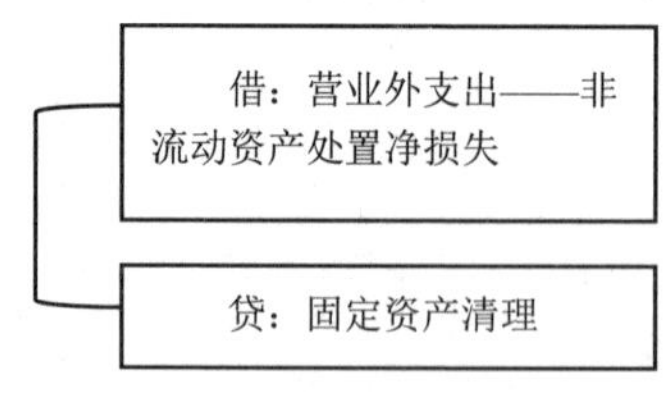

图3-25　结转处置损失的会计处理

（2）贷方有余额，相关会计处理如图3-26所示：

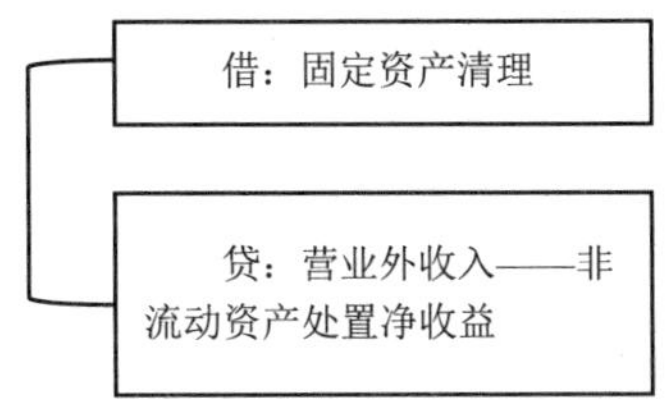

图3-26　结转处置收益的会计处理

3．案例解析

【例3-22】承接【例3-21】，结转该小企业固定资产清理损溢。该小企业的会计处理如下：

借：营业外支出——非流动资产处置净损失　　　　8 500

　贷：固定资产清理　　　　　　　　　　　　　　8 500

3.3.10　发生长期待摊费用

1．业务概述

“长期待摊费用”科目核算小企业已提足折旧的固定资产的改建支出、经营租入固定资产的改建支出、固定资产的大修理支出和其他长期待摊费用等。

小企业发生的长期待摊费用，借记“长期待摊费用”，贷记“银行存款”“原材料”等科目。

2．账务处理

相关会计处理如图3-27所示

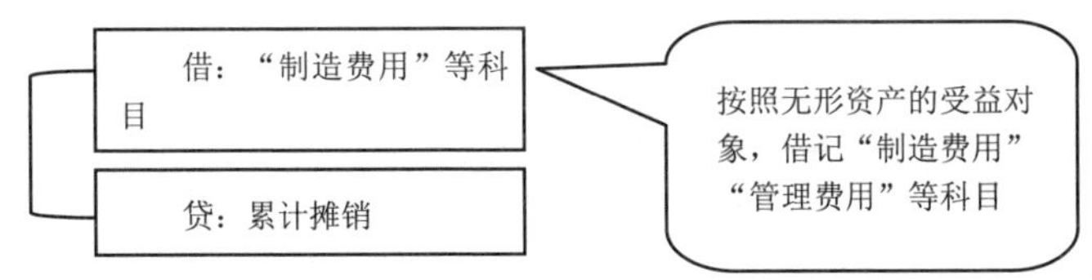

图3-27　无形资产摊销的会计处理

3．案例解析

【例3-23】某小企业于2×19年7月1日建造一设备，在建造期间发生办公费、差旅费、培训费等，共计56 000元，用银行存款支付。该小企业的会计处理如下：

借：长期待摊费用　　　　　　　　　　　　　　　　　　56 000

　贷：银行存款　　　　　　　　　　　　　　　　　　　　56 000

3.3.11 摊销长期待摊费用

1. 业务概述

按月采用年限平均法摊销长期待摊费用，应当按照长期待摊费用的受益对象，借记“制造费用”“管理费用”等科目，贷记“长期待摊费用”。

2. 账务处理

相关会计处理如图3-28所示：

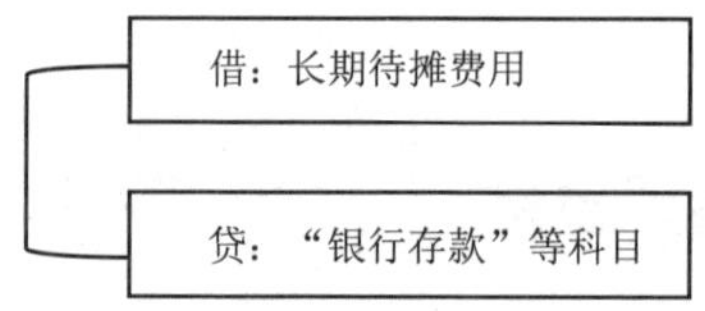

图3-28　无形资产摊销的会计处理

3. 案例解析

【例3-24】承接【例3-23】，2×19年7月31日摊销该小企业的开办费。

借：管理费用——开办费　　　　　　　　　　　　　　　56 000

　贷：长期待摊费用　　　　　　　　　　　　　　　　　56 000

3.4 生物资产相关业务账务处理

3.4.1 取得消耗性生物资产

1. 业务概述

“消耗性生物资产”核算小企业（农、林、牧、渔业）持有的消耗性生物资产的实际成本。小企业应按照消耗性生物资产的种类、群别等进行明细核算。小企业可以通过外购或自行生产获得消耗性生物资产。

外购的消耗性生物资产，按照应计入消耗性生物资产成本的金额，借记“消耗性生物资产”，贷记“银行存款”“应付账款”等科目。

自行栽培的大田作物和蔬菜，应按照收获前发生的必要支出，借记“消耗性生物资产”，贷记“银行存款”等科目。自行营造的林木类消耗性生物资产，应按照郁闭前发生的必要支出，借记“消耗性生物资产”，贷记“银行存款”等科目。自行繁殖的育肥畜、水产养殖的动植物，应按照出售前发生的必要支出，借记“消耗性生物资产”，贷记“银行存款”等科目。

2. 账务处理

相关会计处理如图3-29所示：

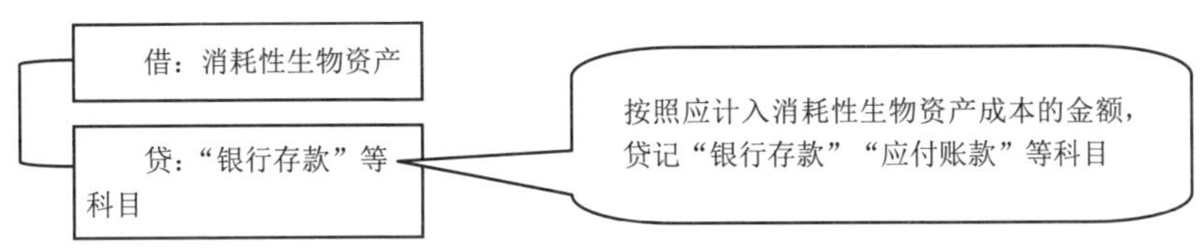

图3-29　取得消耗性生物资产的会计处理

3. 案例解析

【例3-25】某小企业从购入一批幼苗共200 000元，发生运杂费共5 000元，款项尚未支付。该小企业的会计处理如下：

借：消耗性生物资产——幼苗　　205 000

　贷：应付账款　　205 000

3.4.2　消耗性生物资产转群

1. 业务概述

产畜或役畜淘汰转为育肥畜的，应按照转群时的账面价值，借记“消耗性生物资产”，按照已计提的累计折旧，借记“生产性生物资产累计折旧”科目，按照其账面余额，贷记“生产性生物资产”科目。

育肥畜转为产畜或役畜的，应按照其账面余额，借记“生产性生物资产”科目，贷记“消耗性生物资产”。

2. 账务处理

（1）产畜或役畜淘汰转为育肥畜，相关会计处理如图3-30所示：

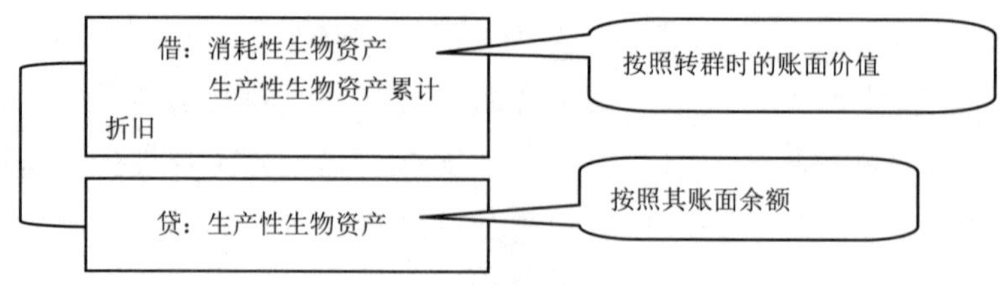

图3-30　产畜或役畜淘汰转为育肥畜的会计处理

（2）育肥畜转为产畜或役畜，相关会计处理如图3-31所示：

图3-31　育肥畜转为产畜或役畜的会计处理

3．案例解析

【例3-26】某畜牧养殖小企业，其自行繁殖的20头种牛转为育肥牛，该批种牛的账面原价为100 000元，已计提累计折旧5 000元。该小企业的会计处理如下：

借：消耗性生物资产　　95 000
　　生产性生物资产累计折旧　　5 000
　贷：生产性生物资产　　100 000

3.4.3　消耗性生物资产发生的后续支出

1．业务概述

小企业择伐、间伐或抚育更新性质采伐而补植林木类消耗性生物资产发生的后续支出，借记“消耗性生物资产”，贷记“银行存款”等科目。

小企业林木类消耗性生物资产达到郁闭后发生的管护费用等后续支出，借记“管理费用”科目，贷记“银行存款”等科目。

农业生产过程中发生的应归属于消耗性生物资产的费用，按照应分配的金额，借记“消耗性生物资产”，贷记“生产成本”科目。

2．账务处理

相关会计处理如表3-7所示：

表 3-7　消耗性生物资产后续支出的会计处理

消耗性生物资产	会计处理
择伐、间伐或抚育更新性质采伐而补植林木类消耗性生物资产发生的后续支出	借：消耗性生物资产 贷："银行存款"等科目
林木类消耗性生物资产达到郁闭后发生的管护费用等后续支出	借：管理费用 贷："银行存款"等科目
农业生产过程中发生的应归属于消耗性生物资产的费用	借：消耗性生物资产 贷：生产成本

3. 案例解析

【例3-27】某小企业对某用材林达到郁闭后进行管理维护，应支付费用30 000元。该小企业的会计处理如下：

借：管理费用　　30 000

　贷：银行存款　　30 000

3.4.4　消耗性生物资产收获为农产品

1. 业务概述

消耗性生物资产收获为农产品时，应按照其账面余额，借记"农产品"科目，贷记"消耗性生物资产"。

2. 账务处理

相关会计处理如图3-32所示：

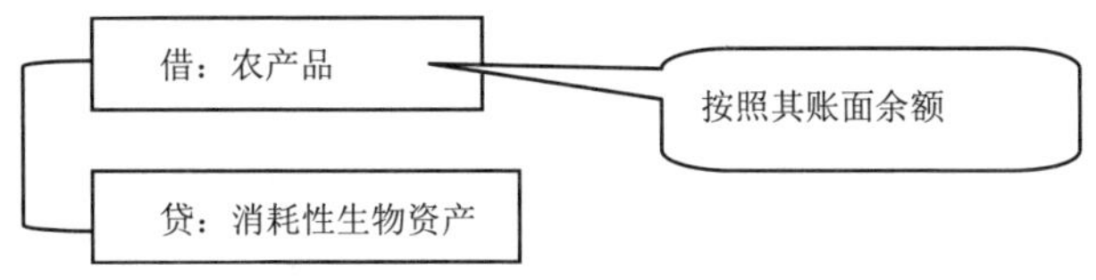

图3-32　消耗性生物资产收获为农产品的会计处理

3. 案例解析

【例3-28】某小企业入库小麦100吨，成本为70 000元。该小企业的会计处理如下：

借：农产品——小麦　　70 000

　贷：消耗性生物资产　　70 000

3.4.5 出售消耗性生物资产

1. 业务概述

出售消耗性生物资产，应按照实际收到的金额，借记“银行存款”等科目，贷记“主营业务收入”等科目。按照其账面余额，借记“主营业务成本”等科目，贷记“消耗性生物资产”。

2. 账务处理

（1）出售消耗性生物资产，相关会计处理如图3-33所示：

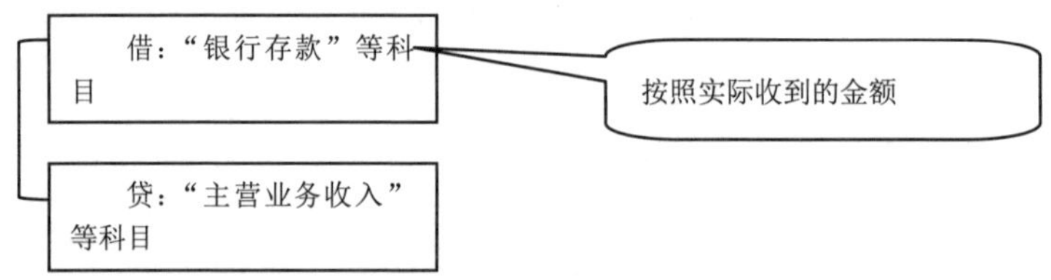

图3-33 出售消耗性生物资产的会计处理

（2）结转成本，相关会计处理如图3-34所示：

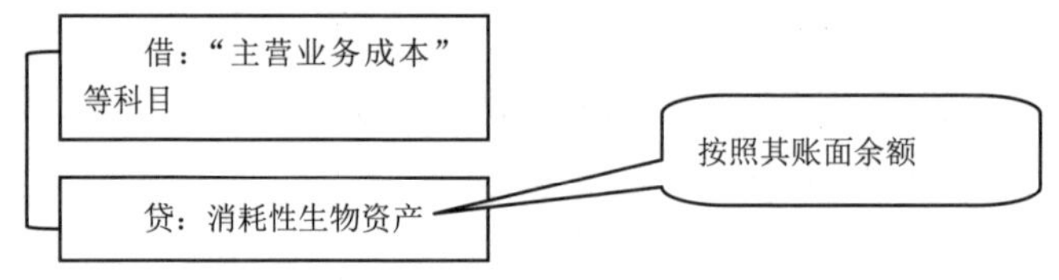

图3-34 结转成本的会计处理

3. 案例解析

【例3-29】某畜牧养殖小企业将育成的50头仔猪出售给某肉类加工企业，价款总额为30 000元，货款已存入银行。出售时仔猪的账面余额为15 000元。该小企业的会计处理如下：

借：银行存款	30 000	
贷：主营业务收入		30 000
借：主营业务成本	15 000	
贷：消耗性生物资产		15 000

3.4.6 取得生产性生物资产

1. 业务概述

“生产性生物资产”科目核算小企业（农、林、牧、渔业）持有的生产性生物资产的原价（成本）。应按照“未成熟生产性生物资产”和“成熟生产性生物资产”，分别生物资产的种类、群别等进行明细核算。

小企业外购的生产性生物资产，按照购买价款和相关税费，借记“生产性生物资产”，贷记“银行存款”等科目。涉及按照税法规定可抵扣的增值税进项税额的，还应当借记“应交税费——应交增值税（进项税额）”科目。

自行营造的林木类生产性生物资产，达到预定生产经营目的前发生的造林费、抚育费、营林设施费、良种试验费、调查设计费和应分摊的间接费用等必要支出，借记“生产性生物资产”（未成熟生产性生物资产），贷记“原材料”“银行存款”“应付利息”等科目。

自行繁殖的产畜和役畜，达到预定生产经营目的前发生的饲料费、人工费和应分摊的间接费用等必要支出，借记“生产性生物资产”（未成熟生产性生物资产），贷记“原材料”“银行存款”“应付利息”等科目。

未成熟生产性生物资产达到预定生产经营目的时，按照其账面余额，借记“生产性生物资产”（成熟生产性生物资产），贷记“生产性生物资产”（未成熟生产性生物资产）。

2. 账务处理

相关会计处理如表3-8所示

表 3-8　取得生产性生物资产的会计处理

生产性生物资产	会计处理
外购的生产性生物资产	借：生产性生物资产（按照购买价款和相关税费） 　　应交税费 —— 应交增值税（进项税额） 　贷：“银行存款”等科目
自行营造的林木类生产性生物资产	借：生产性生物资产 —— 未成熟生产性生物资产 　贷：“原材料”等科目
自行繁殖的产畜和役畜	借：生产性生物资产 —— 未成熟生产性生物资产 　贷：“原材料”等科目
未成熟生产性生物资产达到预定生产经营目的时	借：生产性生物资产 —— 成熟生产性生物资产 　贷：生产性生物资产 —— 未成熟生产性生物资产

3. 案例解析

【例3-30】2×19年4月2日，某小企业从市场上购买了8头种牛和10头种羊，单价分别为3 500元和2 400元，共支付价款52 000元，另支付运输费3 000元，装卸费120元，全部价款以银行存款付清。4月24日，该小企业开始自行营造果树，发生种苗费165 000元，肥料及农药费124 000元。预计2×21年该批果树达到预定生产经营目的。

（1）2×19年4月2日，购买种牛和种羊：

运输费和装卸费的分摊比例=（3 000+120）÷52 000=6%

种牛应分摊=8×3 500×6%=1 680（元）

种羊应分摊=10×2 400×6%=1 440（元）

借：生产性生物资产——种牛　　29 680

　　　　　　　　　——种羊　　25 440

　贷：银行存款　　55 120

（2）2×19年4月24日，自行营造果树：

借：生产性生物资产

　　——未成熟生产性生物资产（果树）　　289 000

　贷：原材料——种苗　　165 000

　　　　　　——肥料及农药费　　124 000

（3）2×21年，果树达到预定生产经营目的：

借：生产性生物资产——成熟生产性生物资产（果树）289 000

　贷：生产性生物资产——未成熟生产性生物资产（果树）289 000

3.4.7 育肥畜与产畜或役畜之间相互转换

1. 业务概述

育肥畜转为产畜或役畜，应当按照其账面余额，借记“生产性生物资产”科目，贷记“消耗性生物资产”科目。

产畜或役畜淘汰转为育肥畜，应按照转群时其账面价值，借记“消耗性生物资产”科目，按照已计提的累计折旧，借记“生产性生物资产累计折旧”科目，按照其原价，贷记“生产性生物资产”科目。

2. 账务处理

略。参考“【例3-26】”。

3. 案例解析

略。参考“【例3-26】”的例题。

3.4.8 发生后续支出

1. 业务概述

择伐、间伐或抚育更新等生产性采伐而补植林木类生产性生物资产发生的后续支出，借记“生产性生物资产——未成熟生产性生物资产”，贷记“银行存款”等科目。

生产性生物资产发生的管护、饲养费用等后续支出，借记“管理费用”科目，贷记“银行存款”等科目。

2. 账务处理

（1）补植林木类生产性生物资产发生的后续支出，相关会计处理如图3-35所示：

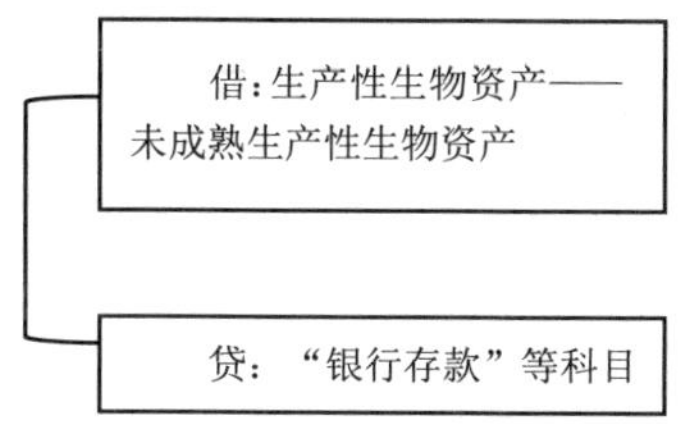

图3-35 补植林木类后续支出的会计处理

（2）生产性生物资产发生的管护、饲养费用等后续支出，相关会计处理如图3-36所示：

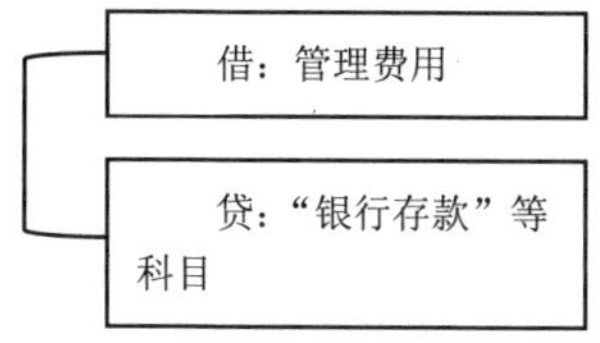

图3-36 管护、饲养费用等后续支出的会计处理

3．案例解析

【例3-31】承接【例3-30】，若该小企业购买该批种牛和种羊后又发生了饲养费用78 000元，以及在果树抚育期间共支付了850 000元。这些后续支出均用银行存款付清。该小企业的会计处理如下：

（1）支付种牛和种羊的饲养费用：

借：管理费用　　78 000

　贷：银行存款　　78 000

（2）果树的后续支出：

借：生产性生物资产——未成熟生产性生物资产　　850 000

　贷：银行存款　　850 000

3.4.9　处置生产性生物资产

1．业务概述

因出售、报废、毁损、对外投资等原因处置生产性生物资产，应按照取得的出售生产性生物资产的价款、残料价值和变价收入等处置收入，借记“银行存款”等科目，按照已计提的累计折旧，借记“生产性生物资产累计折旧”科目，按照其原价，贷记“生产性生物资产”，按照其差额，借记“营业外支出——非流动资产处置净损失”科目或贷记“营业外收入——处置非流动资产处置净收益”科目。

2．账务处理

（1）处置发生损失，相关会计处理如图3-37所示：

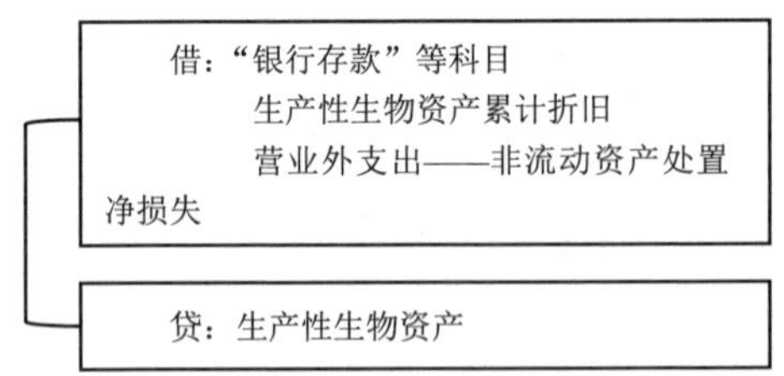

图3-37　生产性生物资产处置损失的会计处理

（2）处置发生收益，相关会计处理如图3-38所示：

借：“银行存款”等科目
生产性生物资产累计折旧

贷：生产性生物资产
营业外收入——处置非流动资产处置净收益

图3-38 生产性生物资产处置收益的会计处理

3. 案例解析

【例3-32】承接【例3-31】，该小企业于2×19年6月5日出售了4头种牛和5头种羊，实际单价为4 000元和3 000元，累计已计提折旧8 000元。该小企业的会计处理如下：

借：银行存款 31 000
　累计折旧 8 000
　贷：生产性生物资产——种牛 14 000
　　　　　　　　　——种羊 12 000
　　营业外收入——非流动资产处置净收益 13 000

3.5 在建工程相关业务账务处理

3.5.1 在建工程期间领用物资及发生相关费用

1. 业务概述

小企业在在建工程竣工结算前，可能会发生领用工程物资，支付职工薪酬、借款利息及试运转过程中发生的支出等事项。

自营工程领用工程物资，借记“在建工程”，贷记“工程物资”科目。

在建工程应负担的职工薪酬，借记“在建工程”，贷记“应付职工薪酬”科目。

在建工程使用本企业的产品或商品，应当按照成本，借记“在建工程”，贷记“库存商品”科目。同时，按照税法规定应交纳的增值税额，借记“在建工程”，贷记“应交税费——应交增值税（销项税额）”科目。

在建工程在竣工决算前发生的借款利息，在应付利息日应当根据借款合同利率计算确定的利息费用，借记“在建工程”，贷记“应付利息”科目。办理竣工决算后发生的利息费用，在应付利息日，借记“财务费用”科目，贷记“应付利息”等科目。

在建工程在试运转过程中发生的支出，借记“在建工程”，贷记“银行存款”等科目；形成的产品或者副产品对外销售或转为库存商品的，借记“银行存款”“库存商品”等科目，贷记“在建工程”。

自营工程办理竣工决算，借记“固定资产”科目，贷记“在建工程”。

2. 账务处理

相关会计处理如表3-9所示：

表 3-9　在建工程建设期间的会计处理

在建工程	会计处理
自营工程领用工程物资	借：在建工程 　贷：工程物资
应负担的职工薪酬	借：在建工程 　贷：应付职工薪酬
使用本企业的产品或商品	借：在建工程（按照成本） 　贷：库存商品 借：在建工程 　贷：应交税费——应交增值税（销项税额）
发生的借款利息	在竣工决算前发生的： 借：在建工程 　贷：应付利息（根据借款合同利率计算确定的利息费用） 在竣工决算后发生的： 借：财务费用 　贷：应付利息
试运转过程中发生的支出	借：在建工程 　贷：银行存款
形成的产品或者副产品对外销售或转为库存商品	借：银行存款（或“库存商品”） 　贷：在建工程
办理竣工决算	借：固定资产 　贷：在建工程

3. 案例解析

【例3-33】某小企业2×19年7月自行建造一厂房，10月底完工并交付使用。3日领用工程物资一批，价值70 000元；7日计提工程人员工资65 000元；

18日确认借款利息15 000元。该小企业的会计处理如下：

（1）2×19年7月3日，领用工程物资：

借：在建工程　　70 000

　贷：工程物资　　70 000

（2）2×19年7月7日，计提工资：

借：在建工程　　65 000

　贷：应付职工薪酬　　65 000

（3）2×19年7月18日，确认借款利息：

借：在建工程　　15 000

　贷：应付利息　　15 000

（4）2×19年10月底，厂房完工交付使用：

借：固定资产　　150 000

　贷：在建工程　　150 000

3.5.2 出包工程

1. 业务概述

出包工程，按照工程进度和合同规定结算的工程价款，借记“在建工程”，贷记“银行存款”“预付账款”等科目。

工程完工收到承包单位提供的账单，借记“固定资产”科目，贷记“在建工程”。

2. 账务处理

（1）按照工程进度和合同规定结算的工程价款，相关会计处理如图3-39所示：

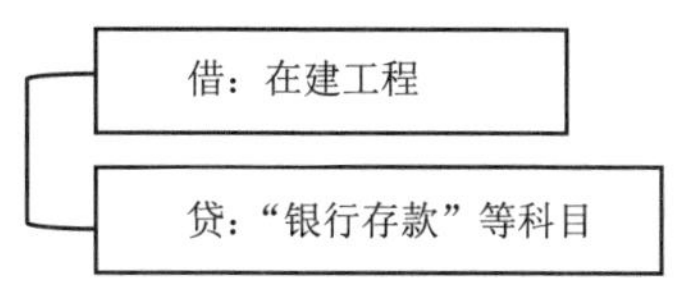

图3-39　结算工程价款的会计处理

（2）工程完工收到承包单位提供的账单，相关会计处理如图3-40所示：

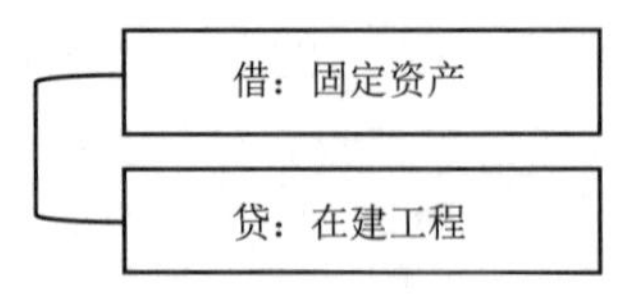

图3-40　工程完工的会计处理

3. 案例解析

【例3-34】某小企业2×19年5月出包给A企业一仓库建造工程，合同中规定的工程价款为300 000元，通过银行支付。8月该工程完工，小企业收到A企业提供的账单。

借：在建工程　　300 000
　贷：银行存款　　300 000
借：固定资产　　300 000
　贷：在建工程　　300 000

3.6　无形资产相关业务账务处理

3.6.1　取得无形资产

1. 业务概述

小企业外购无形资产，应当按照实际支付的购买价款、相关税费和相关的其他支出（含相关的利息费用），借记“无形资产”，贷记“银行存款”“应付利息”等科目。

自行研究开发无形资产发生的研发支出，不满足资本化条件的，借记“研发支出——费用化支出”科目；满足资本化条件的，借记“研发支出——资本化支出”科目，贷记“原材料”“银行存款”“应付职工薪酬”等科目。自行开发建造厂房等建筑物、外购土地及建筑物支付的价款应当在建筑物与土地使用权之间按照合理的方法进行分配，其中属于土地使用权的部分，借记“无形资产”，贷记“银行存款”等科目。

开发项目达到预定用途形成无形资产的，按照应予资本化的支出，借记“无形资产”，贷记“研发支出”科目。月末，应将费用化支出金额转入“管理费用”科目，借记“管理费用”科目，贷记“研发支出——费用化支出”。

收到投资者投入的无形资产，应当按照评估价值和相关税费，借记“无形资产”，贷记“实收资本”“资本公积”科目。

2. 账务处理

相关会计处理如表3-10所示：

表 3-10　取得无形资产的会计处理

无形资产	会计处理
外购无形资产	借：无形资产 　贷：“银行存款”等科目
自行开发无形资产	借：研发支出——费用化支出（资本化支出） 　贷：“银行存款”等科目
开发项目达到预定用途形成无形资产	借：无形资产（按照应予资本化的支出） 　　管理费用（按照费用化的支出） 　贷：研发支出
收到投资者投入的无形资产	借：无形资产（按照评估价值和相关税费） 　贷：实收资本（或“资本公积”）

3. 案例解析

【例3-35】2×19年7月7日，某小企业从A企业购入一项商标权，支付实际价款为120 000元，并支付相关税费6 500元，全部款项以银行存款付清。7月10日，小企业决定自行研发一项产品专利技术，研究开发过程中发生材料费108 000元、开发人员工资80 000元、其他费用12 000元。其中，符合资本化条件的费用为114 000元。9月30日，该项专利技术达到预定用途。该小企业的会计处理如下：

（1）2×19年7月7日，购入商标权：

借：无形资产——商标使用权　　126 500

　贷：银行存款　　126 500

（2）2×19年7月10日，开发专利技术：

借：研发支出——费用化支出　　86 000

　　　　　　——资本化支出　　114 000

　贷：原材料　　108 000

　　　应付职工薪酬　　80 000

银行存款　　12 000

（3）2×19年9月30日，该项专利技术达到预定用途：

借：无形资产　　114 000

　　管理费用　　86 000

　　贷：研发支出——费用化支出　　86 000

　　　　　　　——资本化支出　　114 000

3.6.2 处置无形资产

1. 业务概述

因出售、报废、对外投资等原因处置无形资产，应当按照取得的出售无形资产的价款等处置收入，借记“银行存款”等科目，按照其已计提的累计摊销，借记“累计摊销”科目，按照应支付的相关税费及其他费用，贷记“应交税费——应交增值税（销项税额）”“银行存款”等科目，按照其成本，贷记“无形资产”，按照其差额，贷记“营业外收入——非流动资产处置净收益”科目或借记“营业外支出——非流动资产处置净损失”科目。

2. 账务处理

（1）处置时产生收益，相关会计处理如图3-41所示：

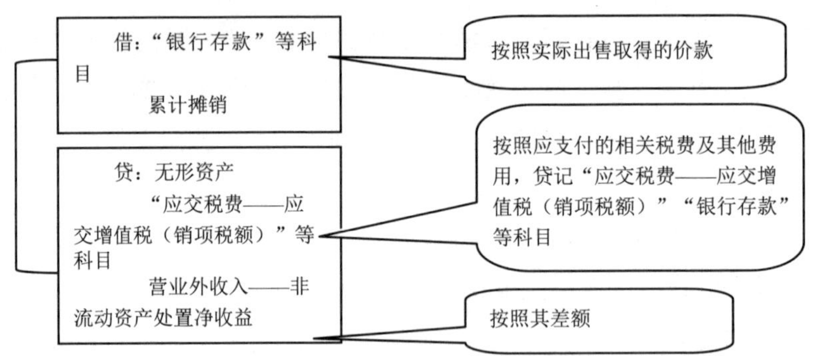

图3-41　无形资产取得处置收益的会计处理

（2）处置时产生损失，相关会计处理如图3-42所示：

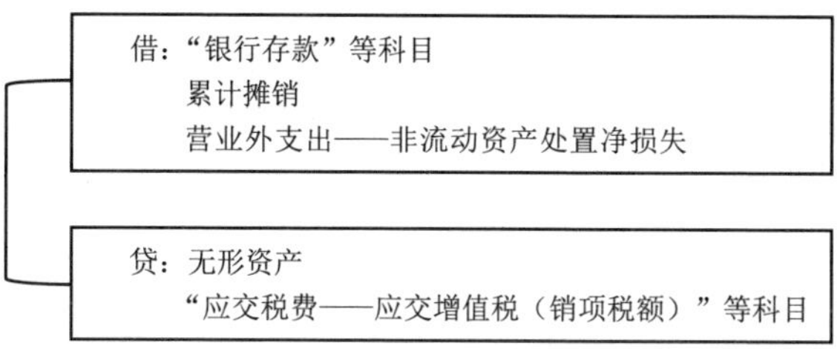

图3-42 无形资产发生处置损失的会计处理

3. 案例解析

【例3-36】某小企业出售其拥有的一项成本为200 000元的非专利技术，取得收入150 000元，该非专利技术已摊销80 000元。该小企业的会计处理如下：

借：银行存款　　150 000
　　累计摊销　　80 000
　贷：无形资产　　200 000
　　　营业外收入——非流动资产处置净收益　　30 000

3.6.3 计提无形资产的摊销

1. 业务概述

小企业按月采用年限平均法计提无形资产的摊销，应当按照无形资产的受益对象，借记"制造费用""管理费用"等科目，贷记"累计摊销"。

处置无形资产还应同时结转累计摊销。

2. 账务处理

计提无形资产的摊销，相关会计处理如图3-43所示：

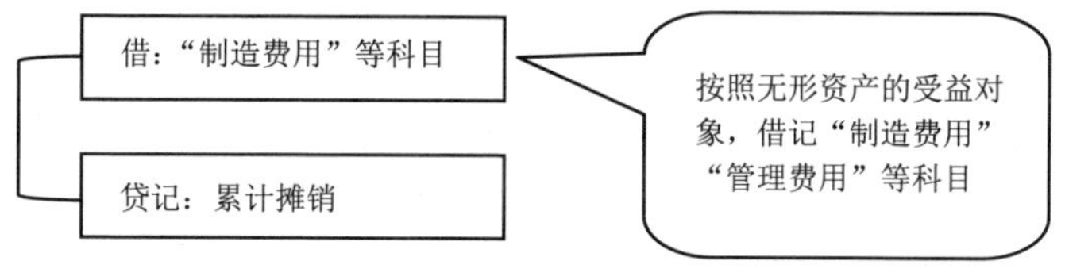

图3-43 无形资产摊销的会计处理

3. 案例解析

【例3-37】某小企业从A企业购入一项生产用专利技术，支付实际价款

180 000元，款项已支付，估计该专利技术的使用寿命为10年，净残值为零，按年限平均法摊销。该小企业的会计处理如下：

（1）取得无形资产：

借：无形资产　　180 000

　贷：银行存款　　180 000

（2）按年摊销：

借：制造费用　　18 000

　贷：累计摊销　　18 000

3.6.4 发生长期待摊费用

1．业务概述

“长期待摊费用”科目核算小企业已提足折旧的固定资产的改建支出、经营租入固定资产的改建支出、固定资产的大修理支出和其他长期待摊费用等。

小企业发生的长期待摊费用，借记“长期待摊费用”，贷记“银行存款”“原材料”等科目。

2．账务处理

相关会计处理如图3-44所示

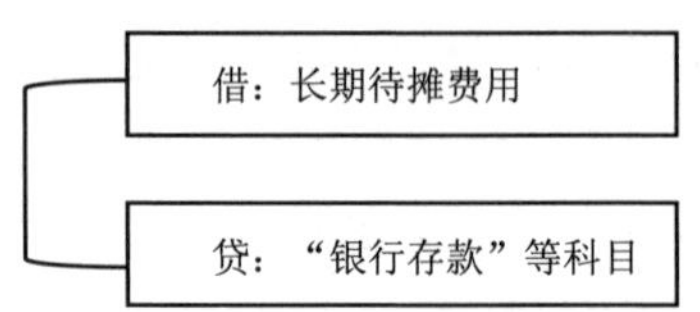

图3-44　无形资产摊销的会计处理

3．案例解析

【例3-38】某小企业于2×19年7月1日建造一设备，在建造期间发生办公费、差旅费、培训费等，共计56 000元，用银行存款支付。该小企业的会计处理如下：

借：长期待摊费用　　56 000

　贷：银行存款　　56 000

3.6.5 摊销长期待摊费用

1. 业务概述

按月采用年限平均法摊销长期待摊费用，应当按照长期待摊费用的受益对象，借记“制造费用”“管理费用”等科目，贷记“长期待摊费用”。

2. 账务处理

相关会计处理如图3-45所示：

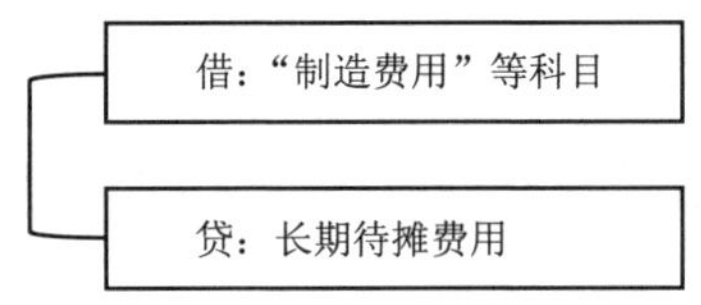

图3-45 无形资产摊销的会计处理

3. 案例解析

【例3-39】承接【例3-38】，2×19年7月31日摊销该小企业的开办费。

借：管理费用——开办费 56 000

　贷：长期待摊费用 56 000

第4章
债权债券相关业务的账务处理

4.1 应收及预付款项相关业务的账务处理

4.1.1 因销售商品或提供劳务形成应收账款

1．业务概述

“应收账款”科目核算小企业因销售商品、提供劳务等日常生产经营活动应收取的款项。

小企业因销售商品或提供劳务形成应收账款，应当按照应收金额，借记“应收账款”，按照税法规定应交纳的增值税销项税额，贷记“应交税费——应交增值税（销项税额）”科目，按照其差额，贷记“主营业务收入”或“其他业务收入”科目。

2．账务处理

相关会计处理如图4-1所示：

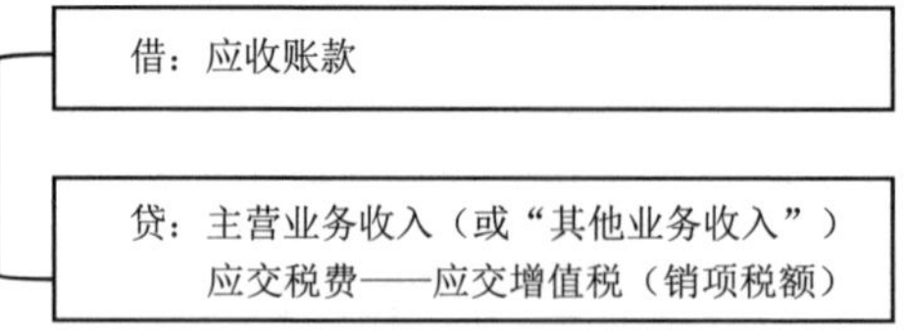

图4-1 形成应收账款时的会计处理

3．案例解析

【例4-1】某小企业2×19年5月2日销售一批商品给A企业，开出增值税专用发票上注明的价款为240 000元，增值税销项税额为31 200元，款项尚未收到。该小企业的会计处理如下：

借：应收账款——A企业　　271 200

　贷：主营业务收入　　240 000

　　　应交税费——应交增值税（销项税额）　　31 200

4.1.2 收回应收账款

1. 业务概述

小企业收回应收账款，借记“银行存款”或“库存现金”科目，贷记“应收账款”。

2. 账务处理

相关会计处理如图4-2所示：

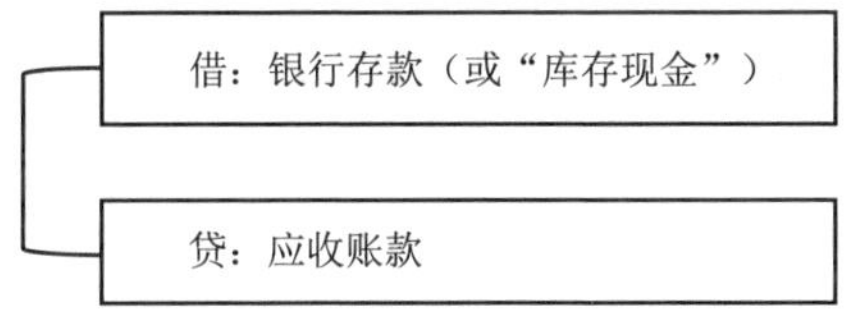

图4-2　收回应收账款时的会计处理

3. 案例解析

【例4-2】承接【例4-1】，该小企业于2×19年5月20日收到该批商品的价款。该小企业的会计处理如下：

借：银行存款　　271 200

　贷：应收账款——A企业　　271 200

4.1.3 发生坏账损失

1. 业务概述

按照《小企业会计准则》规定确认应收账款实际发生的坏账损失，应当按照可收回的金额，借记“银行存款”等科目，按照其账面余额，贷记“应收账款”，按照其差额，借记“营业外支出”科目。

2. 账务处理

相关会计处理如图4-3所示：

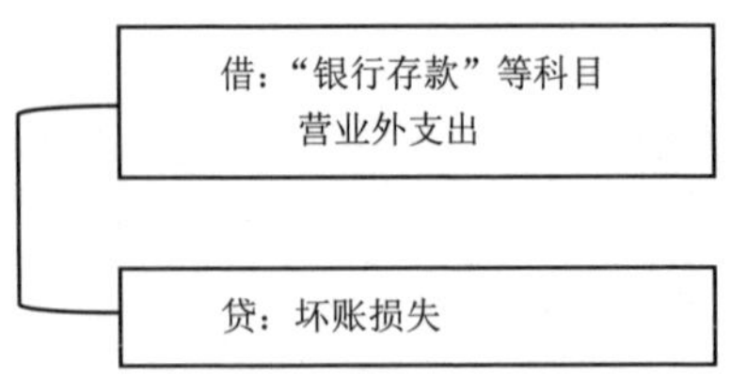

图4-3　发生坏账损失的会计处理

3．案例解析

【例4-3】承接【例4-1】，假设A企业因财务状况发生恶化，只偿还了120 000元的货款。该小企业的会计处理如下：

借：银行存款　　120 000

　　营业外支出　　151 200

　贷：应收账款——A企业　　271 200

4.1.4　收到应收票据

1．业务概述

“应收票据”科目核算小企业因销售商品（产成品或材料）、提供劳务等日常生产经营活动而收到的商业汇票（银行承兑汇票和商业承兑汇票）。

小企业因销售商品、提供劳务等而收到开出、承兑的商业汇票，按照商业汇票的票面金额，借记“应收票据”，按照确认的营业收入，贷记“主营业务收入”等科目。涉及增值税销项税额的，还应当贷记“应交税费——应交增值税（销项税额）”科目。

2．账务处理

相关会计处理如图4-4所示：

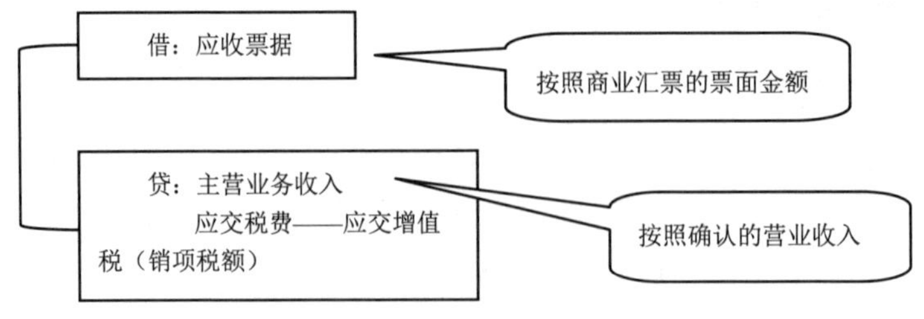

图4-4　收到应收票据的会计处理

3. 案例解析

【例4-4】某小企业2×19年5月2日，出售给A企业一批材料，价款为120 000元，增值税额为15 600元，收到A企业开出的商业承兑汇票。该小企业的会计处理如下：

借：应收票据——A企业　　135 600

　贷：主营业务收入　　120 000

　　应交税费——应交增值税（销项税额）　　15 600

4.1.5 未到期的商业票据向银行贴现

1. 业务概述

持未到期的商业汇票向银行贴现，应按照实际收到的金额（即减去贴现息后的净额），借记“银行存款”科目，按照贴现息，借记“财务费用”科目，按照商业汇票的票面金额，贷记“应收票据”（银行无追索权的情况下）或“短期借款”科目（银行有追索权的情况下）。

2. 账务处理

（1）银行无追索权的情况下，相关会计处理如图4-5所示：

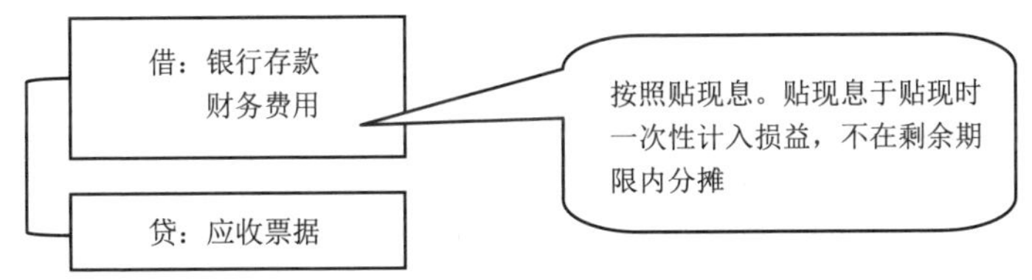

图4-5　无追索权贴现的会计处理

（2）银行有追索权的情况下，相关会计处理如图4-6所示：

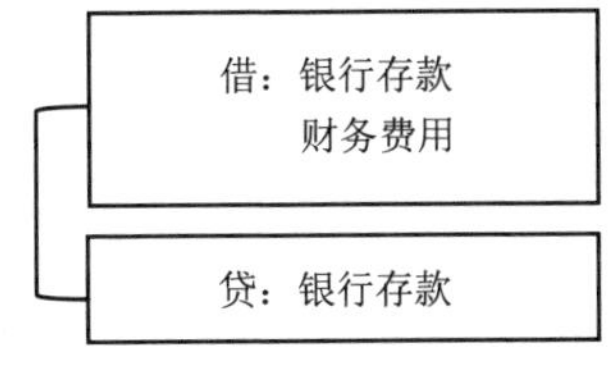

图4-6　形成应收账款时的会计处理

3. 案例解析

【例4-5】承接【例4-4】，该小企业将收到的票据向银行贴现，贴现息为

400元。银行无追索权。该小企业的会计处理如下：

借：银行存款　　135 200

　　财务费用　　400

　贷：应收票据　　135 600

4.1.6 商业票据背书转让

1．业务概述

小企业将持有的商业汇票背书转让以取得所需物资，按照应计入取得物资成本的金额，借记“材料采购”或“原材料”“库存商品”等科目，按照商业汇票的票面金额，贷记“应收票据”，如有差额，借记或贷记“银行存款”等科目。涉及按照税法规定可抵扣的增值税进项税额的，还应当借记“应交税费——应交增值税（进项税额）”科目。

2．账务处理

相关会计处理如图4-7所示：

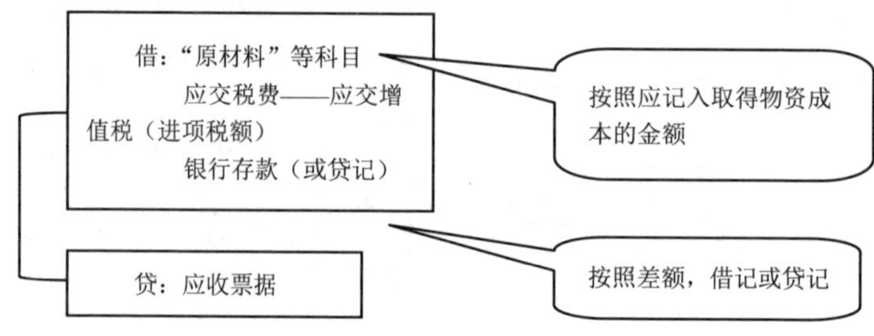

图4-7　商业票据背书转让的会计处理

3．案例解析

【例4-6】承接【例4-4】，该小企业从B企业购入一批商品，实际价款180 000元，增值税额为23 400元，用收到的A企业的商业票据背书转让给B企业。该小企业的会计处理如下：

借：库存商品　　180 000

　　应交税费——应交增值税（进项税额）　　23 400

　贷：应收票据　　135 600

　　　银行存款　　67 800

4.1.7 商业票据到期

1. 业务概述

商业汇票到期，应按照实际收到的金额，借记“银行存款”科目，贷记“应收票据”。

因付款人无力支付票款，或到期不能收回应收票据，应按照商业汇票的票面金额，借记“应收账款”科目，贷记“应收票据”。

2. 账务处理

（1）到期收回款项，相关会计处理如图4-8所示：

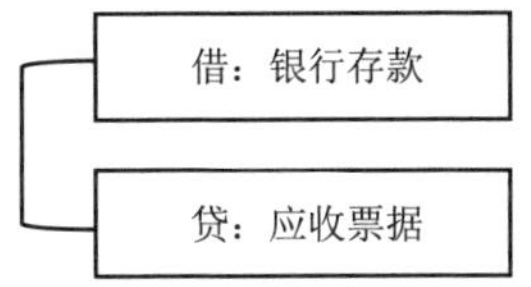

图4-8 商业票据到期收回的会计处理

（2）到期不能收回，相关会计处理如图4-9所示：

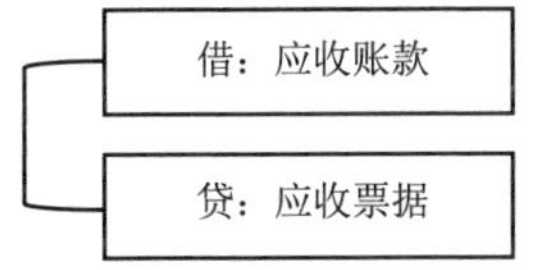

图4-9 商业票据到期不能收回的会计处理

3. 案例解析

【例4-7】承接【例4-4】，假设该小企业于5月20日收回货款。该小企业的会计处理如下：

借：银行存款　　　　135 600

　贷：应收票据——A企业　　　　135 600

4.1.8 企业购货而预付货款

1. 业务概述

“预付账款”科目核算小企业按照合同规定预付的款项。预付款项情况不多的小企业，也可以不设置本科目，将预付的款项直接记入“应付账款”科目借方。

小企业因购货而预付的款项，借记“预付账款”，贷记“银行存款”等科目。

收到所购物资，按照应计入购入物资成本的金额，借记“在途物资”或“原材料”“库存商品”等科目，按照税法规定可抵扣的增值税进项税额，借记“应交税费——应交增值税（进项税额）”科目，按照应支付的金额，贷记“预付账款”。补付的款项，借记“预付账款”，贷记“银行存款”等科目；退回多付的款项，做相反的会计分录。

2. 账务处理

（1）因购货而预付的款项，相关会计处理如图4-10所示：

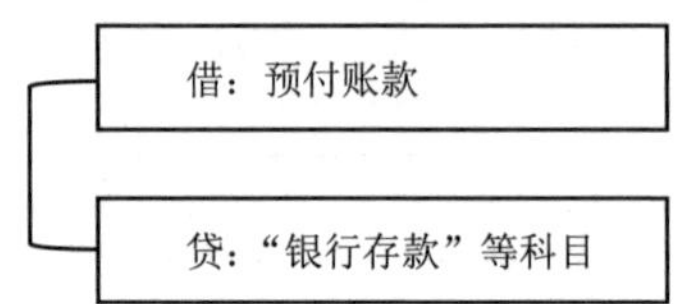

图4-10　预付货款的会计处理

（2）收到货物，相关会计处理如图4-11所示：

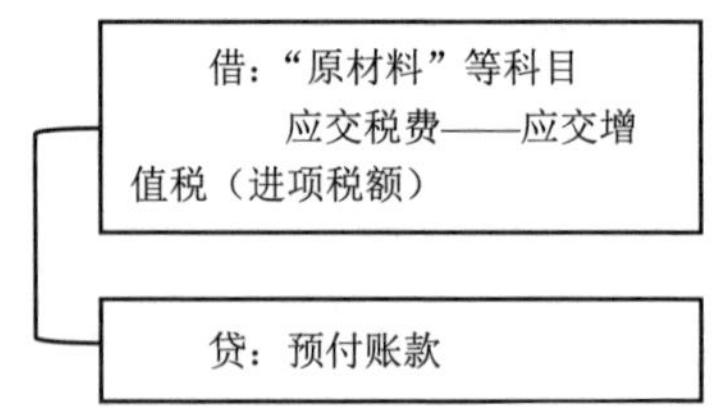

图4-11　预付货款收到货物的会计处理

（3）补付的款项，相关会计处理如图4-12所示：

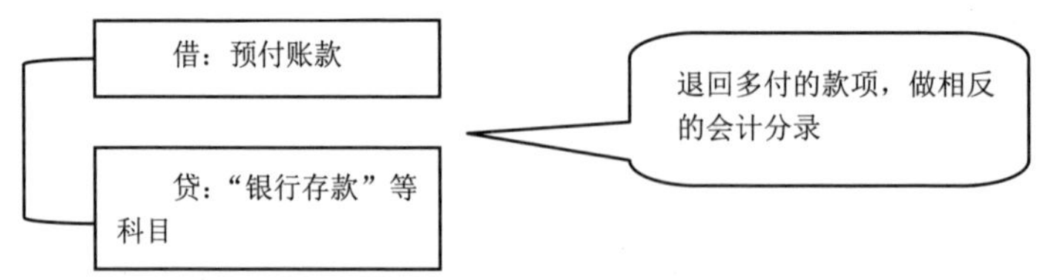

图4-12　预付货款补付款项的会计处理

3. 案例解析

【例4-8】某小企业2×19年8月3日购入A企业一批材料，与A企业签订的合同规定预付的货款为120 000元，该小企业用银行存款支付货款120 000元，增值税额15 600元，材料尚未收到。9月10日收到该批货物，并验收入库。该小企业的会计处理如下：

（1）2×19年8月3日，购入材料：

借：预付账款　　　　135 600

　贷：银行存款　　　　135 600

（2）2×19年9月10日，收到材料：

借：原材料　　　　120 000

　　应交税费——应交增值税（进项税额）　　　　15 600

　贷：预付账款　　　　135 600

4.1.9　预付工程价款

1．业务概述

小企业进行在建工程预付的工程价款，也通过“预付账款”科目核算。出包工程按照合同规定预付的工程价款，借记“预付账款”，贷记“银行存款”等科目。按照工程进度和合同规定结算的工程价款，借记“在建工程”科目，贷记“预付账款”“银行存款”等科目。

2．账务处理

（1）预付工程价款，相关会计处理如图4-13所示：

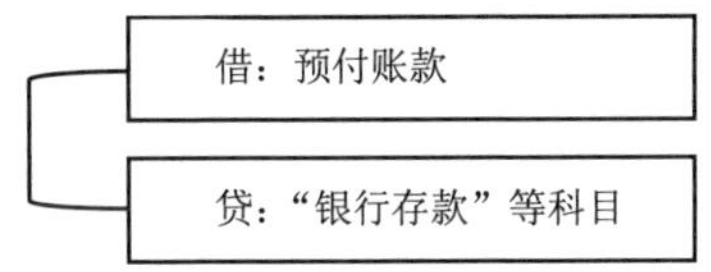

图4-13　预付工程价款的会计处理

（2）结算工程价款，相关会计处理如图4-14所示：

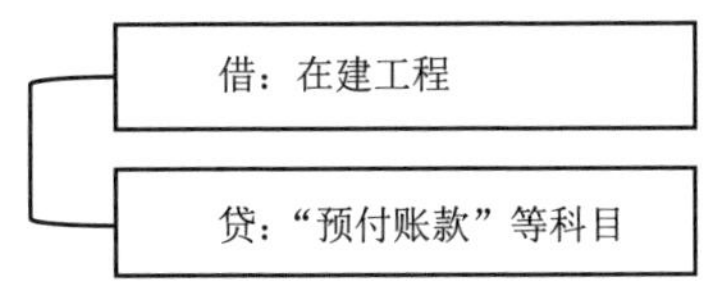

图4-14　结算工程价款的会计处理

3．案例解析

【例4-9】某小企业2×19年6月7日出包一工程给A企业，合同上规定的预付工程价款为204 000元，小企业通过银行存款支付。9月5日该工程完工，结算工程价款。

（1）2×19年6月7日，预付工程价款：

借：预付账款　　204 000

　贷：银行存款　　204 000

（2）2×19年9月5日，结算工程价款：

借：在建工程　　204 000

　贷：预付账款　　204 000

4.1.10　确认预付账款实际发生的坏账损失

1．业务概述

按照《小企业会计准则》规定确认预付账款实际发生的坏账损失，应当按照可收回的金额，借记“银行存款”等科目，按照其账面余额，贷记“预付账款”，按照其差额，借记“营业外支出”科目。

2．账务处理

相关会计处理如图4-15所示：

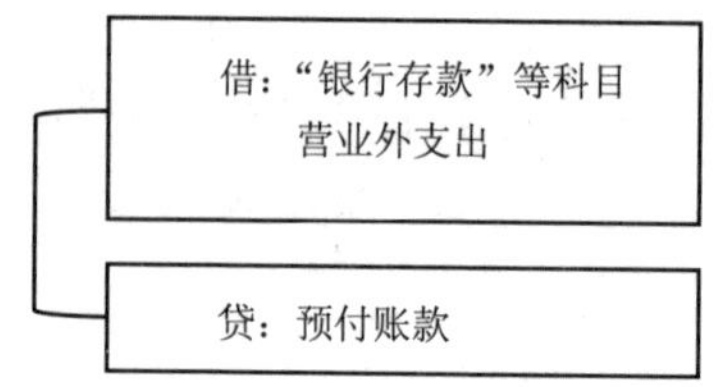

图4-15　预付账款发生坏账损失的会计处理

3．案例解析

【例4-10】某小企业2×19年2月5日从A企业购入一批商品，预付货款180 000元。2月10日，A企业由于无法提供该批商品，只能退回给小企业165 000元。该小企业的会计处理如下：

借：银行存款　　165 000

　　营业外支出　　15 000

　贷：预付账款　　180 000

4.2 应付及预收款项相关业务的账务处理

4.2.1 购入材料、商品后货款尚未支付

1. 业务概述

“应付账款”科目核算小企业因购买材料、商品和接受劳务等日常生产经营活动应支付的款项。

小企业购入材料、商品等未验收入库，货款尚未支付，应当根据有关凭证（发票账单、随货同行发票上记载的实际价款或暂估价值），借记“在途物资”科目，按照可抵扣的增值税进项税额，借记“应交税费——应交增值税（进项税额）”科目，按照应付的价款，贷记“应付账款”。

2. 账务处理

相关会计处理如图4-16所示：

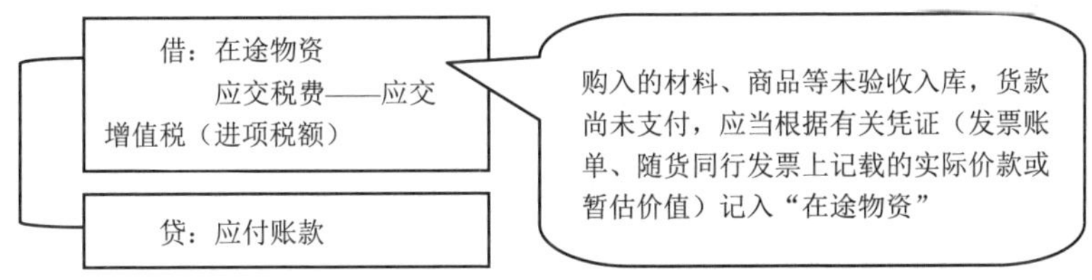

图4-16 赊购商品的会计处理

3. 案例解析

【例4-11】某小企业2×19年5月3日从A企业购入一批商品，商品尚未验收入库，增值税专用发票上记载的实际货款为158 000元，增值税额为20 540元，货款尚未支付。该小企业的会计处理如下：

借：在途物资　　158 000

　　应交税费——应交增值税（进项税额）　　20 540

　贷：应付账款　　178 540

4.2.2 接受劳务而发生的应付未付款项

1. 业务概述

接受供应单位提供劳务而发生的应付未付款项，应当根据供应单位的发

票账单，借记“生产成本”“管理费用”等科目，贷记“应付账款”。

2. 账务处理

相关会计处理如图4-17所示：

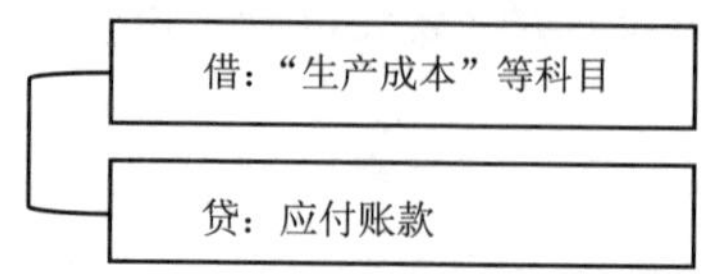

图4-17　接受劳务未付款项的会计处理

3. 案例解析

【例4-12】某小企业因生产需要接受A企业提供的生产加工劳务，应支付A企业劳务费80 000元，款项尚未支付。该小企业的会计处理如下：

借：生产成本　　80 000

　贷：应付账款　　80 000

4.2.3　偿还应付未付款项

1. 业务概述

偿付应付账款，借记“应付账款”科目，贷记“银行存款”等科目。小企业确实无法偿付的应付账款，借记“应付账款”科目，贷记“营业外收入”科目。

2. 账务处理

（1）偿付应付账款，相关会计处理如图4-18所示：

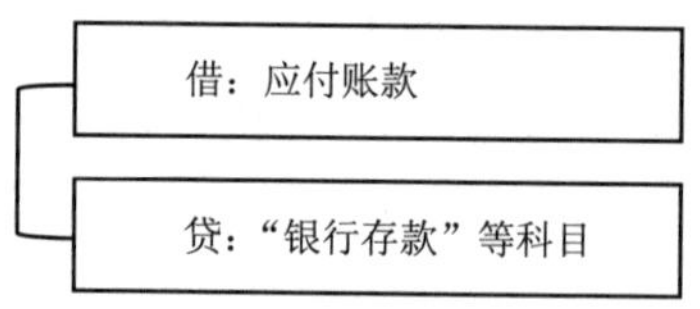

图4-18　偿付应付账款的会计处理

（2）确实无法偿付的应付账款，相关会计处理如图4-19所示：

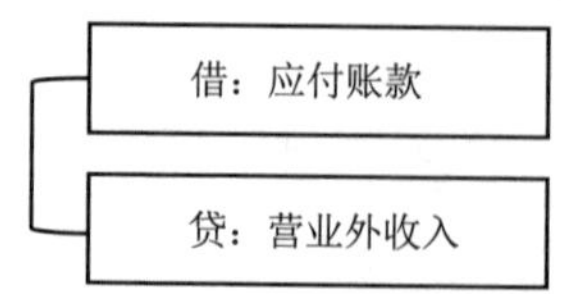

图4-19　应付账款无法偿付的会计处理

3. 案例解析

【例4-13】承接【例4-11】，该小企业5月20日支付该批商品的货款。该小企业的会计处理如下：

借：应付账款　　　　178 540

　贷：银行存款　　　　178 540

【例4-14】承接【例4-12】，该小企业因债权人撤销而无法支付这笔80 000元的应付账款。该小企业的会计处理如下：

借：应付账款　　　　80 000

　贷：营业外收入　　　　80 000

4.2.4 开出、承兑商业票据

1. 业务概述

“应付票据”科目核算小企业因购买材料、商品和接受劳务等日常生产经营活动开出、承兑的商业汇票（银行承兑汇票和商业承兑汇票）。

小企业开出、承兑商业汇票或以承兑商业汇票抵付货款、应付账款等，借记“材料采购”或“在途物资”“库存商品”等科目，贷记“应付票据”。涉及增值税进项税额的，还应进行相应的账务处理。

2. 账务处理

相关会计处理如图4-20所示：

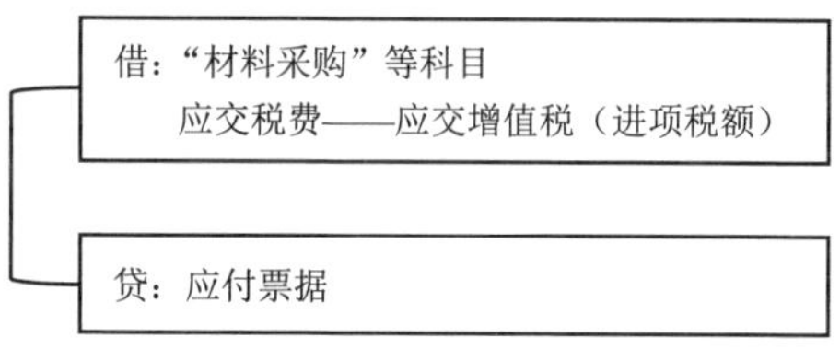

图4-20　开出、承兑商业票据的会计处理

3. 案例解析

【例4-15】某小企业从A企业购入一批商品并验收入库，实际货款为140 000元，增值税额为18 200元，小企业开出银行承兑汇票给A企业。该小企业的会计处理如下：

借：库存商品　　　　140 000

应交税费——应交增值税（进项税额）　　18 200

贷：应付票据——A企业　　158 200

4.2.5 支付银行承兑汇票手续费及票款

1．业务概述

小企业支付银行承兑汇票的手续费，借记“财务费用”科目，贷记“银行存款”科目。支付票款，借记“应付票据”，贷记“银行存款”科目。

2．账务处理

（1）支付银行承兑汇票手续费，相关会计处理如图4-21所示：

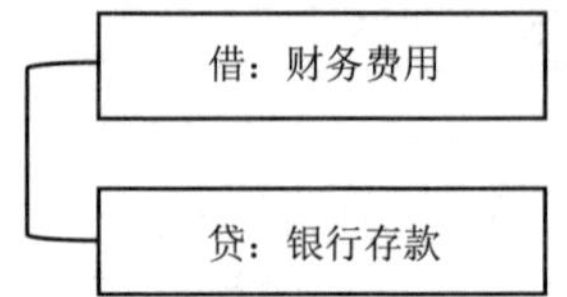

图4-21　支付银行承兑汇票手续费的会计处理

（2）支付票款，相关会计处理如图4-22所示：

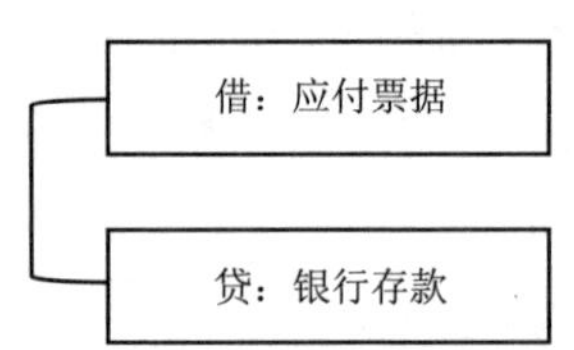

图4-22　支付票款的会计处理

3．案例解析

【例4-16】承接【例4-15】，该小企业支付开给A企业票款，同时支付银行承兑汇票手续费2 000元。该小企业的会计处理如下：

借：应付票据——A企业　　158 200

贷：银行存款　　158 200

借：财务费用　　2 000

贷：银行存款　　2 000

4.2.6 预收购货款、工程款等

1. 业务概述

“预收账款”核算小企业按照合同规定预收的款项。包括：预收的购货款、工程款等。预收账款情况不多的，也可以不设置本科目，将预收的款项直接记入“应收账款”科目贷方。

小企业向购货单位预收的款项，借记“银行存款”等科目，贷记“预收账款”。

2. 账务处理

相关会计处理如图4-23所示：

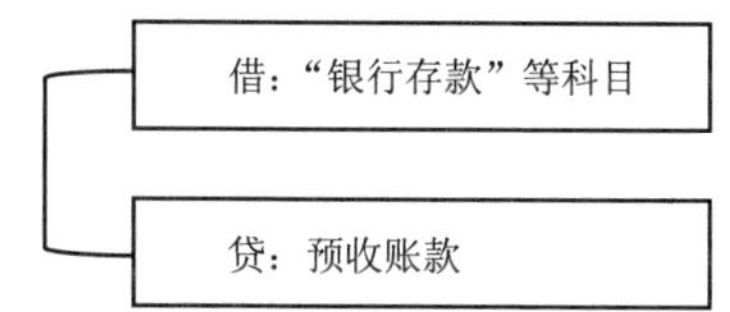

图4-23 预收购货款、工程款等的会计处理

3. 案例解析

【例4-17】某小企业2×19年5月8日出售给A企业一批材料，材料尚未发出。合同规定预收的货款为135 000元，小企业已收到货款。该小企业的会计处理如下：

借：银行存款 135 000

  贷：预收账款 135 000

4.2.7 销售收入实现

1. 业务概述

销售收入实现时，按照实现的收入金额，借记“预收账款”，贷记“主营业务收入”科目。涉及增值税销项税额的，还应进行相应的账务处理。

2. 账务处理

相关会计处理如图4-24所示：

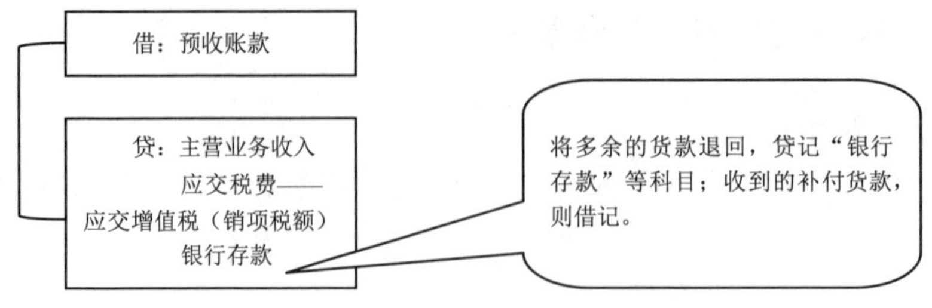

图4-24　销售收入实现的会计处理

3．案例解析

【例4-18】承接【例4-17】，该小企业9月20日将A企业所购的价值100 000元的材料发出，该批材料的增值税为13 000元，并将多余的款项退回。该小企业的会计处理如下：

借：预收账款　　135 000

　贷：主营业务收入　　100 000

　　应交税费——应交增值税（销项税额）　　13 000

　　银行存款　　22 000

4.2.8　发生除长期借款外的其他各种长期应付款

1．业务概述

“长期应付款”科目核算小企业除长期借款以外的其他各种长期应付款项。包括：应付融资租入固定资产的租赁费、以分期付款方式购入固定资产发生的应付款项等。

小企业融资租入固定资产，在租赁期开始日，按照租赁合同约定的付款总额和在签订租赁合同过程中发生的相关税费等，借记“固定资产”或“在建工程”科目，贷记“长期应付款”等科目。

以分期付款方式购入固定资产，应当按照实际支付的购买价款和相关税费（不包括按照税法规定可抵扣的增值税进项税额），借记“固定资产”或“在建工程”科目，按照税法规定可抵扣的增值税进项税额，借记“应交税费——应交增值税（进项税额）”科目，贷记“长期应付款”。

2．账务处理

（1）融资租入固定资产，相关会计处理如图4-25所示：

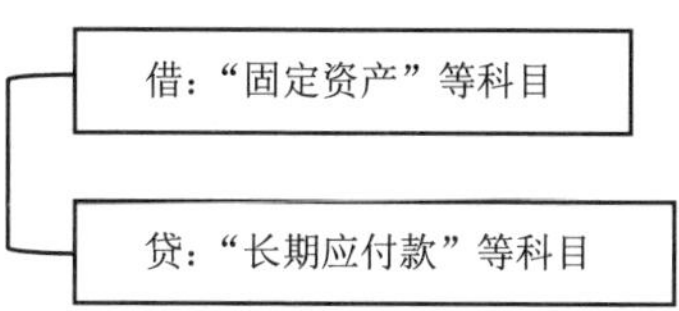

图4-25　融资租入固定资产的会计处理

（2）以分期付款方式购入固定资产，相关会计处理如图4-26所示：

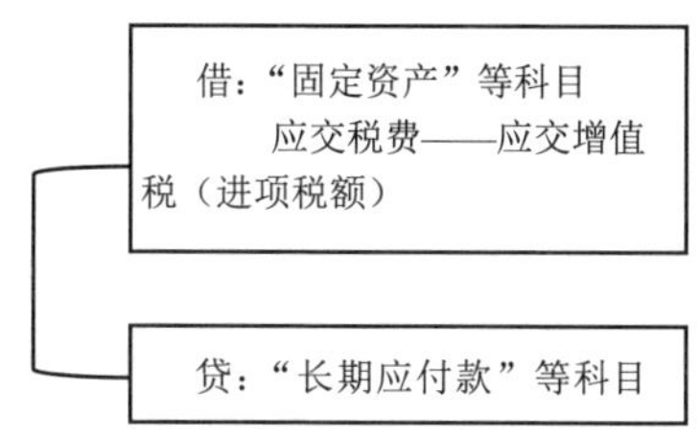

图4-26　分期付款购入固定资产的会计处理

3．案例解析

【例4-19】某小企业以分期付款方式购入一项机器设备，购买价款为150 000元，增值税额为19 500元。该小企业的会计处理如下：

借：固定资产　150 000

　　应交税费——应交增值税（进项税额）　19 500

　贷：长期应付款　169 500

4.3　借款相关业务的账务处理

4.3.1　借入短期借款

1．业务概述

"短期借款"科目核算小企业向银行或其他金融机构等借入的期限在1年内的各种借款。

小企业借入的各种短期借款，借记"银行存款"科目，贷记"短期借款"；偿还借款，做相反的会计分录。

银行承兑汇票到期，小企业无力支付票款的，按照银行承兑汇票的票面金额，借记"应付票据"科目，贷记"短期借款"。

2. 账务处理

（1）借入短期借款，相关会计处理如图4-27所示：

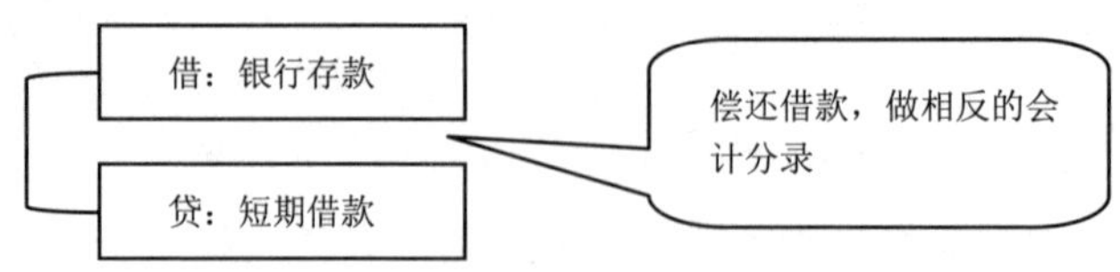

图4-27 借入短期借款的会计处理

（2）无力支付银行承兑汇票，相关会计处理如图4-28所示：

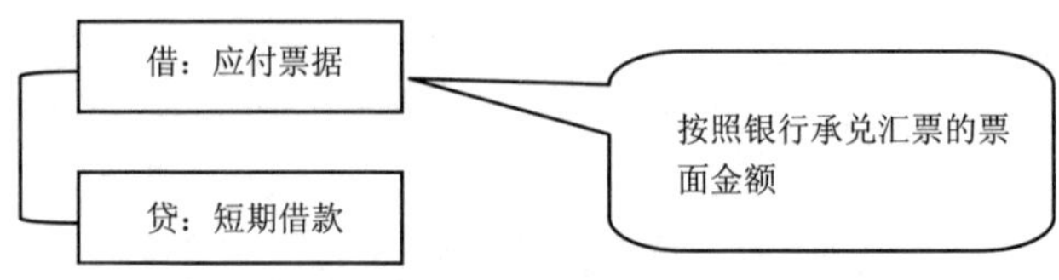

图4-28 无力支付银行承兑汇票的会计处理

3. 案例解析

【例4-20】某小企业2×19年5月7日从银行借入短期存款150 000元，7月16日上月票面金额为120 000元的银行承兑汇票到期，小企业无力支付票款。该小企业的会计处理如下：

（1）2×19年5月7日，借入短期存款：

借：银行存款　　150 000

　贷：短期借款　　150 000

（2）2×19年7月16日，无力支付已到期的银行承兑汇票：

借：应付票据　　120 000

　贷：短期借款　　120 000

4.3.2 未到期的商业票据向银行贴现

1. 业务概述

持未到期的商业汇票向银行贴现，应当按照实际收到的金额（即减去贴现息后的净额），借记“银行存款”科目，按照贴现息，借记“财务费用”科目，按照商业汇票的票面金额，贷记“应收票据”科目（银行无追索权的情况下）或“短期借款”（银行有追索权的情况下）。

2. 账务处理

相关会计处理如图4-29所示：

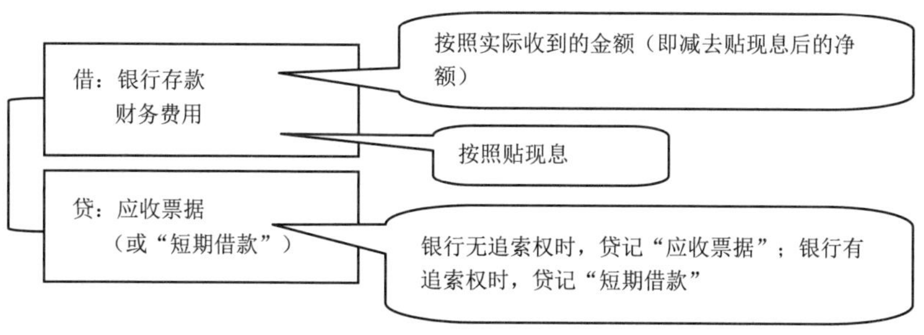

图4-29 票据贴现的会计处理

3. 案例解析

【例4-21】某小企业将其持有的尚未到期的商业汇票向银行贴现，票面金额为135 000元，实际收到的金额为130 000元，银行具有追索权。该小企业的会计处理如下：

借：银行存款 130 000

  财务费用 5 000

 贷：短期借款 135 000

4.3.3 确定利息费用

1. 业务概述

在应付利息日，小企业应当按照短期借款合同利率计算确定的利息费用，借记“财务费用”科目，贷记“应付利息”等科目。

2. 账务处理

相关会计处理如图4-30所示：

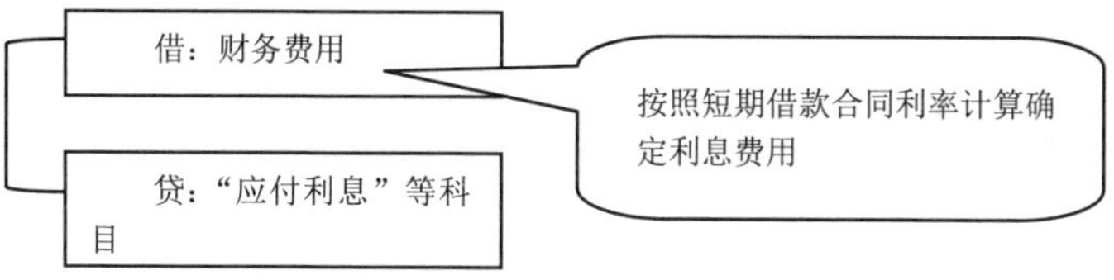

图4-30 确定利息费用的会计处理

3. **案例解析**

【例4-22】某小企业2×19年4月8日向银行借入200 000元短期借款，合同上记载的利率为5%，4月30日确定应支付利息费用为10 000元。该小企业的会计处理如下：

（1）2×19年4月8日，借入短期借款：

借：银行存款　　200 000

　贷：短期借款　　200 000

（2）2×19年4月30日，确定利息费用：

借：财务费用　　10 000

　贷：应付利息　　10 000

4.3.4 长期借款的账务处理

1. **业务概述**

“长期借款”科目核算小企业向银行或其他金融机构借入的期限在1年以上的各项借款本金。

小企业借入长期借款，借记“银行存款”科目，贷记“长期借款”。

在应付利息日，应当按照借款本金和借款合同利率计提利息费用，借记“财务费用”“在建工程”等科目，贷记“应付利息”科目。

偿还长期借款本金，借记“长期借款”，贷记“银行存款”科目。

2. **账务处理**

小企业长期借款的业务可以参照短期借款的业务，其会计处理相类似。

4.4 职工薪酬相关业务的账务处理

4.4.1 月末计提职工薪酬

1. **业务概述**

“应付职工薪酬”科目核算小企业根据有关规定应付给职工的各种薪酬，应按照“职工工资”“奖金、津贴和补贴”“职工福利费”“社会保险费”“住房公积金”“工会经费”“职工教育经费”“非货币性福利”“辞退福利”等进行明细核算。

月末，小企业应当将本月发生的职工薪酬区分以下情况进行分配：

生产部门（提供劳务）人员的职工薪酬，借记“生产成本”“制造费用”等科目，贷记“应付职工薪酬”。

应由在建工程、无形资产开发项目负担的职工薪酬，借记“在建工程”“研发支出”等科目，贷记“应付职工薪酬”。

管理部门人员的职工薪酬和因解除与职工的劳动关系给予的补偿，借记“管理费用”科目，贷记“应付职工薪酬”。

销售人员的职工薪酬，借记“销售费用”科目，贷记“应付职工薪酬”。

2. 账务处理

相关会计处理如表4-1所示：

表4-1　月末计提职工薪酬的会计处理

应付职工薪酬	会计处理
生产部门（提供劳务）人员的职工薪酬	借：“生产成本”等科目 贷：应付职工薪酬
由在建工程、无形资产开发项目负担的职工薪酬	借：“在建工程”等科目 贷：应付职工薪酬
管理部门人员的职工薪酬和因解除与职工的劳动关系给予的补偿	借：管理费用 贷：应付职工薪酬
销售人员的职工薪酬	借：销售费用 贷：应付职工薪酬

3. 案例解析

【例4-23】2×19年7月，某小企业应发放工资情况如下：生产部门直接生产人员工资124 000元；生产部门管理人员工资40 000元；企业管理部门人员工资65 000元；产品销售部门人员工资20 000元；建造厂房人员工资32 000元。根据小企业所在地政府的规定，应按照职工工资总额的2%计提职工福利费，10%计提住房公积金费，2%计提工会经费，1.5%计提职工教育经费。该小企业的会计处理如下：

（1）应计入生产成本的职工薪酬=124 000×（1+2%+10%+2%+1.5%）=143 220（元）

应计入制造费用的职工薪酬=40 000×（1+2%+10%+2%+1.5%）=46 200（元）

应计入管理费用的职工薪酬=65 000×（1+2%+10%+2%+1.5%）=75 075（元）

应计入销售费用的职工薪酬=20 000×（1+2%+10%+2%+1.5%）=23 100（元）

应计入在建工程成本的职工薪酬=32 000×（1+2%+10%+2%+1.5%）=36 960（元）

（2）账务处理：

借：生产成本　　143 220

　　制造费用　　46 200

　　管理费用　　75 075

　　销售费用　　23 100

　　在建工程　　36 960

　贷：应付职工薪酬——职工工资　　281 000

　　　　　　　　——职工福利费　　5 620

　　　　　　　　——住房公积金　　28 100

　　　　　　　　——工会经费　　5 620

　　　　　　　　——职工教育经费　　4 215

4.4.2 抵减职工薪酬的情况

1. 业务概述

小企业向职工支付工资、奖金、津贴、福利费等，从应付职工薪酬中扣还的各种款项（代垫的家属药费、个人所得税等）等，借记“应付职工薪酬”，贷记“库存现金”“银行存款”“其他应收款”“应交税费——应交个人所得税”等科目。

支付工会经费和职工教育经费用于工会活动和职工培训，借记“应付职工薪酬”，贷记“银行存款”等科目。

按照国家有关规定缴纳的社会保险费和住房公积金，借记“应付职工薪酬”，贷记“银行存款”科目。

以其自产产品发放给职工的，按照其销售价格，借记“应付职工薪酬”，贷记“主营业务收入”科目；同时，还应结转产成品的成本。涉及增值税销项税额的，还应进行相应的账务处理。

支付的因解除与职工的劳动关系给予职工的补偿，借记“应付职工薪酬”，贷记“库存现金”“银行存款”等科目。

2. 账务处理

相关会计处理如表4-2所示：

表 4-2 抵减职工薪酬的会计处理

应付职工薪酬	会计处理
从应付职工薪酬中扣还的各种款项	借：应付职工薪酬 贷：“库存现金”等科目
支付工会经费和职工教育经费用于工会活动和职工培训	借：应付职工薪酬 贷：银行存款
按照国家有关规定缴纳的社会保险费和住房公积金	借：应付职工薪酬 贷：银行存款
以其自产产品发放给职工的	借：应付职工薪酬 贷：主营业务收入
支付的因解除与职工的劳动关系给予职工的补偿	借：应付职工薪酬 贷：“库存现金”等科目

3. 案例解析

【例4-24】2×19年6月，某小企业替其职工代垫个人所得税58 000元，支付5 000元工会经费用于工会活动，支付12 000元职工教育经费用于职工培训。该小企业的会计处理如下：

借：应付职工薪酬 75 000

贷：银行存款 17 000

应交税费——应交个人所得税 58 000

4.5 各种税费相关业务的账务处理

4.5.1 应交增值税的账务处理

1. 业务概述

“应交税费”科目核算小企业按照税法等规定计算应交纳的各种税费。包括：增值税、消费税、城市维护建设税、企业所得税、资源税、土地增值税、城镇土地使用税、房产税、车船税和教育费附加、矿产资源补偿费、排污费等。小企业代扣代缴的个人所得税等，也通过“应交税费”科目核算。

应交增值税应当分别“进项税额”“销项税额”“出口退税”“进项税额转出”“已交税金”等设置专栏。小规模纳税人只需设置“应交增值税”明细科目，不需要在“应交增值税”明细科目中设置上述专栏。

（1）小企业采购物资等，按照应计入采购成本的金额，借记“材料采购”或“在途物资”“原材料”“库存商品”等科目，按照税法规定可抵扣的增值税进项税额，借记“应交税费——应交增值税（进项税额）”，按照应付或实际支付的金额，贷记“应付账款”“银行存款”等科目。购入物资发生退货的，做相反的会计分录。

购进免税农业产品，按照购入农业产品的买价和税法规定的税率计算的增值税进项税额，借记“应交税费——应交增值税（进项税额）”，按照买价减去按照税法规定计算的增值税进项税额后的金额，借记“材料采购”或“在途物资”等科目，按照应付或实际支付的价款，贷记“应付账款”“库存现金”“银行存款”等科目。

（2）销售商品（提供劳务），按照收入金额和应收取的增值税销项税额，借记“应收账款”“银行存款”等科目，按照税法规定应交纳的增值税销项税额，贷记“应交税费——应交增值税（销项税额）”，按照确认的营业收入金额，贷记“主营业务收入”“其他业务收入”等科目。发生销售退回的，做相反的会计分录。

随同商品出售但单独计价的包装物，应当按照实际收到或应收的金额，借记“银行存款”“应收账款”等科目，按照税法规定应交纳的增值税销项税额，贷记“应交税费——应交增值税（销项税额）”，按照确认的其他业务收入金额，贷记“其他业务收入”科目。

（3）有出口产品的小企业，其出口退税的账务处理如下：

①实行“免、抵、退”管理办法的小企业，按照税法规定计算的当期出口产品不予免征、抵扣和退税的增值税额，借记“主营业务成本”科目，贷记“应交税费——应交增值税（进项税额转出）”。按照税法规定计算的当期应予抵扣的增值税额，借记“应交税费——应交增值税（出口抵减内销产品应纳税额）”，贷记“应交税费——应交增值税（出口退税）”。

出口产品按照税法规定应予退回的增值税款，借记“其他应收款”科目，贷记“应交税费——应交增值税（出口退税）”。

②未实行“免、抵、退”管理办法的小企业，出口产品实现销售收入

时，应当按照应收的金额，借记“应收账款”等科目，按照税法规定应收的出口退税，借记“其他应收款”科目，按照税法规定不予退回的增值税额，借记“主营业务成本”科目，按照确认的销售商品收入，贷记“主营业务收入”科目，按照税法规定应交纳的增值税额，贷记“应交税费——应交增值税（销项税额）”。

③购入材料等按照税法规定不得从增值税销项税额中抵扣的进项税额，其进项税额应计入材料等的成本，借记“材料采购”或“在途物资”等科目，贷记“银行存款”等科目，不通过“应交税费——应交增值税（进项税额）”核算。

④将自产的产品等用作福利发放给职工，应视同产品销售计算应交增值税的，借记“应付职工酬薪”科目，贷记“主营业务收入”“应交税费——应交增值税（销项税额）”等科目。

⑤购进的物资、在产品、产成品因盘亏、毁损、报废、被盗，以及购进物资改变用途等原因按照税法规定不得从增值税销项税额中抵扣的进项税额，其进项税额应转入有关科目，借记“待处理财产损溢”等科目，贷记“应交税费——应交增值税（进项税额转出）”。

由于工程而使用本企业的产品或商品，应当按照成本，借记“在建工程”科目，贷记“库存商品”科目。同时，按照税法规定应交纳的增值税销项税额，借记“在建工程”科目，贷记“应交税费——应交增值税（销项税额）”。

⑥交纳的增值税，借记“应交税费——应交增值税（已交税金）”，贷记“银行存款”科目。

2. 账务处理

（1）购入物资：

相关会计处理如表4-3所示：

表 4-3 购入物资应交增值税的会计处理

增值税	会计处理
小企业采购物资等	借：“材料采购”等科目（按照应计入采购成本的金额） 应交税费——应交增值税（进项税额） 贷：“应付账款”等科目 （购入物资发生退货的，做相反的会计分录。）
购进免税农业产品	借：应交税费——应交增值税（进项税额） “材料采购”等科目（按照买价减去按照税法规定计算的增值税金额） 贷：“应付账款”等科目

（2）销售商品或提供劳务：

相关会计处理如表4-4所示：

表 4-4　销售商品（提供劳务）应交增值税的会计处理

增值税	会计处理
销售商品（提供劳务）	借：“应收账款”等科目 　贷：应交税费——应交增值税（销项税额） 　　　“主营业务收入”等科目 　　　（发生销售退回的，做相反的会计分录。）
随同商品出售但单独计价的包装物	借：“银行存款”等科目 　贷：应交税费——应交增值税（销项税额） 　　　其他业务收入

（3）出口退税：

相关会计处理如表4-5所示：

表 4-5　出口退税应交增值税的会计处理

增值税	会计处理	
实行“免、抵、退”管理办法的小企业	按照税法规定计算的当期出口产品不予免征、抵扣和退税的增值税额	借：主营业务成本 　贷：应交税费——应交增值税（进项税额转出）
	按照税法规定计算的当期应予抵扣的增值税额	借：应交税费——应交增值税 　　（出口抵减内销产品应纳税额） 　贷：应交税费——应交增值税（出口退税）
	按照税法规定应予退回的增值税款	借：其他应收款 　贷：应交税费——应交增值税（出口退税）
未实行“免、抵、退”管理办法的小企业	借：“应收账款”等科目（按照实现的销售收入） 　　其他应收款（按照税法规定应收的出口退税） 　　主营业务成本（按照税法规定不予退回的增值税额） 　贷：主营业务收入 　　　应交税费——应交增值税（销项税额）	

（4）购入材料等按照税法规定不得从增值税销项税额中抵扣的进项税额：

相关会计处理如图4-31所示：

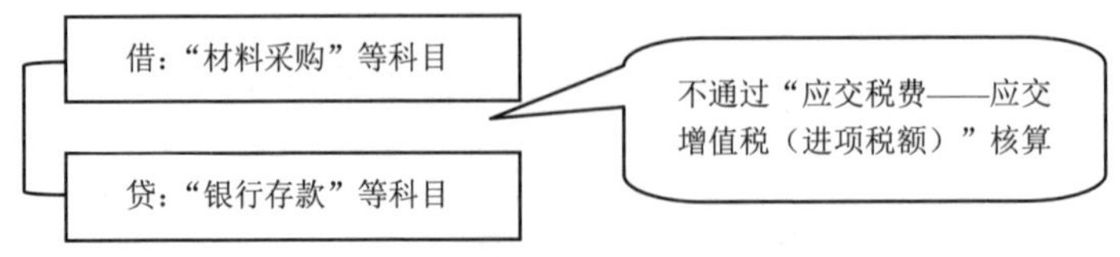

图4-31　购入不能抵减进项税额的材料的会计处理

（5）将自产的产品等用作福利发放给职工，应视同产品销售，相关会计处理如图4-32所示：

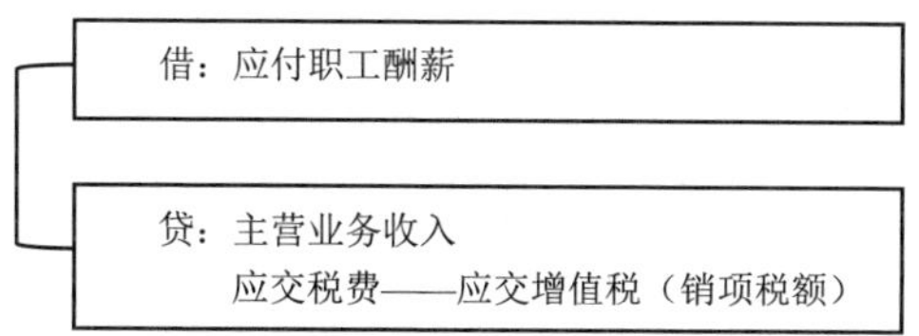

图4-32　将自产产品用作福利发放给职工的会计处理

（6）因盘亏、毁损、报废、被盗，以及购进物资改变用途等原因按照税法规定不得从增值税销项税额中抵扣的进项税额，相关会计处理如图4-33所示：

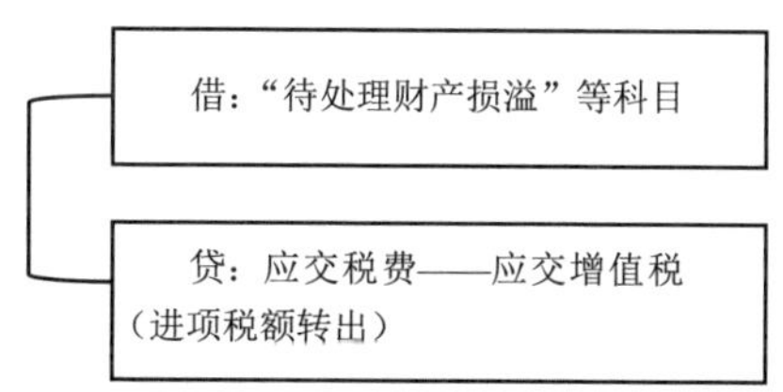

图4-33　进项税额转出的会计处理

（7）由于工程而使用本企业的产品或商品，相关会计处理如图4-34所示：

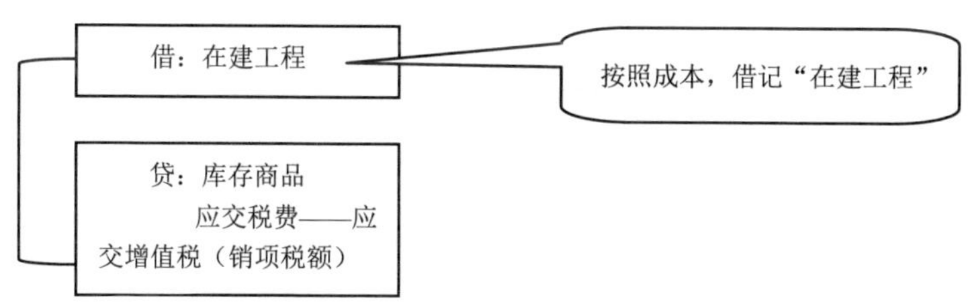

图4-34　进项税额转出的会计处理

（8）交纳的增值税，相关会计处理如图4-35所示：

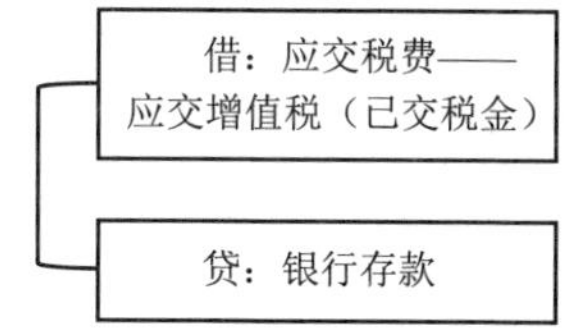

图4-35　交纳增值税的会计处理

3．案例解析

【例4-25】某小企业为增值税一般纳税人，2×19年5月购入一批原材料，价款为123 000元，增值税额为15 990元，材料已验收入库，款项尚未支付。6月销售一批商品，取得156 000元的收入，销项税款为20 280元，款项已取得并存入银行。7月收购一批农产品，实际支付价款80 000元，低税率10%，农产品已入库，款项通过银行支付。该小企业的会计处理如下：

（1）2×19年5月，购入原材料：

借：原材料　　123 000

　　应交税费——应交增值税（进项税额）　　15 990

　贷：应付账款　　138 990

（2）2×19年6月，销售商品：

借：银行存款　　176 280

　贷：主营业务收入　　156 000

　　　应交税费——应交增值税（销项税额）　　20 280

（3）2×19年7月，收购农产品：

借：原材料——农产品　　80 000

　　应交税费——应交增值税（进项税额）　　8 000

　贷：银行存款　　88 000

4.5.2 应交消费税的账务处理

1．业务概述

（1）销售需要交纳消费税的物资应交的消费税，借记“税金及附加”等科目，贷记“应交税费——应交消费税”。

（2）以生产的产品用于在建工程、非生产机构等，按照税法规定应交纳的消费税，借记“在建工程”“管理费用”等科目，贷记“应交税费——应交消费税”。

（3）随同商品出售但单独计价的包装物，按照税法规定应交纳的消费税，借记“税金及附加”科目，贷记“应交税费——应交消费税”。出租、出借包装物逾期未收回没收的押金应交的消费税，借记“税金及附加”科目，贷记“应交税费——应交消费税”。

（4）需要交纳消费税的委托加工物资，由受托方代收代缴税款（除受托加工或翻新改制金银首饰按照税法规定由受托方交纳消费税外）。小企业（受托方）按照应交税款金额，借记“应收账款”“银行存款”等科目，贷记“应交税费——应交消费税”。

委托加工物资收回后，直接用于销售的，小企业（委托方）应将代收代缴的消费税计入委托加工物资的成本，借记“库存商品”等科目，贷记“应付账款”“银行存款”等科目；委托加工物资收回后用于连续生产，按照税法规定准予抵扣的，按照代收代缴的消费税，借记“应交税费——应交消费税”，贷记“应付账款”“银行存款”等科目。

（5）有金银首饰零售业务的以及采用以旧换新方式销售金银首饰的小企业，在营业收入实现时，按照应交的消费税，借记“税金及附加”科目，贷记“应交税费——应交消费税”。有金银首饰零售业务的小企业因受托代销金银首饰按照税法规定应交纳的消费税，借记“税金及附加”科目，贷记“应交税费——应交消费税”；以其他方式代销金银首饰的，其交纳的消费税，借记“税金及附加”科目，贷记“应交税费——应交消费税”。

有金银首饰批发、零售业务的小企业将金银首饰用于馈赠、赞助、广告、职工福利、奖励等方面的，应于物资移送时，按照应交的消费税，借记“营业外支出”“销售费用”“应付职工薪酬”等科目，贷记“应交税费——应交消费税”。

随同金银首饰出售但单独计价的包装物，按照税法规定应交纳的消费税，借记“税金及附加”科目，贷记“应交税费——应交消费税”。

小企业因受托加工或翻新改制金银首饰按照税法规定应交纳的消费税，于向委托方交货时，借记“税金及附加”科目，贷记“应交税费——应交消费税”。

（6）需要交纳消费税的进口物资，其交纳的消费税应计入该项物资的成本，借记“材料采购”或“在途物资”“库存商品”“固定资产”等科目，贷记“银行存款”等科目。

（7）小企业（生产性）直接出口或通过外贸企业出口的物资，按照税法规定直接予以免征消费税的，可不计算应交消费税。

（8）交纳的消费税，借记“应交税费——应交消费税”，贷记“银行存款”科目。

2. 账务处理

（1）销售需要交纳消费税的物资应交的消费税，相关会计处理如图4-36所示：

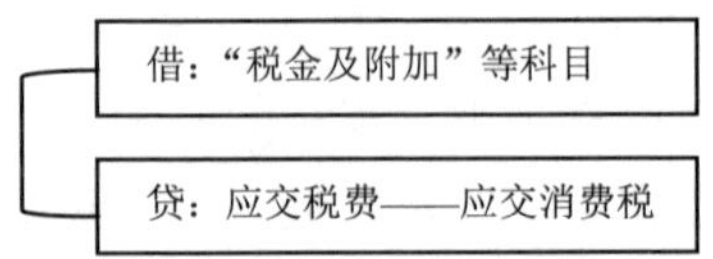

图4-36 销售业务应交的消费税的会计处理

（2）以生产的产品用于在建工程、非生产机构等，相关会计处理如图4-37所示：

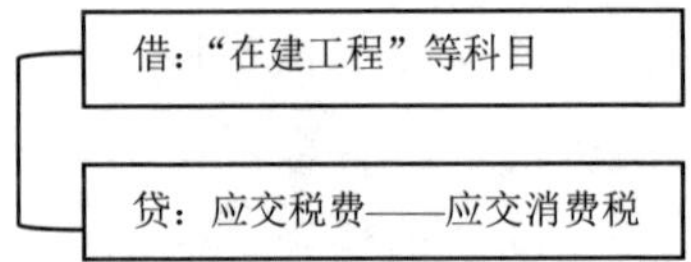

图4-37 应税自产产品用于在建工程等的会计处理

（3）随同商品出售但单独计价的包装物的消费税及出租、出借包装物逾期未收回没收的押金应交的消费税，相关会计处理如图4-38所示：

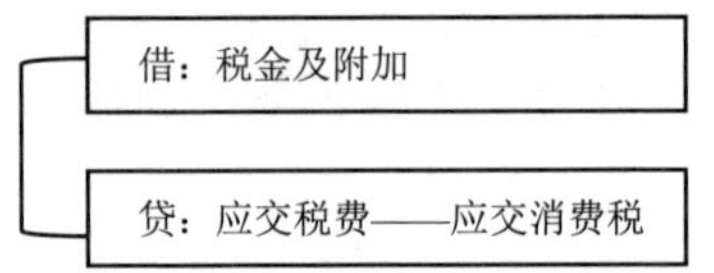

图4-38 其他应交消费税的会计处理

（4）委托加工物资的消费税：

相关会计处理如表4-6所示：

表4-6 委托加工物资消费税的会计处理

消费税	会计处理
需要交纳消费税的委托加工物资，由受托方代收代缴税款	借："应收账款"等科目 贷：应交税费——应交消费税
委托加工物资收回后，直接用于销售的	借："库存商品"等科目 贷："应付账款"等科目 注：小企业（委托方）应将代收代缴的消费税计入委托加工物资的成本
委托加工物资收回后用于连续生产	借：应交税费——应交消费税 贷："应付账款"等科目

（5）金银首饰的消费税：

相关会计处理如表4-7所示：

表 4-7　金银首饰应交消费税的会计处理

消费税	会计处理
有金银首饰零售业务的以及采用以旧换新方式销售金银首饰的小企业实现营业收入时	借：税金及附加 　贷：应交税费——应交消费税
有金银首饰零售业务的小企业受托代销金银首饰	
以其他方式代销金银首饰的	借：代购代销收入 　贷：应交税费——应交消费税
将金银首饰用于馈赠、赞助、广告、职工福利、奖励等方面的，物资移动时确认	借："营业外支出"等科目 　贷：应交税费——应交消费税
随同金银首饰出售但单独计价的包装物	借：税金及附加 　贷：应交税费——应交消费税
受托加工或翻新改制金银首饰按照税法规定应交纳的消费税，向委托方交货时确认	借：税金及附加 　贷：应交税费——应交消费税

（6）需要交纳消费税的进口物资，相关会计处理如图4-39所示：

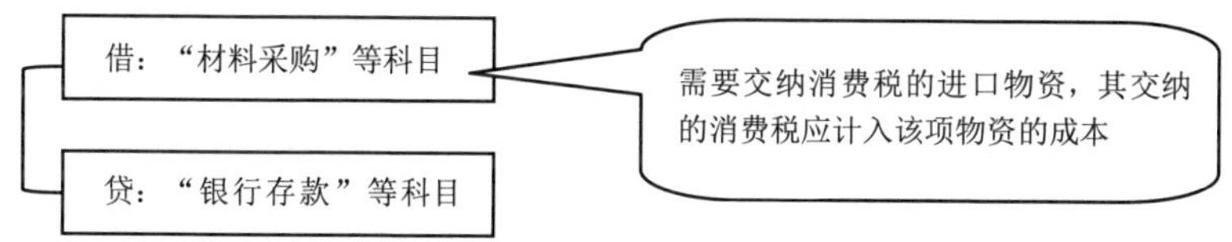

图4-39　进口物资应交消费税的会计处理

（7）交纳的消费税，相关会计处理如图4-40所示：

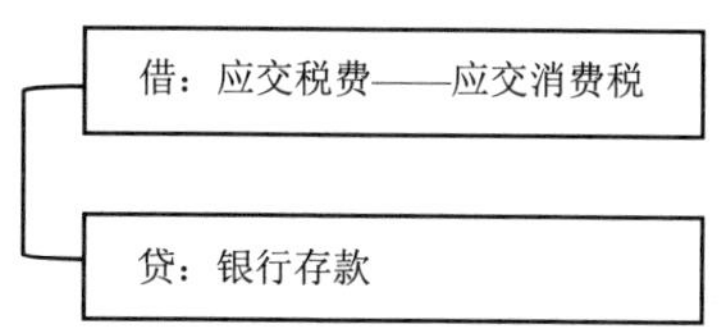

图4-40　交纳消费税的会计处理

3．案例解析

【例4-26】某小企业2×19年5月销售应纳消费税的商品一批，增值税专用发票上记载的货款为240 000元，增值税额31 200元，消费税率为10%，该批商品的成本为180 000元，款项尚未收到。6月委托A企业加工一批材料，原材料价款为150 000元，加工费12 000元，受托方代收代缴的消费税1 800元，款项尚未支付，该批材料已加工完毕并验收入库，假设小企业委托加工收回的材料用于继续生产应税消费品。该小企业的会计处理如下：

（1）2×19年5月，销售应纳消费税的商品：

借：应收账款　　271 200

　贷：主营业务收入　　240 000

　　　应交税费——应交增值税（销项税额）　　31 200

借：税金及附加　　24 000

　贷：应交税费——应交消费税　　24 000

借：主营业务成本　　180 000

　贷：库存商品　　180 000

（2）2×19年6月委托加工材料：

借：委托加工物资　　150 000

　贷：原材料　　150 000

借：委托加工物资　　12 000

　　应交税费——应交消费税　　1 800

　贷：应付账款　　13 800

借：原材料　　162 000

　贷：委托加工物资　　162 000

4.5.3　应交城市维护建设税和教育费附加的账务处理

1. 业务概述

小企业按照税法规定应交的城市维护建设税、教育费附加，借记“税金及附加”科目，贷记“应交税费——应交城市维护建设税、应交教育费附加”。

交纳的城市维护建设税和教育费附加，借记“应交税费——应交城市维护建设税、应交教育费附加”，贷记“银行存款”科目。

2. 账务处理

（1）计提应交的城市维护建设税、教育费附加，相关会计处理如图4-41所示：

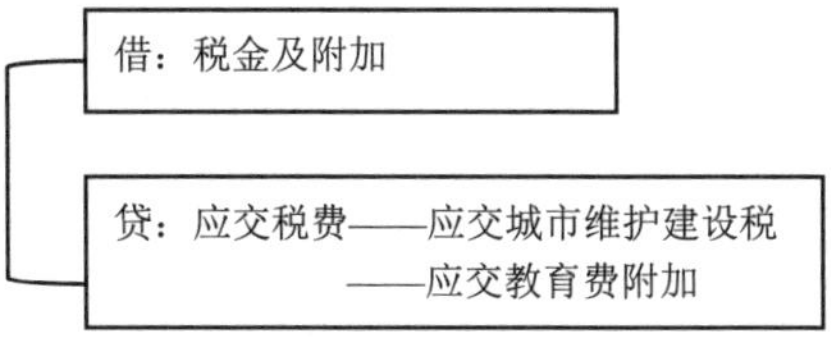

借：税金及附加

贷：应交税费——应交城市维护建设税
　　　　　　——应交教育费附加

图4-41　城建税及教育法的计提

（2）交纳城市维护建设税和教育费附加，相关会计处理如图4-42所示：

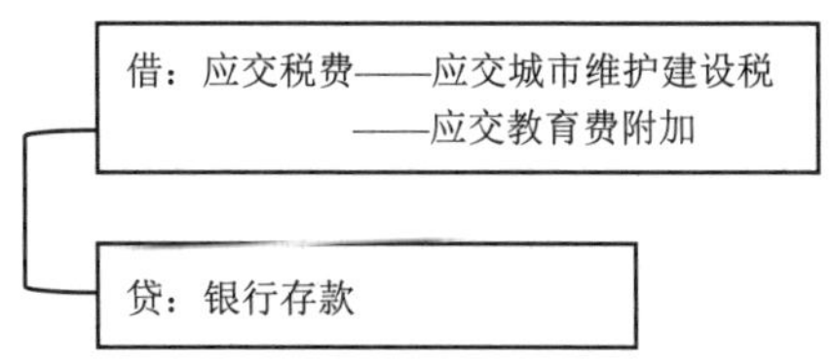

图4-42　城建税及教育费的交纳

3．案例解析

【例4-27】某小企业2×19年2月共应交纳增值税、消费税3 200 000元，于月底用银行存款支付。该小企业的会计处理如下：

应交纳的城市维护建设税=3 200 000×7%=224 000（元）

应交纳的教育费附加=3 200 000×3%=96 000（元）

借：税金及附加　　320 000

　贷：应交税费——应交城市维护建设税　　224 000

　　　　　　　——应交教育费附加　　96 000

借：应交税费——应交城市维护建设税　　224 000

　　　　　　——应交教育费附加　　96 000

　贷：银行存款　　320 000

4.5.4　应交企业所得税的账务处理

1．业务概述

小企业按照税法规定应交的企业所得税，借记“所得税费用”科目，贷记“应交税费——应交企业所得税”。

交纳的企业所得税，借记“应交税费——应交企业所得税”，贷记“银行存款”科目。

2. 账务处理

（1）计提应交纳的企业所得税，相关会计处理如图4-43所示：

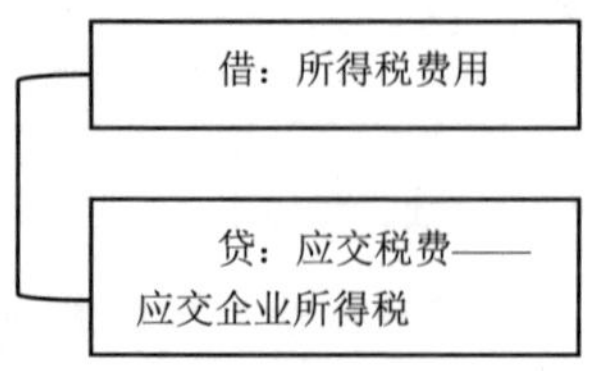

图4-43　所得税的计提

（2）交纳企业所得税，相关会计处理如图4-44所示：

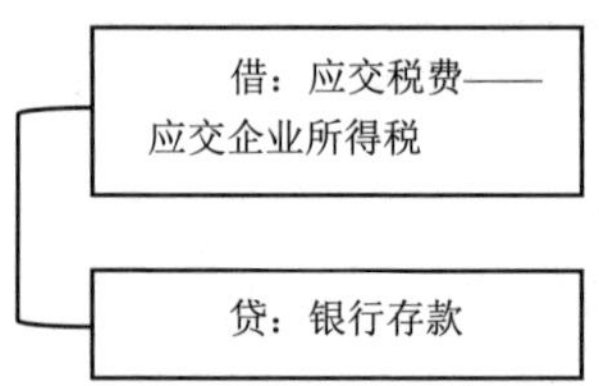

图4-44　企业所得税的交纳

3. 案例解析

【例4-28】某小企业2×19年7月应交纳4 500 000元的企业所得税，于月底用银行存款支付。该小企业的会计处理如下：

借：所得税费用　　4 500 000

　贷：应交税费——应交企业所得税　　4 500 000

借：应交税费——应交企业所得税　　4 500 000

　贷：银行存款　　4 500 000

4.5.5　应交资源税的账务处理

1. 业务概述

（1）小企业销售商品按照税法规定应交纳的资源税，借记“税金及附加”科目，贷记“应交税费——应交资源税”。

（2）自产自用的物资应交纳的资源税，借记“生产成本”科目，贷记“应交税费——应交资源税”。

（3）收购未税矿产品，按照实际支付的价款，借记“材料采购”或“在途物资”等科目，贷记“银行存款”等科目，按照代扣代缴的资源税，借记

"材料采购"或"在途物资"等科目，贷记"应交税费——应交资源税"。

（4）外购液体盐加工固体盐：在购入液体盐时，按照税法规定所允许抵扣的资源税，借记"应交税费——应交资源税"，按照购买价款减去允许抵扣的资源税后的金额，借记"材料采购"或"在途物资""原材料"等科目，按照应支付的购买价款，贷记"银行存款""应付账款"等科目；加工成固体盐后，在销售时，按照销售固体盐应交纳的资源税，借记"税金及附加"科目，贷记"应交税费——应交资源税"；将销售固体盐应交资源税抵扣液体盐已交资源税后的差额上交时，借记"应交税费——应交资源税"，贷记"银行存款"科目。

（5）交纳的资源税，借记"应交税费——应交资源税"，贷记"银行存款"科目。

2. 账务处理

相关会计处理如表4-8所示：

表 4-8　应交资源税的会计处理

<table>
<tr><th>资源税</th><th colspan="2">会计处理</th></tr>
<tr><td>计提应交纳的资源税</td><td colspan="2">借：税金及附加
贷：应交税费——应交资源税</td></tr>
<tr><td>自产自用的物资应交纳的资源税</td><td colspan="2">借：生产成本
贷：应交税费——应交资源税</td></tr>
<tr><td>收购未税矿产品</td><td colspan="2">借："材料采购"等科目（按照实际支付的价款）
贷："银行存款"等科目
借："材料采购"等科目（按照代扣代缴的资源税）
贷：应交税费——应交资源税</td></tr>
<tr><td rowspan="3">外购液体盐加工固体盐</td><td>购入液体盐时</td><td>借：应交税费——应交资源税
"材料采购"等科目（按照购买价款减去允许抵扣的资源税后的金额）
贷："银行存款"等科目</td></tr>
<tr><td>加工成固体盐后销售</td><td>借：税金及附加
贷：应交税费——应交资源税</td></tr>
<tr><td>将销售固体盐应交资源税抵扣液体盐已交资源税后的差额上交时</td><td>借：应交税费——应交资源税
贷：银行存款</td></tr>
<tr><td>交纳的资源税</td><td colspan="2">借：应交税费——应交资源税
贷：银行存款</td></tr>
</table>

3．案例解析

【例4-29】某小企业2×19年7月2日购入500吨液体盐，价款为350 000元，已验收入库。20日将这批液体盐加工成200吨的固体盐，并销售了100吨固体盐，另将自产的固体盐100吨用于生产产品，液体盐每吨按5元交纳资源税，固体盐每吨按40元交纳资源税。该小企业的会计处理如下：

（1）2×19年7月2日，购入液体盐：

借：应交税费——应交资源税　　2 500

　　原材料　　347 500

　贷：银行存款　　350 000

（2）2×19年7月20日：

①加工成固体盐后销售：

借：税金及附加　　4 000

　贷：应交税费——应交资源税　　4 000

②上交资源税：

借：应交税费——应交资源税　　1 500

　贷：银行存款　　1 500

（3）自产自用的固体盐交纳资源税：

借：生产成本　　4 000

　贷：应交税费——应交资源税　　4 000

4.5.6 应交土地增值税的账务处理

1．业务概述

小企业转让土地使用权应交纳的土地增值税，土地使用权与地上建筑物及其附着物一并在“固定资产”科目核算的，借记“固定资产清理”科目，贷记“应交税费——应交土地增值税”。

土地使用权在“无形资产”科目核算的，按照实际收到的金额，借记“银行存款”科目，按照应交纳的土地增值税，贷记“应交税费——应交土地增值税”，按照已计提的累计摊销，借记“累计摊销”科目，按照其成本，贷记“无形资产”科目，按照其差额，贷记“营业外收入——非流动资产处置净收益”科目或借记“营业外支出——非流动资产处置净损失”

科目。

小企业（房地产开发经营）销售房地产应交纳的土地增值税，借记“税金及附加”科目，贷记“应交税费——应交土地增值税”。

交纳的土地增值税，借记“应交税费——应交土地增值税”，贷记“银行存款”科目。

2. 账务处理

相关会计处理如表4-9所示：

表 4-9 应交土地增值税的会计处理

土地增值税	会计处理
转让土地使用权，土地使用权与地上建筑物及其附属物一并在“固定资产”核算的	借：固定资产清理 贷：应交税费——应交土地增值税
土地使用权在“无形资产”核算的	借：银行存款 累计摊销 营业外支出——非流动资产处置净损失（按照其差额，或贷记“营业外收入——非流动资产处置净收益”） 贷：应交税费——应交土地增值税 无形资产
小企业（房地产开发经营）销售房地产	借：税金及附加 贷：应交税费——应交土地增值税
交纳的土地增值税	借：应交税费——应交土地增值税 贷：银行存款

3. 案例解析

【例4-30】某小企业出售土地使用权，收入为520 000元，款项存入银行。该土地使用权的账面价值为380 000元，已摊销100 000元，需交纳的土地增值税为57 200元。该小企业的会计处理如下：

借：银行存款　　520 000

　　累计摊销　　100 000

　贷：无形资产　　380 000

　　　应交税费——应交土地增值税　　57 200

　　　营业外收入——非流动资产处置净收益　　182 800

4.5.7 应交城镇土地使用税、房产税、车船税、矿产资源补偿费、排污费的账务处理

1. 业务概述

小企业按照规定应交纳的城镇土地使用税、房产税、车船税、矿产资源补偿费、排污费，借记“税金及附加”科目，贷记“应交税费——应交城镇土地使用税、应交房产税、应交车船税、应交矿产资源补偿费、应交排污费”。

交纳的城镇土地使用税、房产税、车船税、矿产资源补偿费、排污费，借记“应交税费——应交城镇土地使用税、应交房产税、应交车船税、应交矿产资源补偿费、应交排污费”，贷记“银行存款”科目。

2. 账务处理

（1）计提应交纳的税费，相关会计处理如图4-45所示：

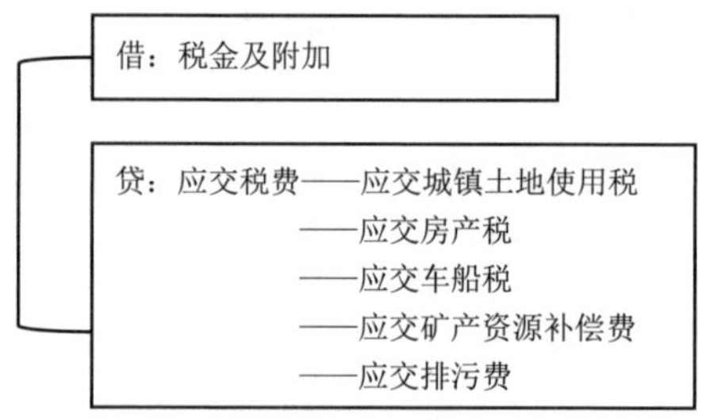

图4-45　其他应交税费的计提

（2）交纳税费，相关会计处理如图4-46所示：

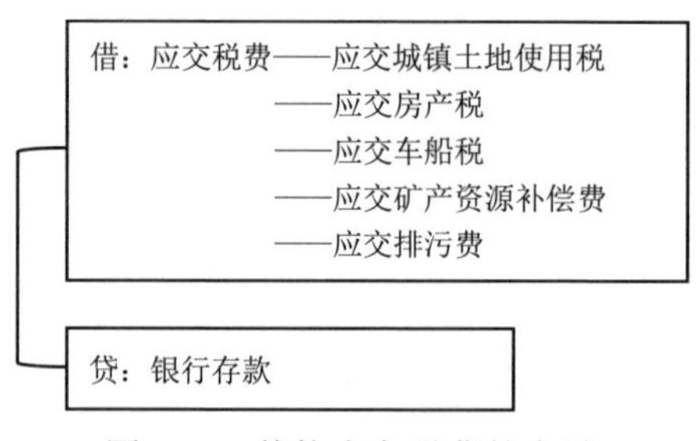

图4-46　其他应交税费的交纳

4.5.8 应交个人所得税的账务处理

1. 业务概述

小企业按照税法规定应代扣代缴的职工个人所得税，借记“应付职工薪

酬”科目，贷记“应交税费——应交个人所得税”。

交纳的个人所得税，借记“应交税费——应交个人所得税”，贷记“银行存款”科目。

2. 账务处理

（1）代扣代缴的职工个人所得税，相关会计处理如图4-47所示：

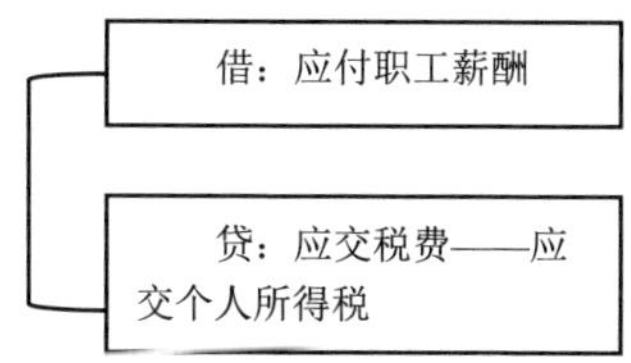

图4-47　代扣代缴的职工个人所得税的计提

（2）交纳的个人所得税，相关会计处理如图4-48所示：

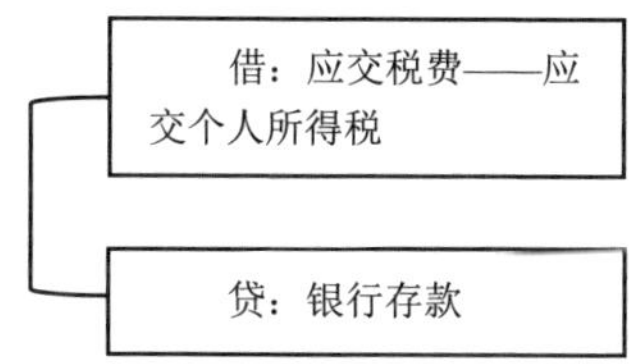

图4-48　代扣代缴职工个人所得税的交纳

3. 案例解析

【例4-31】某小企业2×19年3月代扣代缴当月职工的个人所得税67 000元，于月底用银行存款交纳。该小企业的会计处理如下：

借：应付职工薪酬　　67 000
　贷：应交税费——应交个人所得税　　67 000
借：应交税费——应交个人所得税　　67 000
　贷：银行存款　　67 000

4.5.9　“先征后返”的账务处理

1. 业务概述

小企业按照规定实行企业所得税、增值税、消费税等先征后返的，应当在实际收到返还的企业所得税、增值税（不含出口退税）、消费税等时，借记“银行存款”科目，贷记“营业外收入”科目。

2. 账务处理

相关会计处理如图4-49所示：

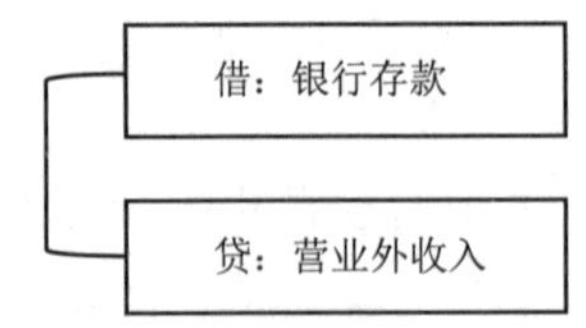

图4-49 “先征后返”的账务处理

3. 案例解析

【例4-32】某小企业2×19年10月收到返还的增值税和企业所得税共计35 000元。该小企业的会计处理如下：

借：银行存款　　35 000

　贷：营业外收入　　35 000

4.6 应付利息的相关业务的账务处理

4.6.1 确定利息费用

1. 业务概述

在应付利息日，小企业应当按照合同利率计算确定的利息费用，借记“财务费用”“在建工程”等科目，贷记“应付利息”。

2. 账务处理

相关会计处理如图4-50所示：

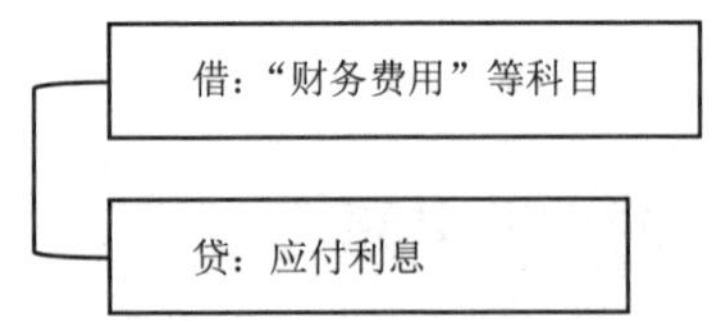

图4-50 确定利息费用的账务处理

3. 案例解析

【例4-33】某小企业2×19年9月1日从银行借入200 000元，贷款年利率为6%，9月需支付贷款利息1 000元。该小企业的会计处理如下：

借：财务费用　　　　　　　　　　　　　　　　1 000

　贷：应付利息　　　　　　　　　　　　　　　　1 000

4.6.2 支付利息费用

1. 业务概述

小企业实际支付的利息，借记“应付利息”，贷记“银行存款”等科目。

2. 账务处理

相关会计处理如图4-51所示：

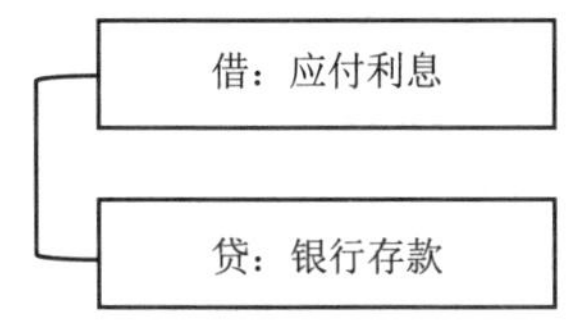

图4-51　支付利息费用的账务处理

3. 案例解析

【例4-34】承接【例4-33】，该小企业于9月底用银行存款支付利息费用。该小企业的会计处理如下：

借：应付利息　　　　　　　　　　　　　　　　1 000

　贷：银行存款　　　　　　　　　　　　　　　　1 000

4.7 应付利润的相关业务的账务处理

4.7.1 确定应分配给投资者的利润

1. 业务概述

小企业根据规定或协议确定的应分配给投资者的利润，借记“利润分配”科目，贷记“应付利润”。“应付利润”应按照投资者进行明细核算。

2. 账务处理

相关会计处理如图4-52所示：

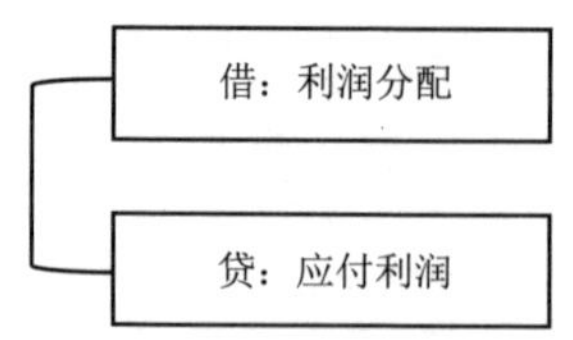

图4-52　分配利润的账务处理

3．案例解析

【例4-35】某小企业2×19年12月根据协议确定应付给A企业投资利润150 000元。该小企业的会计处理如下：

借：利润分配　　150 000

　贷：应付利润——A企业　　150 000

4.7.2　向投资者实际支付利润

1．业务概述

小企业向投资者实际支付利润，借记“应付利润”，贷记“库存现金”“银行存款”科目。

2．账务处理

相关会计处理如图4-53所示：

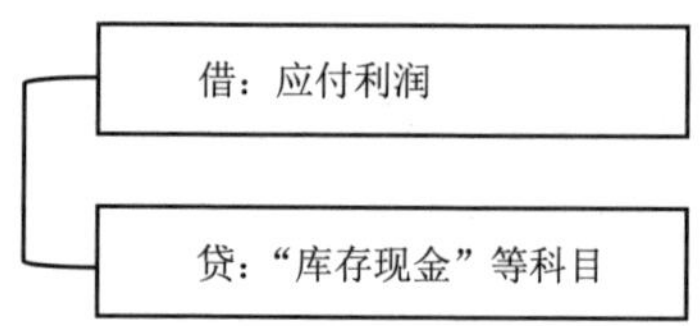

图4-53　向投资者实际支付利润的账务处理

3．案例解析

【例4-36】承接【例4-35】，该小企业于2×19年1月用银行存款支付给A企业投资利润。该小企业的会计处理如下：

借：应付利润——A企业　　150 000

　贷：银行存款　　150 000

4.8 其他应付款的相关业务的账务处理

4.8.1 发生其他各种应付、暂收款项

1. 业务概述

“其他应付款”核算小企业除应付账款、预收账款、应付职工薪酬、应交税费、应付利息、应付利润等以外的其他各项应付、暂收的款项，如应付租入固定资产和包装物的租金、存入保证金等。

小企业发生的其他各种应付、暂收款项，借记“管理费用”等科目，贷记“其他应付款”。

2. 账务处理

相关会计处理如图4-54所示：

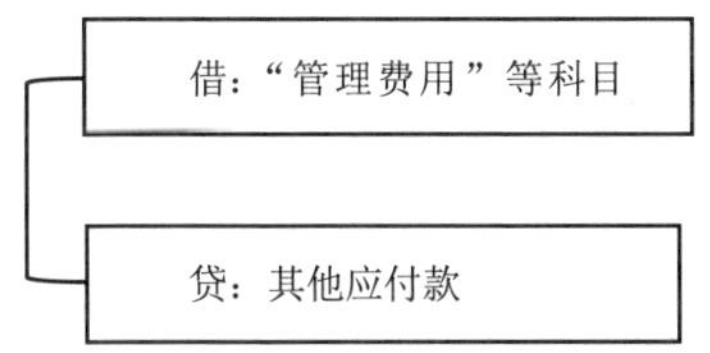

图4-54 发生其他各种应付、暂收款项的账务处理

3. 案例解析

【例4-37】某小企业2×19年11月4日租入一台生产用机器设备，应支付租金12 000元，款项尚未支付。该小企业的会计处理如下：

借：生产成本　　12 000

　贷：其他应付款　　12 000

4.8.2 支付其他各种应付、暂收款项

1. 业务概述

小企业支付的其他各种应付、暂收款项，借记“其他应付款”，贷记“银行存款”等科目。

小企业无法支付的其他应付款，借记“其他应付款”，贷记“营业外收入”科目。

2. 账务处理

（1）能够支付的其他应付款项，相关会计处理如图4-55所示：

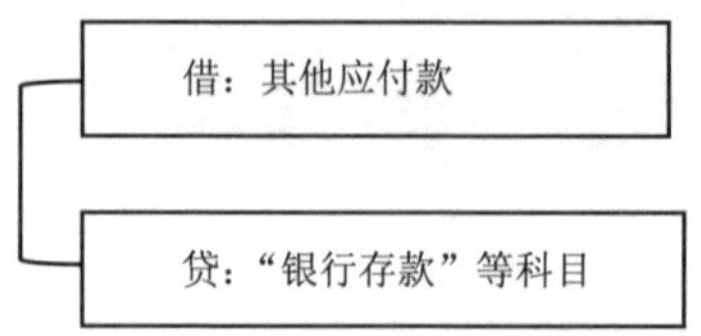

图4-55　发生能够支付的其他应付款项的会计处理

（2）无法支付的其他应付款项，相关会计处理如图4-56所示：

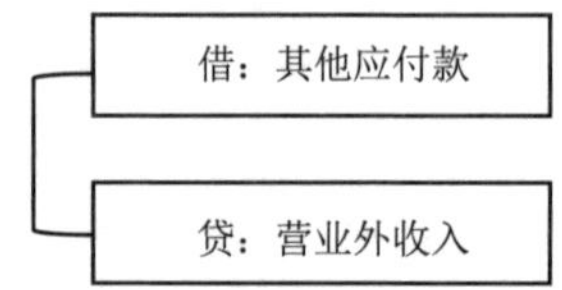

图4-56　无法支付其他应付款项的会计处理

3. 案例解析

【例4-38】承接【例4-37】，该小企业于11月22日用银行存款支付该租金。该小企业的会计处理如下：

借：其他应付款　　12 000

　贷：银行存款　　12 000

4.9　递延收益的相关业务的账务处理

4.9.1　收到与资产相关的政府补助

1. 业务概述

"递延收益"核算小企业已经收到、应在以后期间计入损益的政府补助。

小企业收到与资产相关的政府补助，借记"银行存款"等科目，贷记"递延收益"。

在相关资产的使用寿命内平均分配递延收益，借记"递延收益"，贷记"营业外收入"科目。

2．账务处理

（1）收到与资产相关的政府补助，相关会计处理如图4-57所示：

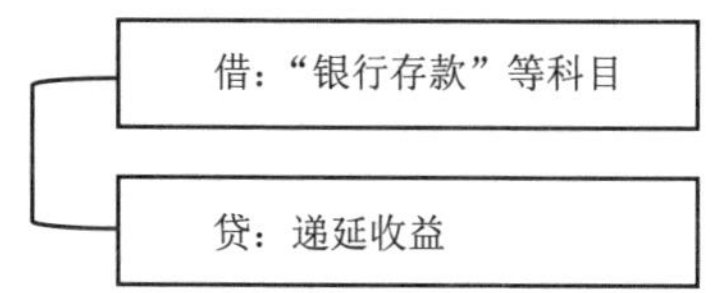

图4-57　收到与资产相关政府补助的会计处理

（2）在相关资产的使用寿命内平均分配递延收益，相关会计处理如图4-58所示：

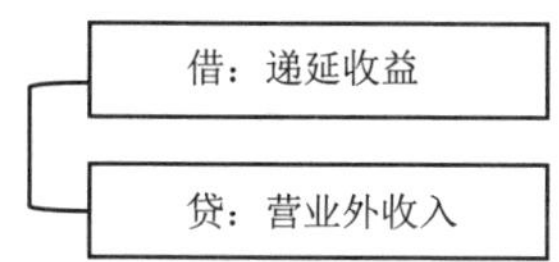

图4-58　平均分配递延收益的会计处理

3．案例解析

【例4-39】某小企业2×19年7月8日建造一批节能工程，向银行贷款2 000 000元，期限3年，年利率8%。当地政府按照贷款额200万元向该小企业提供年利率5%的财政贴息，共计300 000元。2×19年7月15日，收到财政贴息资金。2×22年4月15日工程完工，预计使用年限10年。该小企业的会计处理如下：

（1）2×19年7月15日收到财政贴息：

借：银行存款　　300 000

　贷：递延收益　　300 000

（2）2×19年4月8日工程完工，分配递延收益，自2×19年7月15日到2×22年4月15日，每月确定的政府补助为：

月政府补助=300 000÷（10×12）=2 500（元）

借：递延收益　　2 500

　贷：营业外收入　　2 500

4.9.2　收到的其他政府补助

1．业务概述

小企业收到的其他政府补助，用于补偿本企业以后期间的相关费用或亏损的，应当按照收到的金额，借记“银行存款”等科目，贷记“递延收益”。在发生相关费用或亏损的未来期间，应当按照应补偿的金额，借记“递延收益”，贷记“营业外收入”科目。

用于补偿本企业已发生的相关费用或亏损的，应当按照收到的金额，借记“银行存款”等科目，贷记“营业外收入”科目。

2．账务处理

相关会计处理如表4-10所示：

表 4-10　收到其他政府补助的会计处理

递延收益	会计处理
用于补偿本企业以后期间的相关费用或亏损的	借：银行存款 　贷：递延收益
在发生相关费用或亏损的未来期间	借：递延收益 　贷：营业外收入
用于补偿本企业已发生的相关费用或亏损的	借：“银行存款”等科目 　贷：营业外收入

3．案例解析

【例4-40】某小企业2×19年6月收到政府补助资金80 000元，用于补偿小企业以后期间发生的相关费用或亏损，小企业已收到该笔资金。该小企业的会计处理如下：

借：银行存款　　　　80 000

　贷：递延收益　　　　80 000

第5章 收入、成本、费用的账务处理

5.1 成本类的相关业务的账务处理

5.1.1 企业发生的各项直接生产成本

1. 业务概述

“生产成本”科目核算小企业进行工业性生产发生的各项生产成本。包括生产各种产品（产成品、自制半成品等）、自制材料、自制工具、自制设备等。应按照基本生产成本和辅助生产成本进行明细核算。

小企业对外提供劳务发生的成本，可将“生产成本”改为“劳务成本”科目，或单独设置“劳务成本”科目进行核算。

小企业发生的各项直接生产成本，借记“生产成本”（基本生产成本、辅助生产成本），贷记“原材料”“库存现金”“银行存款”“应付职工薪酬”等科目。

各生产车间应负担的制造费用，借记“生产成本”（基本生产成本、辅助生产成本），贷记“制造费用”科目。

2. 账务处理

（1）小企业发生的各项直接生产成本，相关会计处理如图5-1所示：

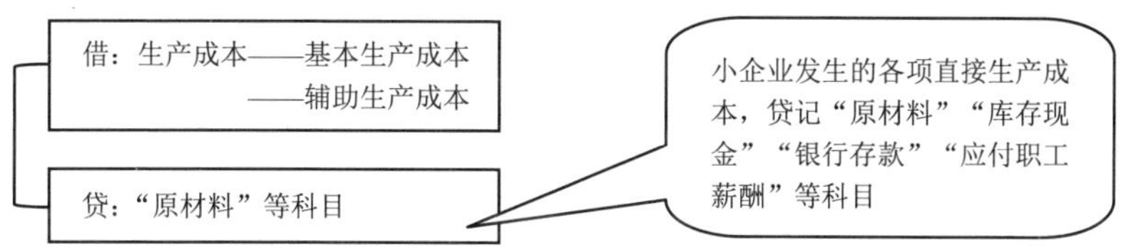

图5-1　发生直接生产成本的会计处理

（2）各生产车间应负担的制造费用，相关会计处理如图5-2所示：

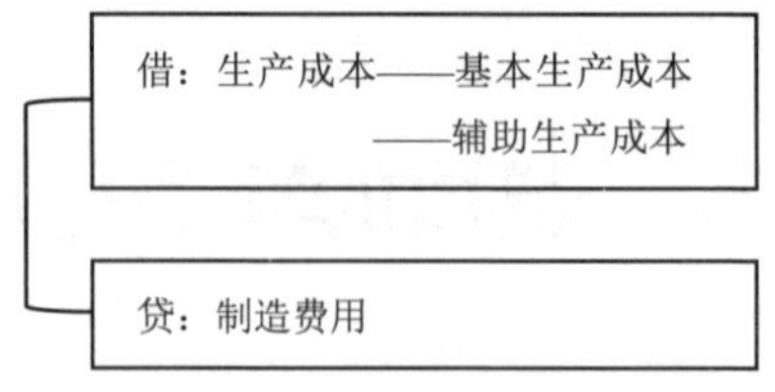

图5-2　制造费用的会计处理

3. 案例解析

【例5-1】2×19年1月，某小企业的生产车间为生产X产品耗用原材料总额为82 000元，辅助生产车间共耗用原材料总额为27 000元，基本生产车间应负担的制造费用为2 400元。该小企业的会计处理如下：

（1）借：生产成本——基本生产成本　82 000

　　　　　　　　——辅助生产成本　27 000

　　贷：原材料　109 000

（2）借：生产成本——基本生产成本　2 400

　　贷：制造费用　2 400

5.1.2　企业内部之间提供劳务或产品

1. 业务概述

辅助生产车间为基本生产车间、管理部门和其他部门提供的劳务和产品，可在月末按照一定的分配标准分配给各受益对象，借记“生产成本”（基本生产成本）、“销售费用”“管理费用”“其他业务成本”“在建工程”等科目，贷记“生产成本”（辅助生产成本）；也可在提供相关劳务和产品时，借记“生产成本”“销售费用”“管理费用”“其他业务成本”“在建工程”等科目，贷记“原材料”“库存现金”“银行存款”“应付职工薪酬”等科目。

2. 账务处理

（1）辅助车间为其他部门提供劳务或产品，相关会计处理如图5-3所示：

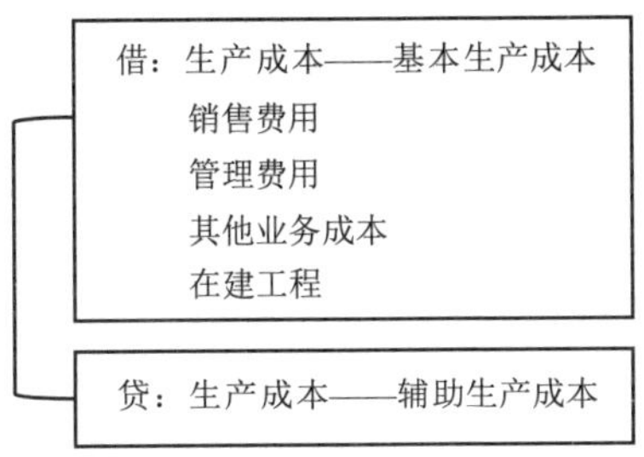

图5-3　辅助车间为其他部门提供劳务或产品的会计处理

（2）提供相关劳务和产品，相关会计处理如图5-4所示：

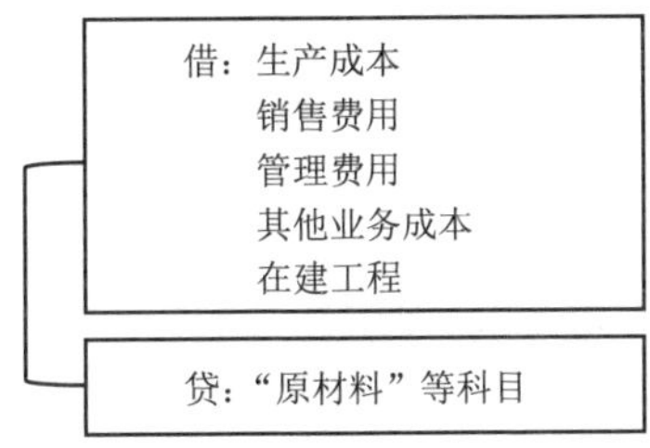

图5-4　提供相关劳务和产品的会计处理

3．案例解析

【例5-2】某小企业为生产一批产品，其辅助车间提供给生产车间50 000元的原材料，提供给管理部门的劳务费为6 000元，提供给销售部门的劳务费为4 800元。该小企业的会计处理如下：

借：生产成本——基本生产成本　　50 000
　　管理费用　　6 000
　　销售费用　　4 800
　贷：生产成本——辅助生产成本　　60 800

5.1.3　产品完工入库

1．业务概述

小企业已经生产完成并已验收入库的产成品以及入库的自制半成品，可在月末，借记"库存商品"等科目，贷记"生产成本"（基本生产成本）。

2．账务处理

相关会计处理如图5-5所示：

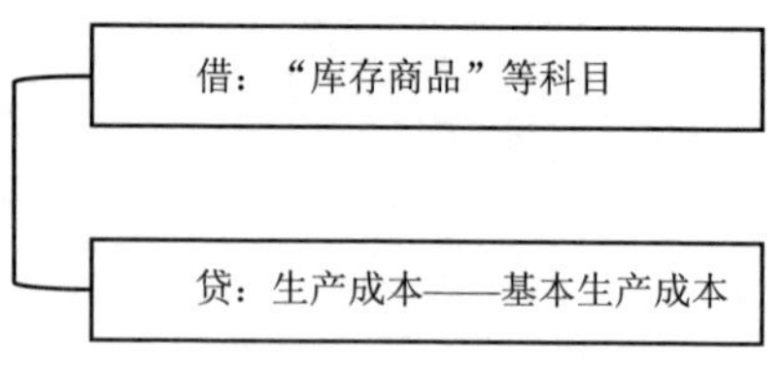

图5-5　产品完工入库的会计处理

3．案例解析

【例5-3】某小企业2×19年5月生产的产成品共50件已验收入库，每件成本800元。该小企业的会计处理如下：

借：库存商品　　40 000

　贷：生产成本——基本生产成本　　40 000

5.1.4　企业发生的各项间接费用

1．业务概述

"制造费用"科目核算小企业生产车间（部门）为生产产品和提供劳务而发生的各项间接费用。小企业经过1年期以上的制造才能达到预定可销售状态的产品发生的借款费用，也在"制造费用"科目核算。

生产车间发生的机物料消耗和固定资产修理费，借记"制造费用"，贷记"原材料""银行存款"等科目。

发生的生产车间管理人员的工资等职工薪酬，借记"制造费用"，贷记"应付职工薪酬"科目。

生产车间计提的固定资产折旧费，借记"制造费用"，贷记"累计折旧"科目。

生产车间支付的办公费、水电费等，借记"制造费用"，贷记"银行存款""应付利息"等科目。

发生季节性和修理期间的停工损失，借记"制造费用"，贷记"原材料""应付职工薪酬""银行存款"等科目。

小企业经过1年期以上的制造才能达到预定可销售状态的产品在制造完成之前发生的借款利息，在应付利息日根据借款合同利率计算确定的利息费用，借记"制造费用"，贷记"应付利息"科目。制造完成之后发生的利息费用，借记"财务费用"科目，贷记"应付利息"科目。

2. 账务处理

相关会计处理如表5-1所示：

表 5-1　发生间接费用的会计处理

<table>
<tr><th>制造费用</th><th colspan="2">会计处理</th></tr>
<tr><td>生产车间发生的机物料消耗和固定资产修理费</td><td colspan="2">借：制造费用
　贷：“原材料”等科目</td></tr>
<tr><td>发生的生产车间管理人员的工资等职工薪酬</td><td colspan="2">借：制造费用
　贷：应付职工薪酬</td></tr>
<tr><td>生产车间计提的固定资产折旧费</td><td colspan="2">借：制造费用
　贷：累计折旧</td></tr>
<tr><td>生产车间支付的办公费、水电费等</td><td colspan="2">借：制造费用
　贷：“银行存款”“应付利息”等科目</td></tr>
<tr><td>发生季节性和修理期间的停工损失</td><td colspan="2">借：制造费用
　贷：“原材料”“应付职工薪酬”等科目</td></tr>
<tr><td rowspan="2">发生的借款利息费用</td><td>经过 1 年期以上的制造才能达到预定可销售状态的产品在制造完成之前发生的借款利息</td><td>借：制造费用
　贷：应付利息</td></tr>
<tr><td>制造完成之后发生的利息费用</td><td>借：财务费用
　贷：应付利息</td></tr>
</table>

3. 案例解析

【例5-4】某小企业6月生产车间共发生费用如下：消耗原材料70 000元，管理人员工资65 000元，计提固定资产折旧费5 000元，办公费及水电费共4 500元，在制造完成前发生借款利息3 500元。该小企业的会计处理如下:

借：制造费用　148 000

　贷：原材料　70 000

　　应付职工薪酬　65 000

　　累计折旧　5 000

　　应付利息　3 500

　　银行存款　4 500

5.1.5 制造费用分配计入有关成本核算对象

1. 业务概述

小企业将制造费用分配计入有关的成本核算对象，借记“生产成本——

基本生产成本、辅助生产成本”等科目，贷记“制造费用”。

2．账务处理

相关会计处理如图5-6所示：

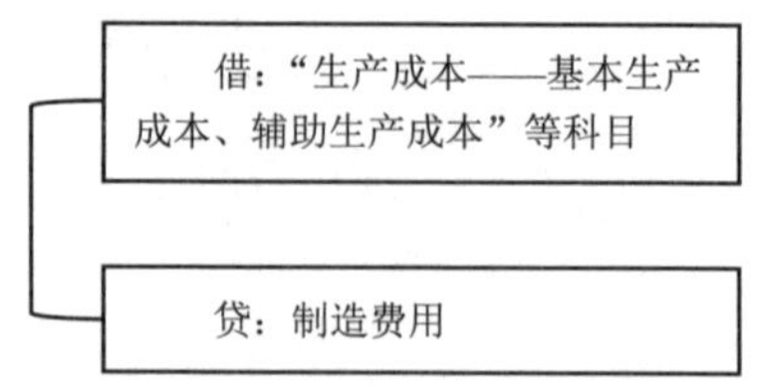

图5-6 制造费用分配的会计处理

3．案例解析

【例5-5】某小企业2×19年4月共发生制造费用58 000元，属于基本生产车间承担的费用为32 000元，辅助生产车间应承担的费用为26 000元。该小企业的会计处理如下：

借：生产成本——基本生产车间 32 000
——辅助生产车间 26 000
贷：制造费用 58 000

5.1.6 制造费用实际发生额与分配额的差额

1．业务概述

季节性生产小企业制造费用全年实际发生额与分配额的差额，除其中属于为下一年开工生产做准备的可留待下一年分配外，其余部分实际发生额大于分配额的差额，借记“生产成本——基本生产成本”科目，贷记“制造费用”；实际发生额小于分配额的差额，做相反的会计分录。

2．账务处理

相关会计处理如图5-7所示：

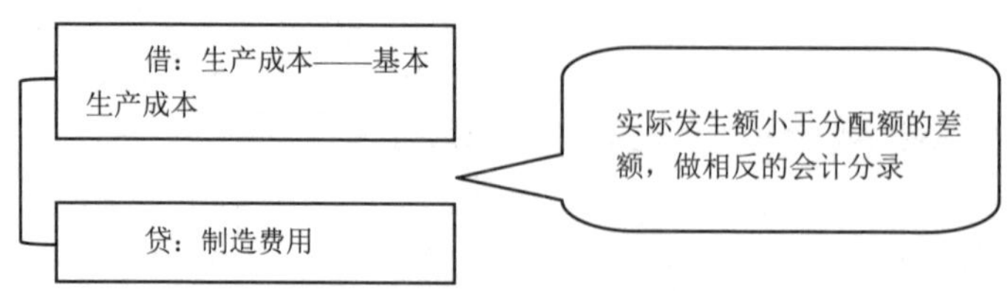

图5-7 制造费用实际发生额与分配额差额的会计处理

3. **案例解析**

【例5-6】某小企业2×19年全年制造费用实际发生额为1 350 000元，本年年初时的计划分配额为1 200 000元。该小企业的会计处理如下：

借：生产成本——基本生产成本　　150 000

　贷：制造费用　　150 000

5.1.7　确认合同建造时发生的费用

1. **业务概述**

“工程施工”科目核算小企业（建筑业）实际发生的各种工程成本。应根据建造合同项目分别按照“合同成本”和“间接费用”进行明细核算。

小企业进行合同建造时发生的人工费、材料费、机械使用费以及施工现场材料的二次搬运费、生产工具和用具使用费、检验试验费、临时设施折旧费等其他直接费用，借记“工程施工”（合同成本），贷记“应付职工薪酬”“原材料”等科目。

发生的施工、生产单位管理人员职工薪酬、财产保险费、工程保修费、固定资产折旧费等间接费用，借记“工程施工”（间接费用），贷记“累计折旧”“银行存款”等科目。

期（月）末，将间接费用分配计入有关合同成本，借记“工程施工”（合同成本），贷记“工程施工”（间接费用）。

2. **账务处理**

相关会计处理如表5-2所示：

表5-2　合同建造费用的会计处理

工程施工	会计处理
小企业进行合同建造时发生的直接费用	借：工程施工——合同成本 　贷：“应付职工薪酬”等科目
发生的间接费用	借：工程施工——间接费用 　贷：“银行存款”等科目
期末将间接费用分配计入合同成本	借：工程施工——合同成本 　贷：工程施工——间接费用

3. **案例解析**

【例5-7】某小企业2×19年7月承建一厂房工程，当月耗用材料成本

572 000元，应付工程施工人员工资265 000元，应付施工单位管理人员工资124 000元。该小企业的会计处理如下：

借：工程施工——合同成本　　837 000

　　　　　——间接费用　　124 000

　贷：应付职工薪酬　　389 000

　　　原材料　　572 000

借：工程施工——合同成本　　124 000

　贷：工程施工——间接费用　　124 000

5.1.8　确认合同收入和合同费用

1. 业务概述

小企业确认合同收入和合同费用时，借记“应收账款”“预收账款”等科目，贷记“主营业务收入”科目；按照应结转的合同成本，借记“主营业务成本”科目，贷记“工程施工——合同成本”。

2. 账务处理

（1）确认合同收入和合同费用时，相关会计处理如图5-8所示：

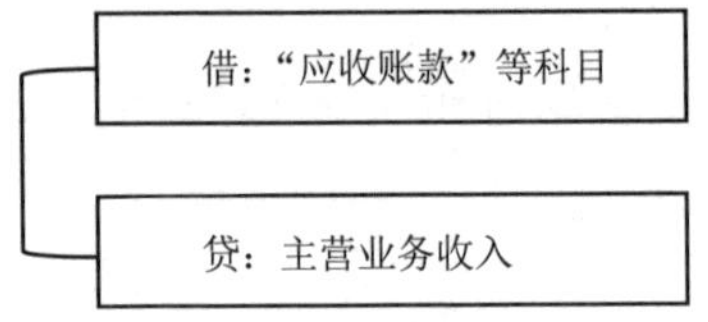

图5-8　确认合同收入和合同费用的会计处理

（2）结转的合同成本，相关会计处理如图5-9所示：

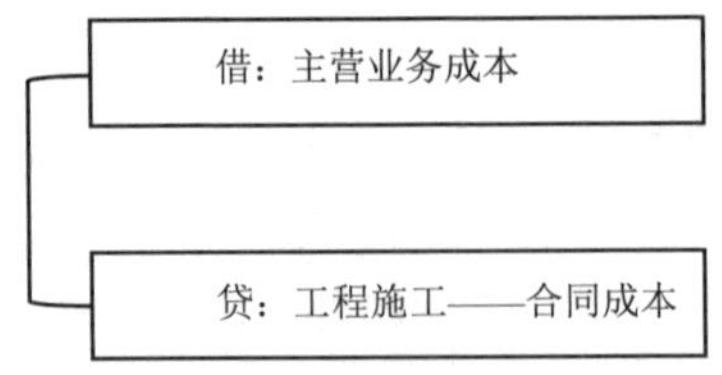

图5-9　结转合同成本的会计处理

3. 案例解析

【例5-8】承接【例5-7】，该小企业9月确认厂房工程合同收入和费用，收到1 205 000元，共发生费用961 000元。该小企业的会计处理如下：

借：银行存款　　1 205 000

　贷：主营业务收入　　1 205 000

借：主营业务成本　　961 000

　贷：工程施工——合同成本　　961 000

5.1.9 企业发生机械作业支出

1. 业务概述

“机械作业”科目核算小企业（建筑业）及其内部独立核算的施工单位、机械站和运输队使用自有施工机械和运输设备进行机械作业（含机械化施工和运输作业等）所发生的各项费用。应按照施工机械或运输设备的种类等进行明细核算。

小企业及其内部独立核算的施工单位，从外单位或本企业其他内部独立核算的机械站租入施工机械发生的机械租赁费，在“工程施工”科目核算，不在“机械作业”核算。

小企业发生的机械作业支出，借记“机械作业”，贷记“原材料”“应付职工薪酬”“累计折旧”等科目。

2. 账务处理

相关会计处理如图5-10所示：

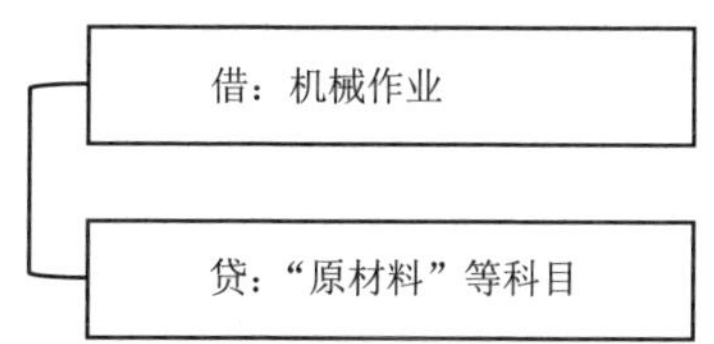

图5-10　发生机械作业支出的会计处理

3. 案例解析

【例5-9】某建筑业小企业2×19年2月计提自有的一台混凝土搅拌机折旧费3 000元，计提施工工人工资45 000元。该小企业的会计处理如下：

借：工程施工　　48 000

　贷：累计折旧　　3 000

　　　应付职工工资　　45 000

5.1.10 期末机械作业转入承包工程成本

1. 业务概述

期（月）末，小企业及其内部独立核算的施工单位、机械站和运输队为本企业承包的工程进行机械化施工和运输作业的成本，应转入承包工程的成本，借记“工程施工”科目，贷记“机械作业”科目。

对外单位、专项工程等提供机械作业（含运输设备）的成本，借记“生产成本（或劳务成本）”科目，贷记“机械作业”科目。

2. 账务处理

（1）期末机械作业转入承包工程的成本，相关会计处理如图5-11所示：

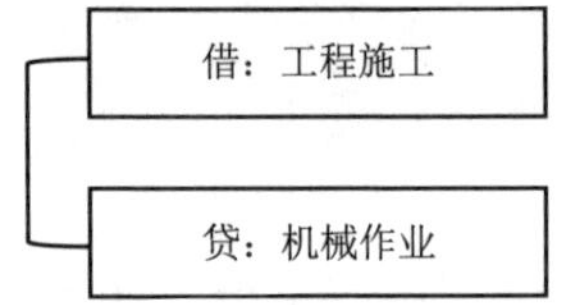

图5-11 期末机械作业转入承包工程成本的会计处理

（2）对外提供机械作业的成本，相关会计处理如图5-12所示：

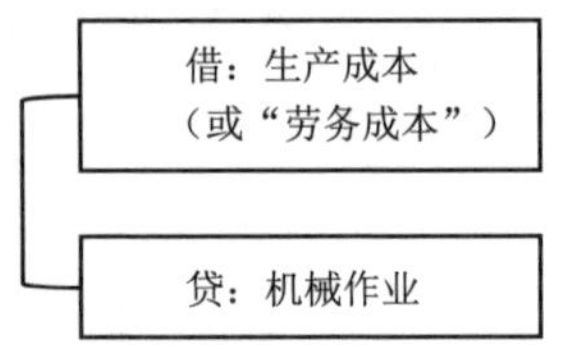

图5-12 对外提供机械作业成本的会计处理

3. 案例解析

【例5-10】某小企业承建厂房工程，2×19年7月机械使用费发生情况如下：自有混凝土搅拌机一台，当月发生机械作业费用52 000元。自有载重汽车2台，当月共发生机械作业费用48 000元。月末，将机械使用费转入工程成本。该小企业的会计处理如下：

借：工程施工——合同成本	100 000	
贷：机械作业——混凝土搅拌机		52 000
——载重汽车		48 000

5.2 收入类的相关业务的账务处理

5.2.1 销售商品或提供劳务实现的收入

1. 业务概述

“主营业务收入”科目核算小企业确认的销售商品或提供劳务等主营业务的收入。

小企业销售商品或提供劳务实现的收入，应当按照实际收到或应收的金额，借记“银行存款”“应收账款”等科目，按照税法规定应交纳的增值税额，贷记“应交税费——应交增值税（销项税额）”科目，按照确认的销售商品收入，贷记“主营业务收入”科目。

2. 账务处理

相关会计处理如图5-13所示：

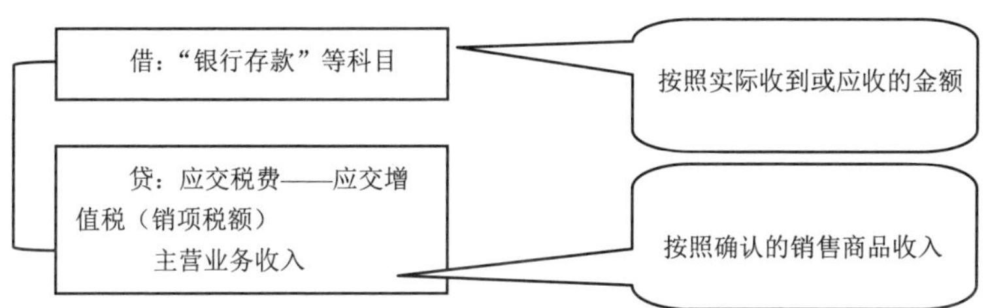

图5-13 销售商品或提供劳务实现的收入的会计处理

3. 案例解析

【例5-11】某小企业2×19年8月12日向A企业销售一批商品，增值税专用发票上记载的金额为320 000元，增值税额41 600元。款项尚未收到。该小企业的会计处理如下：

借：应收账款　　361 600

　贷：应交税费——应交增值税（销项税额）　　41 600

　　主营业务收入　　320 000

5.2.2 发生销售退回

1．业务概述

小企业发生销货退回，不论属于本年度还是属于以前年度的销售，都按照应冲减销售商品收入的金额，借记“主营业务收入”，按照实际支付或应退还的金额，贷记“银行存款”“应收账款”等科目。涉及增值税销项税额的，还应进行相应的账务处理。

2．账务处理

相关会计处理如图5-14所示：

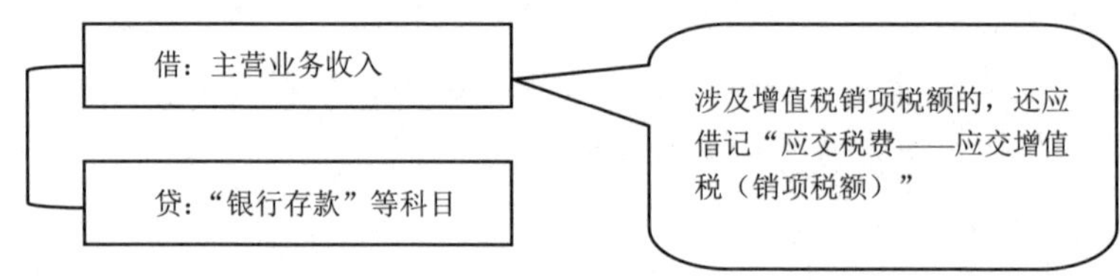

图5-14　发生销售退回的会计处理

3．案例解析

【例5-12】2×19年8月20日，A企业收到了商品后发现存在质量问题要求退货，退回的商品价款为134 000元。该小企业的会计处理如下：

借：主营业务收入　　134 000

　　应交税费——应交增值税（销项税额）　　17 420

　贷：应收账款　　151 420

5.2.3 其他业务收入的确认

1．业务概述

“其他业务收入”科目核算小企业确认的除主营业务活动以外的其他日常生产经营活动实现的收入。包括：出租固定资产、出租无形资产、销售材料等实现的收入。

小企业确认的其他业务收入，借记“银行存款”“其他应收款”等科目，贷记“其他业务收入”。涉及增值税销项税额的，还应进行相应的账务处理。

2．账务处理

相关会计处理如图5-15所示：

借："银行存款"等科目

贷：其他业务收入
　　应交税费——应交增值税（销项税额）

图5-15　其他业务收入确认的会计处理

3．案例解析

【例5-13】某小企业2×19年4月3日销售给A企业一批原材料，增值税专用发票记载的材料价款为105 000元，销项税额13 650元。A企业开出商业承兑汇票给小企业。该小企业的会计处理如下：

借：应收票据——A企业　　118 650

　贷：其他业务收入　　105 000

　　　应交税费——应交增值税（销项税额）　　13 650

5.2.4　投资收益或投资损失的确认

1．业务概述

"投资收益"科目核算小企业确认的投资收益或投资损失。

对于短期股票投资、短期基金投资和长期股权投资，小企业应当按照被投资单位宣告分派的现金股利或利润中属于本企业的部分，借记"应收股利"科目，贷记"投资收益"科目。

在长期债券投资或短期债券投资持有期间，在债务人应付利息日，按照分期付息、一次还本的长期债券投资或短期债券投资的票面利率计算的利息收入，借记"应收利息"科目，贷记"投资收益"科目；按照一次还本付息的长期债券投资票面利率计算的利息收入，借记"长期债券投资——应计利息"科目，贷记"投资收益"科目。

在债务人应付利息日，按照应分摊的债券溢折价金额，借记或贷记"投资收益"科目，贷记或借记"长期债券投资——溢折价"科目。

出售短期投资、处置长期股权投资和长期债券投资，应当按照实际收到的价款或收回的金额，借记"银行存款"或"库存现金"科目，按照其账面余额，贷记"短期投资""长期股权投资""长期债券投资"科目，按照尚未领取的现金股利或利润、债券利息收入，贷记"应收股利""应收利息"

科目，按照其差额，贷记或借记“投资收益”科目。

2. 账务处理

相关会计处理如表5-3所示：

表5-3　投资收益或损失确认的会计处理

<table>
<tr><th>投资收益</th><th colspan="2">会计处理</th></tr>
<tr><td>被投资单位宣告分派的现金股利或利润中属于本企业的部分</td><td colspan="2">借：应收股利
　贷：投资收益</td></tr>
<tr><td rowspan="2">在长期债券投资或短期债券投资持有期间</td><td>分期付息、一次还本</td><td>借：应收利息
　贷：投资收益</td></tr>
<tr><td>一次还本付息</td><td>借：长期债券投资——应计利息
　贷：投资收益</td></tr>
<tr><td>在债务人应付利息日</td><td colspan="2">借：投资收益（或贷记）
　贷：长期债券投资——溢折价（或借记）</td></tr>
<tr><td>出售短期投资、处置长期股权投资和长期债券投资</td><td colspan="2">借：“银行存款”等科目
　贷：“短期投资”等科目
　　　应收股利（或“应收利息”）
　　　投资收益（或借记）</td></tr>
</table>

3. 案例解析

【例5-14】某小企业2×19年2月购入A企业发行的短期债券200 000元，按年付息，债券包括已到付息期但尚未领取的债券利息3 000元。3月收到2×19年债券利息3 000元。4月将债券出售，收到价款208 000元。该小企业的会计处理如下。

（1）2×19年2月，购入短期债券。

借：短期投资——A企业债券　　197 000

　　应收利息　　3 000

　贷：银行存款　　200 000

（2）2×19年3月，收到债券利息。

借：银行存款　　3 000

　贷：应收利息　　3 000

（3）2×19年4月，出售债券利息。

借：银行存款　　208 000

　贷：短期投资——A企业债券　　197 000

　　　投资收益　　11 000

5.2.5 实现的各项营业外收入

1. 业务概述

“营业外收入”科目核算小企业实现的各项营业外收入。包括：非流动资产处置净收益、政府补助、捐赠收益、盘盈收益、汇兑收益、出租包装物和商品的租金收入、逾期未退包装物押金收益、确实无法偿付的应付款项、已作坏账损失处理后又收回的应收款项、违约金收益等。小企业收到出口产品或商品按照规定退回的增值税款，在“其他应收款”科目核算，不在“营业外收入”核算。

小企业确认非流动资产处置净收益，比照“固定资产清理”“无形资产”等科目的相关规定进行账务处理。

确认的政府补助收入，借记“银行存款”或“递延收益”科目，贷记“营业外收入”科目。

小企业按照规定实行企业所得税、增值税（不含出口退税）、消费税等先征后返的，应当在实际收到返还的企业所得税、增值税、消费税等时，借记“银行存款”科目，贷记“营业外收入”科目。

确认的捐赠收益，借记“银行存款”“固定资产”等科目，贷记“营业外收入”科目。

确认的盘盈收益，借记“待处理财产损溢——待处理流动资产损溢、待处理非流动资产损溢”科目，贷记“营业外收入”科目。

确认的汇兑收益，借记有关科目，贷记“营业外收入”科目。

确认的出租包装物和商品的租金收入、逾期未退包装物押金收益、确实无法偿付的应付款项、违约金收益等，借记“其他应收款”“应付账款”“其他应付款”等科目，贷记“营业外收入”科目。

确认的已作坏账损失处理后又收回的应收款项，借记“银行存款”等科目，贷记“营业外收入”科目。

2. 账务处理

相关会计处理如表5-4所示：

表 5-4　营业外收入确认的会计处理

营业外收入	会计处理
确认的政府补助收入	借：银行存款（或“递延收益”） 　贷：营业外收入
收到返还的企业所得税、增值税、消费税等	借：银行存款 　贷：营业外收入
确认的捐赠收益	借：“银行存款”等科目 　贷：营业外收入
确认的盘盈收益	借：待处理财产损溢——待处理流动资产损溢 　　　　　　　　——待处理非流动资产损溢 　贷：营业外收入
确认的汇兑收益	借：“银行存款”等科目 　贷：营业外收入
确认的出租包装物和商品的租金收入、逾期未退包装物押金收益、确实无法偿付的应付款项、违约金收益等	借：“其他应收款”等科目 　贷：营业外收入
确认的已作坏账损失处理后又收回的应收款项	借：“银行存款”等科目 　贷：营业外收入

3．案例解析

【例5-15】某小企业2×19年4月收到A企业捐赠的一台机器设备，价值200 000元。5月确认盘盈材料34 000元。6月确认出租包装物的租金5 000元。该小企业的会计处理如下。

（1）2×19年4月，接受捐赠。

借：固定资产　　200 000

　贷：营业外收入　　200 000

（2）2×19年5月，确认盘盈收益。

借：待处理财产损溢——待处理流动资产损溢　　34 000

　贷：营业外收入　　34 000

（3）2×19年6月，确认包装物租金。

借：其他应收款　　5 000

　贷：营业外收入　　5 000

5.3 成本类的相关业务的账务处理

5.3.1 月末计算应结转的主营业务成本

1. 业务概述

“主营业务成本”科目核算小企业确认销售商品或提供劳务等主营业务收入应结转的成本。

月末，小企业可根据本月销售各种商品或提供各种劳务实际成本，计算应结转的主营业务成本，借记“主营业务成本”，贷记“库存商品”“生产成本”“工程施工”等科目。

2. 账务处理

相关会计处理如图5-16所示：

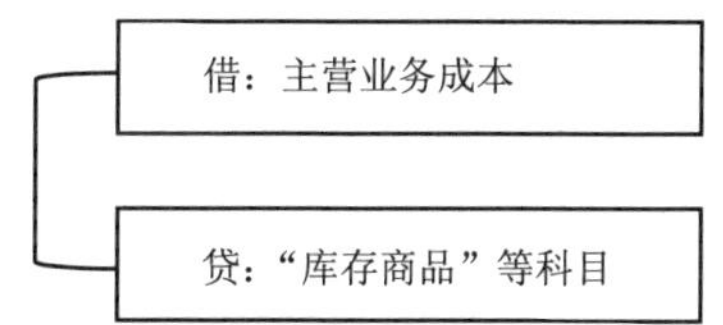

图5-16　主营业务成本结转的会计处理

3. 案例解析

【例5-16】某小企业2×19年7月销售给A企业一批商品，成本为300 000元，结转成本。该小企业的会计处理如下：

借：主营业务成本　　300 000

　贷：库存商品　　300 000

5.3.2 发生销售退回

1. 业务概述

本月发生的销售退回，可以直接从本月的销售数量中减去，得出本月销售的净数量，然后计算应结转的主营业务成本，也可以单独计算本月销售退回成本，借记“库存商品”等科目，贷记“主营业务成本”科目。

2．账务处理

相关会计处理如图5-17所示：

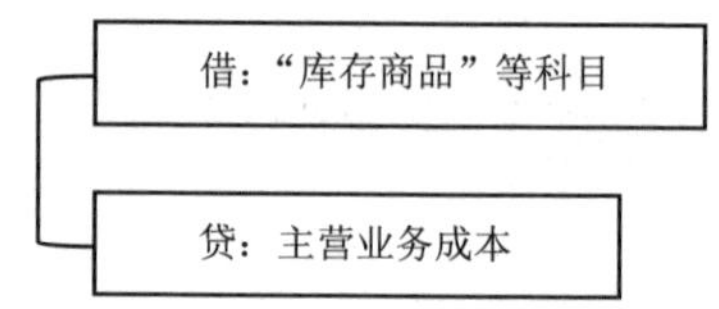

图5-17　本月发生销售退回的会计处理

3．案例解析

【例5-17】承接【例5-16】，2×19年8月2日，A企业退回部分有商品质量问题的商品，该批退回的商品成本为120 000元。该小企业的会计处理如下：

借：库存商品　　120 000

　贷：主营业务成本　　120 000

5.3.3　发生其他业务成本

1．业务概述

"其他业务成本"科目核算小企业确认的除主营业务活动以外的其他日常生产经营活动所发生的支出。包括：销售材料的成本、出租固定资产的折旧费、出租无形资产的摊销额等。

小企业发生的其他业务成本，借记"其他业务成本"，贷记"原材料""周转材料""累计折旧""累计摊销""银行存款"等科目。

2．账务处理

相关会计处理如图5-18所示：

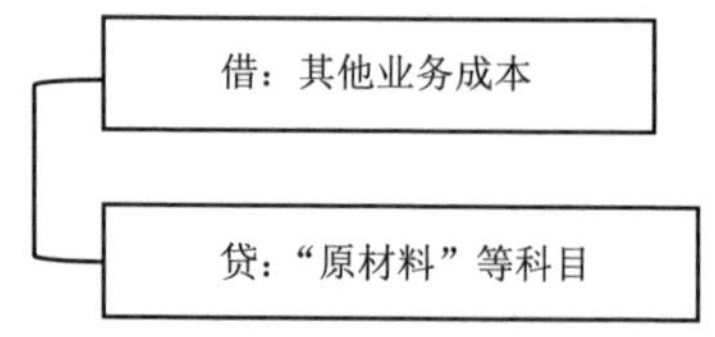

图5-18　发生其他业务成本的会计处理

3．案例解析

【例5-18】某小企业2×19年3月出租一台机器设备，价值360 000元，可使用10年，直线法计提折旧，预计净残值为零。当月计提出租机器设备的折旧费。该小企业的会计处理如下：

借：其他业务成本　　36 000

　贷：累计折旧　　36 000

5.4 费用类的相关业务的账务处理

5.4.1 销售商品或提供劳务时发生的费用

1. 业务概述

“销售费用”科目核算小企业在销售商品或提供劳务过程中发生的各种费用。包括：销售人员的职工薪酬、商品维修费、运输费、装卸费、包装费、保险费、广告费和业务宣传费、展览费等费用。小企业（批发业、零售业）在购买商品过程中发生的费用（包括：运输费、装卸费、包装费、保险费、运输途中的合理损耗和入库前的挑选整理费等），也在“销售费用”科目核算。

小企业在销售商品或提供劳务过程中发生的销售人员的职工薪酬、商品维修费、运输费、装卸费、包装费、保险费、广告费、业务宣传费、展览费等费用，借记“销售费用”，贷记“库存现金”“银行存款”等科目。

小企业（批发业、零售业）在购买商品过程中发生的运输费、装卸费、包装费、保险费、运输途中的合理损耗和入库前的挑选整理费等，借记“销售费用”，贷记“库存现金”“银行存款”“应付账款”等科目。

2. 账务处理

相关会计处理如图5-19所示：

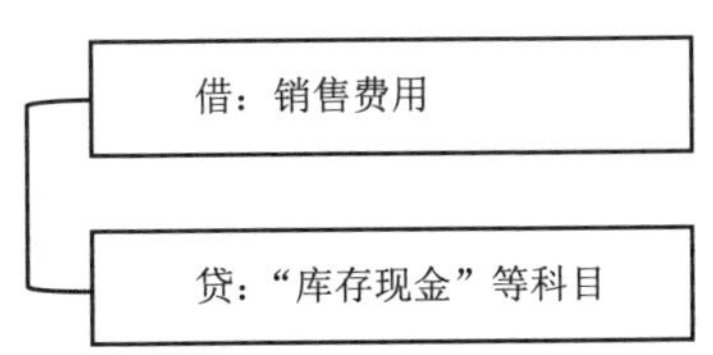

图5-19　销售费用相关的会计处理

3. 案例解析

【例5-19】某小企业2×19年4月在销售商品过程中发生的费用如下：支付销售人员工资48 000元，支付运输费、包装费和装卸费共23 000元，支付广告费24 000元（用银行存款支付）。该小企业的会计处理如下：

借：销售费用　　95 000

　贷：应付职工薪酬　　48 000

　　　银行存款　　47 000

5.4.2 组织和管理生产经营发生的费用

1. 业务概述

“管理费用”科目核算小企业为组织和管理生产经营发生的其他费用。包括：小企业在筹建期间内发生的开办费、行政管理部门发生的费用（包括：固定资产折旧费、修理费、办公费、水电费、差旅费、管理人员的职工薪酬等）、业务招待费、研究费用、技术转让费、相关长期待摊费用摊销、财产保险费、聘请中介机构费、咨询费（含顾问费）、诉讼费等费用。

小企业（批发业、零售业）管理费用不多的，可不设置“管理费用”，可并入“销售费用”科目核算。

小企业在筹建期间内发生的开办费（包括：相关人员的职工薪酬、办公费、培训费、差旅费、印刷费、注册登记费以及不计入固定资产成本的借款费用等费用），在实际发生时，借记“管理费用”，贷记“银行存款”等科目。

行政管理部门人员的职工薪酬，借记“管理费用”，贷记“应付职工薪酬”科目。

行政管理部门计提的固定资产折旧费和发生的修理费，借记“管理费用”，贷记“累计折旧”“银行存款”等科目。

行政管理部门发生的办公费、水电费、差旅费，借记“管理费用”，贷记“银行存款”等科目。

小企业发生的业务招待费、相关长期待摊费用摊销、技术转让费、财产保险费、聘请中介机构费、咨询费（含顾问费）、诉讼费等，借记“管理费用”，贷记“银行存款”“长期待摊费用”等科目。

小企业自行研究无形资产发生的研究费用，借记“管理费用”，贷记“研发支出”科目。

2. 账务处理

相关会计处理如表5-5所示：

表 5-5　管理费用相关的会计处理

管理费用	会计处理如下
筹建期间内发生的开办费	借：管理费用 　贷：“银行存款”等科目
行政管理部门人员的职工薪酬	借：管理费用 　贷：应付职工薪酬
行政管理部门计提的固定资产折旧费和发生的修理费	借：管理费用 　贷：“累计折旧”等科目
行政管理部门发生的办公费、水电费、差旅费	借：管理费用 　贷：“银行存款”等科目
小企业发生的业务招待费、相关长期待摊费用摊销、技术转让费、财产保险费、聘请中介机构费、咨询费（含顾问费）、诉讼费等	借：管理费用 　贷：“长期待摊费用”等科目
小企业自行研究无形资产发生的研究费用	借：管理费用 　贷：研发支出

3. 案例解析

【例5-20】某小企业2×19年9月行政管理部门共发生如下费用：支付行政人员工资124 000元，行政部办公设备折旧费32 000元，发生办公、水电费6 000元（用银行存款支付）。该小企业会计处理如下：

借：管理费用　　162 000

　贷：应付职工薪酬　　124 000

　　累计折旧　　32 000

　　银行存款　　6 000

5.4.3　发生的筹资费用

1. 业务概述

“财务费用”科目核算小企业为筹集生产经营所需资金发生的筹资费用。包括：利息费用（减利息收入）、汇兑损失、银行相关手续费、小企业给予的现金折扣（减享受的现金折扣）等费用。

小企业为购建固定资产、无形资产和经过1年期以上的制造才能达到预定可销售状态的存货发生的借款费用，在“在建工程”“研发支出”“制造费用”等科目核算，不在“财务费用”科目核算。小企业发生的汇兑收益，在“营业外收入”科目核算，不在“财务费用”科目核算。

小企业发生的利息费用、汇兑损失、银行相关手续费、给予的现金折扣等，借记“财务费用”，贷记“应付利息”“银行存款”等科目。

持未到期的商业汇票向银行贴现，应当按照实际收到的金额（即减去贴现息后的净额），借记“银行存款”科目，按照贴现息，借记“财务费用”，按照商业汇票的票面金额，贷记“应收票据”科目（银行无追索权的情况下）或“短期借款”科目（银行有追索权的情况下）。

发生的应冲减财务费用的利息收入、享受的现金折扣等，借记“银行存款”等科目，贷记“财务费用”。

2．账务处理

相关会计处理如表5-6所示：

表 5-6　财务费用相关的会计处理

财务费用	会计处理
小企业发生的利息费用、汇兑损失、银行相关手续费、给予的现金折扣等	借：财务费用 　贷：“应付利息”等科目
持未到期的商业汇票向银行贴现	借：银行存款（按照实际收到的金额） 　　财务费用（按照贴现息） 　贷：应收票据（银行无追索权） 　　　或短期借款（银行有追索权）
发生的应冲减财务费用的利息收入、享受的现金折扣等	借：“银行存款”等科目 　贷：财务费用

3．案例解析

【例5-21】某小企业2×19年5月从银行借入短期借款180 000元，期限6个月，年利率5%。利息分月计提，本金到期后一次性偿还。每月末预提当月应计利息。该小企业的会计处理如下：

每月计提利息=180 000×5%÷12=750（元）

借：财务费用　　750

　贷：应付利息　　750

5.4.4 发生的各项营业外支出

1. 业务概述

“营业外支出”科目核算小企业发生的各项营业外支出。包括：存货的盘亏、毁损、报废损失，非流动资产处置净损失，坏账损失，无法收回的长期债券投资损失，无法收回的长期股权投资损失，自然灾害等不可抗力因素造成的损失，税收滞纳金、罚金、罚款、被没收财物的损失，捐赠支出，赞助支出等。

小企业确认存货的盘亏、毁损、报废损失，非流动资产处置净损失，自然灾害等不可抗力因素造成的损失，借记“营业外支出”“生产性生物资产累计折旧”“累计摊销”等科目，贷记“待处理财产损溢——待处理流动资产损溢、待处理非流动资产损溢”“固定资产清理”“生产性生物资产”“无形资产”等科目。

根据小企业会计准则规定确认实际发生的坏账损失、长期债券投资损失，应当按照可收回的金额，借记“银行存款”等科目，按照应收账款、预付账款、其他应收款、长期债券投资的账面余额，贷记“应收账款”“预付账款”“其他应收款”“长期债券投资”等科目，按照其差额，借记“营业外支出”科目。

根据《小企业会计准则》规定确认实际发生的长期股权投资损失，按照可收回的金额，借记“银行存款”等科目，按照长期股权投资的账面余额，贷记“长期股权投资”科目，按照其差额，借记“营业外支出”科目。

支付的税收滞纳金、罚金、罚款，借记“营业外支出”，贷记“银行存款”等科目。

确认被没收财物的损失、捐赠支出、赞助支出，借记“营业外支出”，贷记“银行存款”等科目。

2. 账务处理

相关会计处理如表5-7所示：

表 5-7 营业外支出相关的会计处理

营业外支出	会计处理
确认存货的盘亏、毁损、报废损失，非流动资产处置净损失，自然灾害等不可抗力因素造成的损失	借：“营业外支出”等科目 贷：“待处理财产损溢——待处理流动资产损溢”等科目

续表

营业外支出	会计处理
确认实际发生的坏账损失、长期债券投资损失	借："银行存款"等科目 营业外支出 贷："应收账款"等科目
确认实际发生的长期股权投资损失	借："银行存款"等科目 营业外支出 贷：长期股权投资
支付的税收滞纳金、罚金、罚款	借：营业外支出 贷：银行存款
确认被没收财物的损失、捐赠支出、赞助支出	借：营业外支出 贷："银行存款"等科目

3．案例解析

【例5-22】某小企业2×19年4月共发生营业外支出费用：盘点时发现原材料盘亏了8 000元，支付罚款5 000元，捐赠20 000元。该小企业的会计处理如下：

借：营业外支出　　33 000

　贷：待处理财产损益——待处理流动资产损溢　　8 000

　　银行存款　　25 000

5.4.5　日常经营应负担的税费

1．业务概述

"税金及附加"科目核算小企业开展日常生产经营活动应负担的消费税、城市维护建设税、资源税、土地增值税、城镇土地使用税、房产税、车船税、印花税和教育费附加、矿产资源补偿费、排污费等相关税费。

与最终确认营业外收入或营业外支出相关的税费，在"固定资产清理""无形资产"等科目核算，不在"税金及附加"科目核算。

小企业按照规定计算确定的与其日常生产经营活动相关的税费，借记"税金及附加"科目，贷记"应交税费"等科目。

2．账务处理

相关会计处理如图5-20所示：

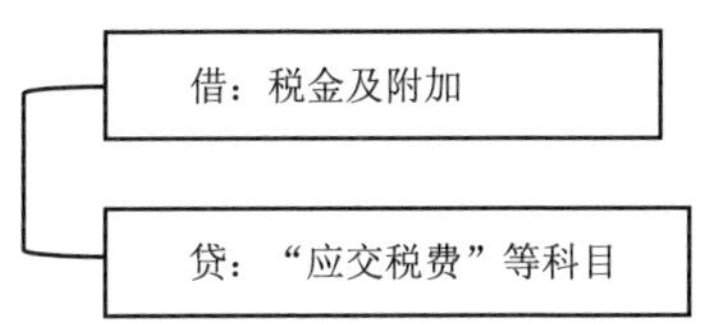

图5-20　税金及附加相关的会计处理

5.4.6　年终确认所得税费用

1．业务概述

"所得税费用"科目核算小企业根据企业所得税法确定的应从当期利润总额中扣除的所得税费用。

小企业根据企业所得税法规定补交的所得税，也通过"所得税费用"科目核算。

小企业按照规定实行企业所得税先征后返的，实际收到返还的企业所得税，在"营业外收入"科目核算，不在"所得税费用"科目核算。

年度终了，小企业按照企业所得税法规定计算确定的当期应纳税税额，借记"所得税费用"，贷记"应交税费——应交企业所得税"科目。

2．账务处理

相关会计处理如图5-21所示：

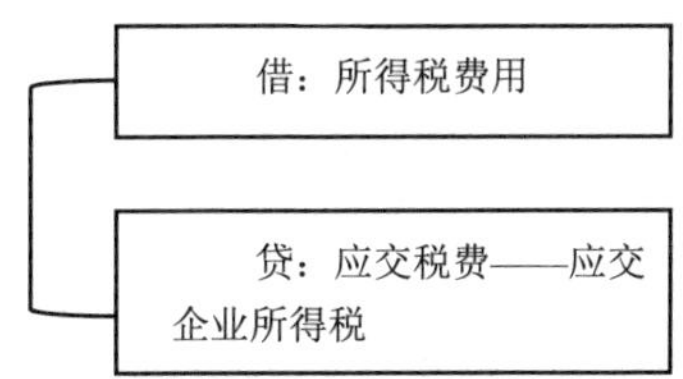

图5-21　所得税费用确认相关的会计处理

3．案例解析

【例5-23】某小企业2×19年12月31日按照企业所得税法规定计算当期应纳税税额为735 000元。该小企业的会计处理如下：

借：所得税费用　　735 000

　贷：应交税费——应交企业所得税　　735 000

第6章 增值税相关的实务疑难问题解析

6.1 增值税知识解读

根据《增值税暂行条例》和“营改增”的规定，在中华人民共和国境内（以下简称境内）销售货物、提供应税劳务、提供应税服务以及进口货物的单位和个人为增值税的纳税人。纳税人应当依照《增值税暂行条例》和“营改增”的规定缴纳增值税。增值税的征税范围包括在境内销售货物、提供应税劳务、提供应税服务以及进口货物。境内是指销售货物的起运地或者所在地在境内、提供的应税劳务发生在境内以及应税服务提供方或者接受方在境内。

6.1.1 增值税的征税范围

根据《增值税暂行条例》和“营改增”的规定，我们将增值税的征税范围分为一般规定和具体规定。

现行增值税征税范围的一般规定包括：

1. 销售或者进口的货物

货物是指有形动产，包括电力、热力、气体在内。销售货物，是指有偿转让货物的所有权。

2. 提供的应税劳务

应税劳务是指纳税人提供的加工、修理修配劳务。加工是指受托加工货物，即委托方提供原料及主要材料，受托方按照委托方的要求制造货物并收取加工费的业务；修理修配是指受托对损伤和丧失功能的货物进行修复，使其恢复原状和功能的业务。提供应税劳务，是指有偿提供加工、修理修配劳务。单位或者个体工商户聘用的员工为本单位或者雇主提供加工、修理修配劳务，不包括在内。

有偿，是指从购买方取得货币、货物或者其他经济利益。

3. 提供的应税服务

应税服务，是指陆路运输服务、水路运输服务、航空运输服务、管道运输服务、邮政普遍服务、邮政特殊服务、其他邮政服务、基础电信服务、增值电信服务、研发和技术服务、信息技术服务、文化创意服务、物流辅助服务、有形动产租赁服务、鉴证咨询服务、广播影视服务。

提供应税服务，是指有偿提供应税服务，但不包括非营业活动中提供的应税服务。

有偿，是指取得货币、货物或者其他经济利益。

非营业活动，是指：

（1）非企业性单位按照法律和行政法规的规定，为履行国家行政管理和公共服务职能收取政府性基金或者行政事业性收费的活动。

（2）单位或者个体工商户聘用的员工为本单位或者雇主提供应税服务。

（3）单位或者个体工商户为员工提供应税服务。

（4）财政部和国家税务总局规定的其他情形。

在境内提供应税服务，是指应税服务提供方或者接受方在境内。下列情形不属于在境内提供应税服务：

（1）境外单位或者个人向境内单位或者个人提供完全在境外消费的应税服务。例如，境外单位或者个人为出境的函件、包裹在境外提供邮政服务和收派服务，属于完全在境外消费的应税服务。

（2）境外单位或者个人向境内单位或者个人出租完全在境外使用的有形动产。

（3）财政部和国家税务总局规定的其他情形。

附件：应税服务的具体范围

1. 交通运输业

交通运输业，是指使用运输工具将货物或者旅客送达目的地，使其空间位置得到转移的业务活动。包括陆路运输服务、水路运输服务、航空运输服务和管道运输服务。

（1）陆路运输服务。

陆路运输服务，是指通过陆路（地上或者地下）运送货物或者旅客的运输业务活动，包括铁路运输和其他陆路运输。

①铁路运输服务，是指通过铁路运送货物或者旅客的运输业务活动。

②其他陆路运输服务，是指铁路运输以外的陆路运输业务活动。包括公路运输、缆车运输、索道运输、地铁运输、城市轻轨运输等。

出租车公司向使用本公司自有出租车的出租车司机收取的管理费用，按陆路运输服务征收增值税。

（2）水路运输服务。

水路运输服务，是指通过江、河、湖、川等天然、人工水道或者海洋航道运送货物或者旅客的运输业务活动。

远洋运输的程租、期租业务，属于水路运输服务。

程租业务，是指远洋运输企业为租船人完成某一特定航次的运输任务并收取租赁费的业务。

期租业务，是指远洋运输企业将配备有操作人员的船舶承租给他人使用一定期限，承租期内听候承租方调遣，不论是否经营，均按天向承租方收取租赁费，发生的固定费用均由船东负担的业务。

（3）航空运输服务。

航空运输服务，是指通过空中航线运送货物或者旅客的运输业务活动。

航空运输的湿租业务，属于航空运输服务。

湿租业务，是指航空运输企业将配备有机组人员的飞机承租给他人使用一定期限，承租期内听候承租方调遣，不论是否经营，均按一定标准向承租方收取租赁费，发生的固定费用均由承租方承担的业务。

航天运输服务，是指利用火箭等载体将卫星、空间探测器等空间飞行器发射到空间轨道的业务活动。

航天运输服务，按照航空运输服务征收增值税。

（4）管道运输服务。

管道运输服务，是指通过管道设施输送气体、液体、固体物质的运输业务活动。

2. 邮政业

邮政业，是指中国邮政集团公司及其所属邮政企业提供邮件寄递、邮政汇兑、机要通信和邮政代理等邮政基本服务的业务活动。包括邮政普遍服务、邮政特殊服务和其他邮政服务（不包括邮政储蓄业务）。

（1）邮政普遍服务。

邮政普遍服务，是指函件、包裹等邮件寄递，以及邮票发行、报刊发行和邮政汇兑等业务活动。

函件，是指信函、印刷品、邮资封片卡、无名址函件和邮政小包等。

包裹，是指按照封装上的名址递送给特定个人或者单位的独立封装的物品，其重量不超过50千克，任何一边的尺寸不超过150厘米，长、宽、高合计不超过300厘米。

（2）邮政特殊服务。

邮政特殊服务，是指义务兵平常信函、机要通信、盲人读物和革命烈士遗物的寄递等业务活动。

（3）其他邮政服务。

其他邮政服务，是指邮册等邮品销售、邮政代理等业务活动。

3. 电信业

电信业应当按照《关于将电信业纳入营业税改征增值税试点的通知》（财税〔2014〕43号）和《财政部 国家税务总局关于将铁路运输和邮政业纳入营业税改征增值税试点的通知》（财税〔2013〕106号）的规定缴纳增值税，不再缴纳营业税。

电信业，是指利用有线、无线的电磁系统或者光电系统等各种通信网络资源，提供语音通话服务，传送、发射、接收或者应用图像、短信等电子数据和信息的业务活动。包括基础电信服务和增值电信服务。

（1）基础电信服务，是指利用固网、移动网、卫星、互联网，提供语音通话服务的业务活动，以及出租或者出售带宽、波长等网络元素的业务活动。

（2）增值电信服务，是指利用固网、移动网、卫星、互联网、有线电视网络，提供短信和彩信服务、电子数据和信息的传输及应用服务、互联网接入服务等业务活动。卫星电视信号落地转接服务，按照增值电信服务计算缴纳增值税。

6.1.2 征税范围的具体规定

增值税的征税范围除了上述的一般规定以外，还对经济实务中某些特殊项目或行为是否属于增值税的征税范围，作出了具体确定。

1. 属于征税范围的特殊项目

（1）货物期货（包括商品期货和贵金属期货），应当征收增值税。

（2）银行销售金银的业务，应当征收增值税。

（3）融资租赁业务，无论租赁的货物的所有权是否转让给承租方，均不征收增值税。

（4）基本建设单位和从事建筑安装业务的企业附设的工厂、车间生产的水泥预制构件、其他构件或建筑材料，用于本单位或本企业的建筑工程的，应在移送使用时征收增值税。但对其在建筑现场制造预制构件，凡直接用于本单位或本企业建筑工程的，不征收增值税。

（5）典当业的死当物品销售业务和寄售业务委托人销售寄售物品的业务，均应征收增值税。

（6）因转让著作所有权而发生的销售电影母片、录像带母带、录音磁带母带的业务，以及因转让专利技术和非专利技术的所有权而发生的销售计算机软件的业务，不征收增值税。

（7）供应或开采未经加工的天然水（如水库供应农业灌溉用水，工厂自采地下水用于生产），不征收增值税。

（8）集邮商品的生产、调拨征收增值税。邮政部门以外的其他单位和个人销售集邮商品，征收增值税。

（9）邮政部门以外的单位和个人发行报刊，征收增值税。

（10）电信单位单纯销售无线寻呼机、移动电话，不提供有关的电信劳务服务的，征收增值税。

（11）从事运输业务的单位与个人，发生销售货物并负责运输所售货物的混合销售行为，征收增值税。

（12）不同时具备以下条件的代购货物，征收增值税。①受托方不垫付资金；②销货方将发票开具给委托方，并由受托方将该发票转交给委托方；③受托方按销售方实际收取的销售额和增值税额（如系代理进口货物则为海关代征的增值税额）与委托方结算货物，并另外收取手续费。

2. 属于征税范围的特殊行为

（1）视同销售货物或视同提供应税服务行为。单位或者个体工商户的下列行为，视同销售货物。

①将货物交付其他单位或者个人代销。

②销售代销货物。

③设有两个以上机构并实行统一核算的纳税人，将货物从一个机构移送至其他机构用于销售，但相关机构设在同一县（市）的除外。

“用于销售”，是指受货机构发生以下情形之一的经营行为：

a.向购货方开具发票；

b.向购货方收取货款。

受货机构的货物移送行为有上述两项情形之一的，应当向所在地税务机关缴纳增值税；未发生上述两项情形的，则应由总机构统一缴纳增值税。

如果受货机构只就部分货物向购买方开具发票或收取货款，则应当区别不同情况计算并分别向总机构所在地或分支机构所在地缴纳税款。

④将自产或者委托加工的货物用于非增值税应税项目。

⑤将自产、委托加工的货物用于集体福利或者个人消费。

⑥将自产、委托加工或者购进的货物作为投资，提供给其他单位或者个体工商户。

⑦将自产、委托加工或者购进的货物分配给股东或者投资者。

⑧将自产、委托加工或者购进的货物无偿赠送其他单位或者个人。

⑨单位和个体工商户向其他单位或者个人无偿提供应税服务，但以公益活动为目的或者以社会公众为对象的除外。

⑩财政部和国家税务总局规定的其他情形。

上述10种行为应该确定为视同销售货物行为，均要征收增值税。其确定的目的主要有三个：一是保证增值税税款抵扣制度的实施，不致因发生上述行为而造成各相关环节税款抵扣链条的中断，如前两种情况就是这种原因。如果不将之视同销售就会出现销售代销货物方仅有销项税额而无进项税额，而将货物交付其他单位或者个人代销方仅有进项税额而无销项税额的情况，就会出现增值税抵扣链条不完整。二是避免因发生上述行为而造成货物、应税劳务和应税服务销售税收负担不平衡的矛盾，防止以上述行为逃避纳税的现象。三是体现增值税计算的配比原则，即购进货物、应税劳务和应税服务已经在购进环节实施了进项税额抵扣，这些购进货物、应税劳务和应税服务应该产生相应的销售额，同时就应该产生相应的销项税额，否则就会产生不配比情况：如上述④～⑨讲的几种情况就属于此种原因。

为鼓励创新药的研发和使用，财政部和国家税务总局发布《关于创新药后续免费使用有关增值税政策的通知》（财税〔2014〕5号），规定药品生产企业销售自产创新药的销售额，为向购买方收取的全部价款和价外费用，其提供给患者后续免费使用的相同创新药，不属于增值税视同消费范围。

（2）混合销售行为。一项销售行为如果既涉及货物又涉及非增值税应税劳务，为混合销售行为。（详见6.2.1税务规定中的“什么是混合销售行为？”）

（3）兼营非增值税应税劳务行为。纳税人兼营非增值税应税项目的，应分别核算货物或者应税劳务的销售额和非增值税应税项目的营业额；未分别核算的，由主管税务机关核定货物或者应税劳务的销售额。（详见6.2.1税务规定中的“什么是兼营行为？此种行为如何缴纳增值税？”）

（4）混业经营。试点纳税人兼有不同税率或者征收率的销售货物、提供应税劳务或者应税服务的，应当分别核算适用不同税率或征收率的销售额，未分别核算销售额的，按照有关方法确定适用税率或征收率。

3. 纳税义务人和扣缴义务人

（1）纳税义务人。

根据《增值税暂行条例》和“营改增”的规定，凡在中华人民共和国境内销售或者进口货物、提供应税劳务和应税服务的单位和个人都是增值税纳税义务人。

单位，是指企业、行政单位、事业单位、军事单位、社会团体及其他单位。

个人，是指个体工商户和其他个人。

在境内销售或进口货物、提供应税劳务的，单位租赁或承包给其他单位或者个人经营的承租人或者承包人为纳税人。

“营改增”试点的单位以承包、承租、挂靠方式经营的，承包人、承租人、挂靠人（以下称承包人）以发包人、出租人、被挂靠人（以下称发包人）名义对外经营并由发包人承担相关法律责任的，以该发包人为纳税人。否则，以承包人为纳税人。

（2）扣缴义务人。

中华人民和国境外的单位或者个人在境内提供应税劳务和应税服务，在境内未设有经营机构的，以其境内代理人为扣缴义务人；在境内没有代理人的，以购买方或接受方为扣缴义务人。

6.2 具体实务疑难问题

6.2.1 税务规定

1. 纳税人

（1）什么样的单位或个人是增值税纳税人？

在中华人民共和国境内（以下简称境内）销售货物、提供应税劳务、提供应税服务以及进口货物的单位和个人为增值税的纳税人。

（2）挂靠人、承包人、承租人是纳税人吗？

《增值税暂行条例实施细则》第十条规定，单位租赁或者承包给其他单位或者个人经营的，以承租人或者承包人为纳税人。《试点实施办法》第二条规定，单位以承包、承租、挂靠的方式经营的，承包人、承租人、挂靠人以发包人、出租人、被挂靠人名义对外经营并由发包人承担相关法律责任的，以该发包人为纳税人。否则，以承包人为纳税人。

（3）如何划分一般纳税人和小规模纳税人？

小规模纳税人是指年销售额在规定标准以下，并且会计核算不健全，不能按规定报送有关税务资料的增值税纳税人。所称会计核算不健全是指不能正确核算增值税的销项税额、进项税额和应纳税额。

根据《增值税暂行条例》及其《增值税暂行条例实施细则》和“营改增”相关文件的规定，小规模纳税人的认定标准是：

从事货物生产或者提供应税劳务的纳税人，以及以从事货物生产或者提供应税劳务为主，并兼营货物批发或者零售的纳税人，年应税销售额在50万元以下（含本数，下同）的；“以从事货物生产或者提供应税劳务为主”是指纳税人的年货物生产或者提供应税劳务的销售额占年应税销售额的比重在50%以上。

对上述规定以外的纳税人（不含提供应税服务的纳税人），年应税销售额在80万元以下的。

年应税销售额超过小规模纳税人标准的其他个人按小规模纳税人纳税。

非企业性单位、不经常发生应税行为的企业可选择按小规模纳税人纳税；对于应税服务年销售额超过规定标准但不经常提供应税服务的单位和个体工商户可选择按照小规模纳税人纳税。

应税服务年销售额标准为500万元，应税服务年销售额未超过500万元的纳税人为小规模纳税人。

（4）年应税销售额未超过标准的纳税人，可以成为一般纳税人吗？

小规模纳税人会计核算健全，能够提供准确税务资料的，可以向主管税务机关申请资格认定，可以作为一般纳税人。会计核算健全，是指能够按照国家统一的会计制度规定设置账簿，根据合法、有效凭证核算。

（5）一般纳税人的资格登记程序是怎样的？登记为一般纳税人之后还能转为小规模纳税人吗？

①纳税人按照下列程序办理一般纳税人资格认定。

a.纳税人应当在申报期结束后40日（工作日，下同）内向主管税务机关报送《增值税一般纳税人申请认定表》，申请一般纳税人资格认定。申报期，是指纳税人年应税销售额超过小规模纳税人标准的月份（或季度）的所属申报期。

b.认定机关应当在主管税务机关受理申请之日起20日内完成一般纳税人资格认定，并由主管税务机关制作、送达《税务事项通知书》，告知纳税人。

c.纳税人未在规定期限内申请一般纳税人资格认定的，主管税务机关应当在规定期限结束后20日内制作并送达《税务事项通知书》，告知纳税人。《税务事项通知书》中需明确告知：其年应税销售额已超过小规模纳税人标准应在收到《税务事项通知书》后10日内向主管税务机关报送《增值税一般纳税人申请认定表》或《不认定增值税一般纳税人申请表》；逾期未报送的，按《中华人民共和国增值税暂行条例实施细则》（以下简称《增值税暂行条例实施细则》）第三十四条规定，按销售额依照增值税税率计算应纳税额，不得抵扣进项税额，也不得使用增值税专用发票。

②除国家税务总局另有规定外，纳税人一经认定为一般纳税人后，不得

转为小规模纳税人。

（6）两个纳税人能否合并纳税？

根据《营业税改征增值税试点实施办法》第七条规定，两个或者两个以上的纳税人，经财政部和国家税务总局批准可以视为一个纳税人合并纳税。具体办法由财政部和国家税务总局另行制定。

2. 征税范围

（1）哪些行为是增值税的应税行为？相关规定该如何适用？

根据《增值税暂行条例》及《营业税改征增值税试点实施办法》（财税〔2016〕）35号）的规定，凡在中华人民共和国境内销售货物或者提供加工、修理修配劳务、销售服务、无形资产或者不动产，以及进口货物的单位或个人，为增值税的纳税人。

（2）哪些行为属于增值税视同销售的范围？

①视同销售货物或视同提供应税服务行为。单位或者个体工商户的下列行为，视同销售货物。

a.将货物交付其他单位或者个人代销；

b.销售代销货物；

c.设有两个以上机构并实行统一核算的纳税人，将货物从一个机构移送至其他机构用于销售，但相关机构设在同一县（市）的除外；

“用于销售”，是指受货机构发生以下情形之一的经营行为：向购货方开具发票；向购货方收取货款。

受货机构的货物移送行为有上述两项情形之一的，应当向所在地税务机关缴纳增值税；未发生上述两项情形的，则应由总机构统一缴纳增值税。

如果受货机构只就部分货物向购买方开具发票或收取货款，则应当区别不同情况计算并分别向总机构所在地或分支机构所在地缴纳税款。

d.将自产或者委托加工的货物用于非增值税应税项目。

e.将自产、委托加工的货物用于集体福利或者个人消费。

f.将自产、委托加工或者购进的货物作为投资，提供给其他单位或者个体工商户。

g.将自产、委托加工或者购进的货物分配给股东或者投资者。

h.将自产、委托加工或者购进的货物无偿赠送其他单位或者个人。

i.单位和个体工商户向其他单位或者个人无偿提供应税服务，但以公益活动为目的或者以社会公众为对象的除外。

j.财政部和国家税务总局规定的其他情形。

上述10种行为应该确定为视同销售货物行为，均要征收增值税。

（3）赠送客户的礼品、积分换礼品是否需要视同销售缴纳增值税？

“积分换礼品”只是形式，要通过形式探求其实质，看属于有偿还是无偿，如果是无偿，则是视同销售的对象，如果是有偿，则不是视同销售的对象。法律意义上的无偿赠送是指出于感情或其他原因而作出的无私慷慨行为，赠送是赠送人向受赠人的财产转移，但不是出于利润动机的正常交易。而在销售主货物的同时赠送从货物，这种赠送是出于利润动机的正常交易，属于捆绑销售或降价销售。从增值税的链条来说，表面上企业销售的货物有对应的进项税额和销项税额，但礼品却只有进项税额而没有销项税额，好像不合理，但其实“积分换礼品”的销项税额已隐含在原来购买达到商场规定的换取礼品积分的商品当中，只是没有剥离出来。因此，对于“积分换礼品”换取的礼品的进项税额应允许其申报抵扣，换取礼品时也不应该单独再次计算销项税额。

（4）免租期内的不动产租赁是否要视同销售缴纳增值税？

《国家税务总局关于土地价款扣除时间等增值税征管问题的公告》（国家税务总局公告2016年第86号）第七条规定：纳税人出租不动产，租赁合同中约定免租期的，不属于《营业税改征增值税试点实施办法》（财税〔2016〕36号文件印发）第十四条规定的视同销售服务。

3．计税方法、税率和征收率

（1）一般计税方法与简易计税方法有什么区别？

简易计税办法和一般计税方法的区别在于适用范围和计算方法不同。

①适用范围不同。

a.一般纳税人提供应税服务适用一般计税方法计税。

b.而小规模纳税人提供应税服务适用简易计税方法计税。

②计算方法不同。

a.一般计税方法的应纳税额，是指当期销项税额抵扣当期进项税额后的余额。

b.应纳税额计算公式：应纳税额=当期销项税额－当期进项税额，当期销项税额小于当期进项税额不足抵扣时，其不足部分可以结转下期继续抵扣。

c.简易计税方法的应纳税额，是指按照销售额和增值税征收率计算的增值税额，不得抵扣进项税额。

d.应纳税额计算公式：应纳税额=销售额×征收率。

e.简易计税方法的销售额不包括其应纳税额，纳税人采用销售额和应纳税额合并定价方法的，按照下列公式计算销售额：销售额=含税销售额÷（1+征收率）。

（2）一般纳税人销售哪些货物可以采取简易计税方法？

①试点纳税人中的一般纳税人提供的公共交通运输服务（不包括铁路旅客运输服务），可以选择按照简易计税方法计算缴纳增值税。公共交通运输服务，包括轮客渡、公交客运、轨道交通（含地铁、城市轻轨）、出租车、长途客运、班车。其中，班车，是指按固定路线、固定时间运营并在固定站点停靠的运送旅客的陆路运输。

②试点纳税人中的一般纳税人，以该地区试点实施之日前购进或者自制的有形动产为标的物提供的经营租赁服务，试点期间可以选择适用简易计税方法计算缴纳增值税。

③自本地区试点实施之日起至2017年12月31日，被认定为动漫企业的试点纳税人中的一般纳税人，为开发动漫产品提供的动漫脚本编撰、形象设计、背景设计、动画设计、分镜、动画制作、摄制、描线、上色、画面合成、配音、配乐、音效合成、剪辑、字幕制作、压缩转码（面向网络动漫、手机动漫格式适配）服务，以及在境内转让动漫版权（包括动漫品牌、形象或者内容的授权及再授权），可以选择按照简易计税方法计算缴纳增值税。

④试点纳税人中的一般纳税人提供的电影放映服务（含城市电影放映服务）、仓储服务、装卸搬运服务和收派服务，可以选择按照简易计税办法计算缴纳增值税。

⑤试点纳税人中的一般纳税人兼有销售货物、提供应税劳务的，凡未规定可以选择按照简易计税方法计算缴纳增值税的，其全部销售额应一并按照一般计税方法计算缴纳增值税。

⑥在2015年12月31日以前，境内单位中的一般纳税人通过卫星提供的语音通话服务、电子数据和信息的传输服务，可以选择按照简易计税方法计算缴纳增值税。

4. 销售额

（1）企业收取的违约金是否缴纳增值税?

《中华人民共和国增值税暂行条例》第六条规定，销售额为纳税人销售货物或者应税劳务向购买方收取的全部价款和价外费用，但是不包括收取的销项税额。《中华人民共和国增值税暂行条例实施细则》第十二条规定条例第六条第一款所称价外费用，包括价外向购买方收取的手续费、补贴、基金、集资费、返还利润、奖励费、违约金、滞纳金、延期付款利息、赔偿金、代收款项、代垫款项、包装费、包装物租金、储备费、优质费、运输装卸费以及其他各种性质的价外收费。因此，该项价外费用应征收增值税。

（2）代收代付款要缴纳增值税吗?

《增值税暂行条例实施细则》第十二条规定，条例第六条第一款所称价外费用，包括价外向购买方收取的手续费、补贴、基金、集资费、返还利润、奖励费、滞纳金。延期付款利息、赔偿金、代收款项、代垫款项、包装费、包装物租金、储备费、优质费、运输装卸费以及其他各种性质的价外收费。但下列项目不包括在内。

①受托加工应征消费税的消费品所代收代缴的消费税。

②同时符合以下条件的代垫运输费用:

a.承运部门的运输费用发票开具给购买方的;

b.纳税人将该项发票转交给购买方的。

③同时符合以下条件代为收取的政府性基金或者行政事业性收费:

a.由国务院或者财政部批准设立的政府性基金，由国务院或者省级人民政府及其财政、价格主管部门批准设立的行政事业性收费;

b.收取时开具省级以上财政部门印制的财政票据;

c.所收款项全额上缴财政。

④销售货物的同时代办保险等而向购买方收取保险费，以及向购买方收取的代购买方缴纳的车辆购置税、车辆牌照费。

（3）什么是混合销售行为?

根据《增值税暂行条例实施细则》的规定，一项销售行为如果既涉及货物又涉及非增值税应税劳务，为混合销售行为。除《增值税暂行条例实施细则》第六条的规定外，从事货物的生产、批发或者零售的企业、企业性单位和个体工商户的混合销售行为，视为销售货物，应当缴纳增值税；其他单位和个人的混合销售行为，视为销售非增值税应税劳务，不缴纳增值税。

（4）什么是兼营行为？此种行为如何缴纳增值税？

纳税人生产销售应税消费品，如果不是单一经营某一税率的产品，而是经营多种不同税率的产品，这就是兼营行为。由于《消费税暂行条例》税目税率表列举的各种应税消费品的税率高低不同，因此，纳税人在兼营不同税率应税消费品时，税法就要针对其不同的核算方式分别规定税务处理办法，以加强税收管理，避免因核算方式不同而出现税款流失的现象。

（5）企业采取销售折扣方式销售货物，应如何进行增值税处理？

销售折扣是指销货方在销售货物或提供应税劳务和应税服务后，为了鼓励购货方及早偿还货款而协议许诺给予购货方的一种折扣优待。销售折扣发生在销货之后，是一种融资性质的理财费用，因此，销售折扣不得从销售额中减除。

（6）企业向购买方开具增值税专用发票后，发生销售折让、销售退回的，如何进行处理？

销售折让是指货物销售后，由于其品种、质量等原因购货方未予退货，但销货方需给予购货方的一种价格折让。销售折让与销售折扣相比较，虽然都是在货物销售后发生的，但因为销售折让是由于货物的品种和质量引起销售额的减少，因此，对销售折让可以折让后的货款为销售额。

企业因售出商品质量、品种不符合要求等原因而发生的退货属于销售退回。企业已经确认销售收入的售出商品发生销售折让和销售退回，应当在发生当期冲减当期销售商品收入。

（7）企业销售额明显偏低或偏高，税务机关将如何确定销售额？

无凭证的实物或者凭证上所注明的价格明显偏低的，由主管税务机关参照当地的市场价格核定应纳税所得额。所得为有价证券的，由主管税务机关根据票面价格和市场价格核定应纳税所得额。

（8）营改增后，统借统还业务增值税政策是如何规定的？

根据《营业税改征增值税试点过渡政策的规定》（财税〔2016〕36号）附件3第7项规定，统借统还业务中，企业集团或企业集团中的核心企业以及集团所属财务公司按不高于支付给金融机构的借款利率水平或者支付的债券票面利率水平，向企业集团或者集团内下属单位收取利息。

统借方向资金使用单位收取的利息，高于支付给金融机构借款利率水平或者支付的债券票面利率水平的，应全额缴纳增值税。

5．进项税额

（1）哪些进项税额可以从销项税额中抵扣？

根据《增值税暂行条例》和“营改增”的规定，准予从销项税额中抵扣的进项税额，限于下列增值税扣税凭证上注明的增值税税额和按规定的扣除率计算的进项税额。

①从销售方或者提供方取得的增值税专用发票（含税控机动车销售统一发票和中华人民共和国税收缴款凭证，下同）上注明的增值税额。

②从海关取得的海关进口增值税专用缴款书上注明的增值税额。

纳税人进口货物，凡已缴纳了进口环节增值税的，不论其是否已经支付货款，其取得的海关进口增值税专用缴款书均可作为增值税进项税额抵扣凭证，在规定的期限内申报抵扣进项税额（见6.2.1.6纳税义务发生时间）。

上述规定说明，纳税人在进行增值税账务处理时，每抵扣一笔进项税额，就要有一份记录该进项税额的法定扣税凭证与之相对应；没有从销售方或海关取得注明增值税税额的法定扣税凭证，就不能抵扣进项税额。

③购进农产品，除取得增值税专用发票或者海关进口增值税专用缴款书外，按照农产品收购发票或者销售发票上注明的农产品买价和13%的扣除率计算进项税额。进项税额计算公式：

进项税额=买价×扣除率

对这项规定需要解释的是：

a.所谓“农业产品”是指直接从事植物的种植、收割和动物的饲养、捕捞的单位和个人销售的自产而且免征增值税的农业产品，农业产品所包括的具体品目按照1995年6月财政部、国家税务总局印发的《农业产品征税范围注释》执行。

b.购买农业产品的买价，包括纳税人购进农产品在农产品收购发票或者销售发票上注明的价款和按规定缴纳的烟叶税。

c.对烟叶税纳税人按规定缴纳的烟叶税，准予并入烟叶产品的买价计算增值税的进项税额，并在计算缴纳增值税时予以抵扣。即购进烟叶准予抵扣的增值税进项税额，按照《中华人民共和国烟叶税暂行条例》及《财政部国家税务总局印发〈关于烟叶税若干具体问题的规定〉的通知》（财税〔2006〕64号）规定的烟叶收购金额和烟叶税及法定扣除率计算。烟叶收购金额包括纳税人支付给烟叶销售者的烟叶收购价款和价外补贴，价外补贴统一暂按烟叶收购价款的10%计算。计算公式如下：

烟叶收购金额=烟叶收购价款×（1+10%）

烟叶税应纳税额=烟叶收购金额×税率（20%）

准予抵扣的进项税额=（烟叶收购金额+烟叶税应纳税额）×扣除率

④原增值税一般纳税人取得的2013年8月1日（含）以后开具的运输费用结算单据，不得作为增值税扣税凭证。

原增值税一般纳税人取得的试点小规模纳税人由税务机关代开的增值税专用发票，按增值税专用发票注明的税额抵扣进项税额。

⑤自2010年10月1日起，项目运营方利用信托资金融资进行项目建设开发，在项目建设期内取得的增值税专用发票和其他抵扣凭证，允许其按现行增值税有关规定予以抵扣。该经营模式是指项目运营方与经批准成立的信托公司合作进行项目建设开发，信托公司负责筹集资金并设立信托计划，项目运营方负责项目建设与运营，项日建设完成后，项目资产归项目运营方所有。

⑥接受境外单位或者个人提供的应税服务，从税务机关或者境内代理人取得的解缴税款的中华人民共和国税收缴款凭证（以下称税收缴款凭证）上注明的增值税额。

⑦增值税一般纳税人（以下称“原纳税人”）在资产重组过程中，将全部资产、负债和劳动力一并转让给其他增值税一般纳税人（以下称“新纳税人”），并按程序办理注销税务登记的，其在办理注销登记前尚未抵扣的进项税额可结转至新纳税人处继续抵扣。

（2）进项税额抵扣的凭证具体有哪些？

①增值税专用发票：从货物销售方、加工修理修配劳务或者应税服务提供方取得的增值税专用发票（包括税控系统开具的机动车销售统一发票，以下简称增值税专票）上注明的增值税额。增值税专票是为加强增值税抵扣管理，根据增值税的特点设计的，供一般纳税人抵扣税款使用的一种发票。增值税专票是一般纳税人从销项税额中抵扣进项税额的扣税凭证，且是目前最主要的一种扣税凭证。增值税专票目前抵扣的期限是自开票之日起180天内进行认证抵扣。

②海关进口增值税专用缴款书：在进口货物办理报关进口手续时，纳税

人需向海关申报缴纳进口增值税并从海关取得完税证明即海关进口增值税专用缴款书（以下简称海关专缴书）。自2013年7月1日起，增值税一般纳税人进口货物取得的海关专缴书，需经税务机关稽核比对相符后，其增值税额方能作为进项税额在销项税额中抵扣。纳税人取得的海关专缴书，应按照（国税函〔2009〕617号）文件规定，自开具之日起180天内向主管税务机关报送《海关完税凭证抵扣清单》（电子数据），申请稽核比对，逾期未申请的其进项税额不予抵扣。

③农产品收购凭证：购进农产品，除取得增值税专票或者海关专缴书外，按照农产品收购发票或者销售发票上注明的农产品买价和13%的扣除率计算的进项税额。

（3）购进农产品如何抵扣进项税额？

购进农产品，除取得增值税专票或者海关专缴书外，按照农产品收购发票或者销售发票上注明的农产品买价和13%的扣除率计算的进项税额。一般有如下4种情况。

①从一般纳税人购进农产品，按照取得的增值税专票上注明的增值税额抵扣。

②进口农产品，按照取得的海关专缴书上注明的增值税额抵扣。

③购进农产品，按照取得的销售农产品的增值税普通发票上注明的农产品买价和13%的扣除率计算的进项税额。

④从农户收购农产品，按照收购单位自行开具农产品收购发票上注明的农产品买价和13%的扣除率计算的进项税额，从销项税额中抵扣。目前，农业生产者销售自产农产品是免征增值税的，其不能开具增值税专票，只能开具农产品销售发票。对于小规模纳税人销售农产品也是不得开具增值税专票的，只能开具增值税普通发票。对于零散经营的农户，应由收购单位向农民开具收购发票。上述三种凭证也能作为进项税额扣除。

（4）ETC卡充值取得的发票能否计算抵扣进项税额？

《财政部 税务总局关于租入固定资产进项税额抵扣等增值税政策的通知》（财税〔2017〕90号）第七条规定，纳税人支付的高速公路通行费，自2018年7月1日起凭增值税电子普通发票上注明的增值税额抵扣进项税额；纳税人支付的一级、二级公路通行费自2019年1月1日起凭增值税电子普通发票上注明的增值税额抵扣进项税额。

（5）增值税专用发票如何抵扣？抵扣是否有期限？

销售方或者提供方取得的增值税专用发票（含税控机动车销售统一发票和中华人民共和国税收缴款凭证，下同）上注明的增值税额予以抵扣。

（6）增值税扣税凭证已认证或稽核比对，但未按规定期限申报抵扣，该如何处理？

增值税一般纳税人取得的增值税扣税凭证（增值税专用发票、海关进口增值税专用缴款书）已认证或已采集上报信息但未按照规定期限申报抵扣；实行纳税辅导期管理的增值税一般纳税人以及实行海关进口增值税专用缴款书“先比对后抵扣”管理办法的增值税一般纳税人，取得的增值税扣税凭证稽核比对结果相符但未按规定期限申报抵扣，属于发生真实交易且符合下列客观原因的，经主管税务机关审核，允许纳税人继续申报抵扣其进项税额。

（7）哪些进项税额不能从销项税额中抵扣？

用于非增值税应税项目、免征增值税项目、集体福利或者个人消费的购进货物或者应税劳务；非正常损失的购进货物及相关的应税劳务；非正常损失的在产品、产成品所耗用的购进货物或者应税劳务；国务院财政、税务主管部门规定的纳税人自用消费品。

（8）兼营简易计税方法计税项目、免征增值税项目而无法划分不得抵扣的进项税额，如何计算不得抵扣的进项税额？

适用一般计税方法的纳税人，兼营简易计税方法计税项目、免征增值税项目而无法划分不得抵扣的进项税额，按照下列公式计算不得抵扣的进项税额：

不得抵扣的进项税额＝当期无法划分的全部进项税额×（当期简易计税方法计税项目销售额+免征增值税项目销售额）÷当期全部销售额

（9）不得抵扣且未抵扣进项税额的固定资产、无形资产、不动产，发生用途改变，是否可用于允许抵扣进项税额的应税项目？

不得抵扣且未抵扣进项税额的固定资产、无形资产、不动产，发生用途改变，用于允许抵扣进项税额的应税项目，可在用途改变的次月按照下列公式，依据合法有效的增值税扣税凭证，计算可以抵扣的进项税额：

可以抵扣的进项税额=固定资产、无形资产、不动产净值÷（1+适用税率）×适用税率

上述可以抵扣的进项税额应取得合法有效的增值税扣税凭证。

（10）购进时已全额抵扣进项税额的货物和服务，转用于不动产在建工程的，进项税额如何分期抵扣？

购进时已全额抵扣进项税额的货物和服务，转用于不动产在建工程的，其已抵扣进项税额的40%部分，应于转用的当期从进项税额中扣减，计入待抵扣进项税额，并于转用的当月起第13个月从销项税额中抵扣。

（11）按照规定不得抵扣进项税额的不动产，发生用途改变，用于允许抵扣进项税额项目的，进项税额如何分期抵扣？

按照规定不得抵扣进项税额的不动产，发生用途改变，用于允许抵扣进项税额项目的，按照下列公式在改变用途的次月计算可抵扣进项税额。

可抵扣进项税额＝增值税扣税凭证注明或计算的进项税额×不动产净值

（12）纳税人销售其取得的不动产或注销税务登记时，尚未抵扣完毕的待抵扣进项税额如何处理？

纳税人销售其取得的不动产或者不动产在建工程时，尚未抵扣完毕的待抵扣进项税额，允许于销售的当期从销项税额中抵扣。

纳税人注销税务登记时，其尚未抵扣完毕的待抵扣进项税额于注销清算的当期从销项税额中抵扣。

（13）办理注销手续前，可否用期末留抵税额抵减增值税所欠税款？

依据国家税务总局《关于增值税一般纳税人用进项留抵税额抵减增值税欠税问题的通知》（国税发〔2004〕112号）规定，对纳税人因销项税额小于进项税额而产生期末留抵税额的，应以其期末留抵税额抵减增值税所欠税款。

6. 纳税义务发生时间

纳税人发生增值税应税行为，应在何时申报缴纳增值税？

《增值税暂行条例》和“营改增”明确规定了增值税纳税义务的发生时间。纳税义务发生时间，是纳税人发生应税行为应当承担纳税义务的起始时间。税法明确规定纳税义务发生时间的作用在于：正式确认纳税人已经发生属于税法规定的应税行为，应承担纳税义务；有利于税务机关实施税务管理，合理规定申报期限和纳税期限，监督纳税人切实履行纳税义务。

①销售货物或者提供应税劳务的纳税义务发生时间。

a.纳税人销售货物或者提供应税劳务，其纳税义务发生时间为收讫销售款项或者取得索取销售款项凭据的当天；先开具发票的，为开具发票的当天。

其中，收讫销售款项或者取得索取销售款项凭据的当天按销售结算方式的不同，具体为：采取直接收款方式销售货物，不论货物是否发出，均为收到销售款或者取得索取销售款凭据的当天。纳税人生产经营活动中采取直接收款方式销售货物，已将货物移送对方并暂估销售收入入账，但既未取得销售款或取得索取销售款凭据也未开具销售发票的，其增值税纳税义务发生时间为取得销售款或取得索取销售款凭据的当天；先开具发票的，为开具发票的当天。

采取托收承付和委托银行收款方式销售货物，为发出货物并办妥托收手续的当天。

采取赊销和分期收款方式销售货物，为书面合同约定的收款日期的当天，无书面合同的或者书面合同没有约定收款日期的，为货物发出的当天。

采取预收货款方式销售货物，为货物发出的当天，但生产销售工期超过12个月的大型机械设备、船舶、飞机等货物，为收到预收款或者书面合同约定的收款日期的当天。

委托其他纳税人代销货物，为收到代销单位的代销清单或者收到全部或者部分货款的当天；未收到代销清单及货款的，为发出代销货物满180天的当天。

销售应税劳务，为提供劳务同时收讫销售款或者取得索取销售款的凭据的当天。

纳税人发生除将货物交付其他单位或者个人代销和销售代销货物以外的视同销售货物行为，为货物移送的当天。

b.纳税人进口货物，其纳税义务发生时间为报关进口的当天。

c.增值税扣缴义务发生时间为纳税人增值税纳税义务发生的当天。

②提供应税服务的纳税义务发生时间。

a.纳税人提供应税服务的纳税义务发生时间为提供应税服务并收讫销售款项或者取得索取销售款项凭据的当天；先开具发票的，为开具发票的当天。

其中，收讫销售款项，是指纳税人提供应税服务过程中或者完成后收到款项；取得索取销售款项凭据的当天，是指书面合同确定的付款日期；未签订书面合同或者书面合同未确定付款日期的，为应税服务完成的当天。

b.纳税人提供有形动产租赁服务采取预收款方式的，其纳税义务发生时间为收到预收款的当天。

c.纳税人发生视同提供应税服务的，其纳税义务发生时间为应税服务完成的当天。

d.增值税扣缴义务发生时间为纳税人增值税纳税义务发生的当天。

上述销售货物或应税劳务及应税服务纳税义务发生时间的确定，明确了企业在计算应纳税额时，对“当期销项税额”时间的限定，是增值税计税和征收管理中重要的规定。目前，一些企业没有按照上述规定的纳税义务发生时间将实现的销售收入及时入账并计算纳税，而是采取延迟入账或不计销售收入等做法，以拖延纳税或逃避纳税，这些做法都是错误的。企业必须按上述规定的时限及时、准确地记录销售额和计算当期销项税额。

7. 纳税地点

（1）纳税人发生增值税应税行为，应在哪里申报缴纳增值税？

为了保证纳税人按期申报纳税，根据企业跨地区经营和搞活商品流通的特点及不同情况，税法还具体规定了增值税的纳税地点。

①固定业户应当向其机构所在地的主管税务机关申报纳税。总机构和分支机构不在同一县（市）的，应当分别向各自所在地的主管税务机关申报纳税；但在同一省（区、市）范围内的，经省（区、市）财政厅（局）、国家税务局审批同意，可以由总机构汇总向总机构所在地的主管税务机关申报缴纳增值税。

②固定业户到外县（市）销售货物或者应税劳务，应当向其机构所在地的主管税务机关申请开具外出经营活动税收管理证明，并向其机构所在地的主管税务机关申报纳税；未开具证明的，应当向销售地或者劳务发生地的主管税务机关申报纳税；未向销售地或者劳务发生地的主管税务机关申报纳税的，由其机构所在地的主管税务机关补征税款。

③非固定业户销售货物或者应税劳务，应当向销售地或者劳务发生地的主管税务机关申报纳税；未向销售地或者劳务发生地的主管税务机关申报纳税的，由其机构所在地或者居住地的主管税务机关补征税款。

④进口货物，应当向报关地海关申报纳税。

⑤扣缴义务人应当向其机构所在地或者居住地的主管税务机关申报缴纳其扣缴的税款。

（2）总机构、分支机构不在同一县（市）的，可以申请汇总申报纳税吗？

总机构和分支机构不在同一县（市）的，应当分别向各自所在地的主管税务机关申报纳税；但在同一省（区、市）范围内的，经省（区、市）财政厅（局）、国家税务局审批同意，可以由总机构汇总向总机构所在地的主管税务机关申报缴纳增值税。

（3）纳税人跨县（市）经营的，是否要开具《外出经营活动税收管理证明》？如何办理？

固定业户到外县（市）销售货物或者应税劳务，应当向其机构所在地的主管税务机关申请开具外出经营活动税收管理证明，并向其机构所在地的主管税务机关申报纳税。

8. 综合业务

（1）如何判定走逃（失联）企业？对其开具的增值税专用发票如何处理？

根据《国家税务总局关于走逃（失联）企业开具增值税专用发票认定处理有关问题的公告》第一条：走逃（失联）企业，是指不履行税收义务并脱离税务机关监管的企业。根据税务登记管理有关规定，税务机关通过实地调查、电话查询、涉税事项办理核查以及其他征管段，仍对企业和企业相关人员查无下落的，或虽然可以联系到企业代理记账、报税人员等，但其并不知情也不能联系到企业实际控制人的，可以判定该企业为走逃（失联）企业。

增值税一般纳税人取得走逃（失联）企业开具的增值税专用发票被税务机关认为是异常凭证的发票，按照以下方式处理：

①暂不允许抵扣或退税。

尚未申报抵扣进项税或申报出口退税的，暂不允许抵扣进项税或办理退税。

②已经抵扣，进项转出。

已经申报抵扣进项税的，一律先做进项税额转出。

③已申请退税，暂缓办理。

已经申请办理出口退税的，税务机关按照异常凭证所涉及的退税额，对该企业其他已审核通过的应退税款暂缓办理出口退税，无其他应退税款或应退税款小于涉及退税额的，可由出口企业提供差额部分的担保。

④符合规定，可继续抵扣或退税。

《国家税务总局关于走逃（失联）企业开具增值税专用发票认定处理有关问题的公告》，并没有规定取得异常凭证一律不准抵扣。在做出上述规定的同时，也规定：“经核实，符合现行增值税进项税额抵扣或出口退税相关规定的，企业可继续申报抵扣，或解除担保并继续办理出口退税。”

（2）企业资产重组的增值税如何处理？

符合下列条件的资产重组涉及的货物转让、不动产、土地使用权转让行为不征收增值税；如不符合则征收增值税。

根据《国家税务总局关于纳税人资产重组有关增值税问题的公告》（国家税务总局公告2011年第13号），纳税人在资产重组过程中，通过合并、分立、出售、置换等方式，将全部或者部分实物资产以及与其相关联的债权、负债和劳动力一并转让给其他单位和个人，不属于增值税的征税范围，其中涉及的货物转让，不征收增值税。

根据《营业税改征增值税试点过渡政策》（财税〔2016〕36号）文件附件3的规定，在资产重组过程中，通过合并、分立、出售、置换等方式，将全部或者部分实物资产以及与其相关联的债权、负债和劳动力一并转让给其他单位和个人，其中涉及的不动产、土地使用权转让行为。

6.2.2 增值税纳税申报

（1）增值税的纳税期限是怎么规定的？

根据《增值税暂行条例》的规定，增值税的纳税期限分别为1日、3日、5日、10日、15日、1个月或者1个季度。

纳税人的具体纳税期限，由主管税务机关根据纳税人应纳税额的大小分别核定；不能按照固定期限纳税的，可以按次纳税。以1个季度为纳税期限的规定仅适用于小规模纳税人以及财政部和国家税务总局规定的其他纳税人。小规模纳税人的具体纳税期限，由主管税务机关根据其应纳税额的大小分别核定。

纳税人以1个月或者1个季度为1个纳税期的，自期满之日起15日内申报纳税；以1日、3日、5日、10日或者15日为1个纳税期的，自期满之日起5日内预缴税款，于次月1日起15日内申报纳税并结清上月应纳税款。

（2）一般纳税人申报增值税的流程是怎样的？

申请成为一般纳税人后，网上报送电子报表。增值税一般纳税人（以下简称纳税人）在纳税申报期截止日期前，通过互联网登录到网上申报系统，填写增值税纳税申报表主表、附表及其他附列资料，审核确认无误后通过“纳税申报”模块在线提交电子报表。

（3）小规模纳税人提供劳务派遣服务，如何进行纳税申报？

小规模纳税人提供劳务派遣服务，可以按照《财政部 国家税务总局关于全面推开营业税改征增值税试点的通知》（财税〔2016〕36号）的有关规定，以取得的全部价款和价外费用为销售额，按照简易计税方法依3%的征收率计算缴纳增值税。

小规模纳税人提供劳务派遣服务，也可以选择差额纳税，以取得的全部价款和价外费用，扣除用工单位支付给劳务派遣员工的工资、福利和为其办理社会保险及住房公积金后的余额为销售额，按照简易计税方法依5%的征收率计算缴纳增值税。

选择差额纳税的纳税人，向用工单位收取用于支付给劳务派遣员工工资、福利和为其办理社会保险及住房公积金的费用，不得开具增值税专用发票，可以开具普通发票。

（4）一般纳税人发生差额扣除项目如何进行纳税申报？

《附列资料（二）》中的数据，为票面税额，《进项结构表》中如果只填金额数据，自动生成的税额就与票面税额不符，会导致与《附列资料（二）》数据比对不符，无法保存，所以需要根据该发票的开具内容得知其税率，选择对应栏次，按照票面税额，反算金额后填入该表。《附列资料（一）》的第5栏第11列中的数据填到《附列资料（三）》第3栏第1列中。

（5）增值税税控系统专用设备费及技术维护费抵减如何填报申报表？

《财政部 国家税务总局关于增值税税控系统专用设备和技术维护费用抵减增值税税额有关政策的通知》（财税〔2012〕15号）第五条规定，纳税人在填写纳税申报表时，对可在增值税应纳税额中全额抵减的增值税税控系统专用设备费用以及技术维护费，应按以下要求填报。

增值税一般纳税人将抵减金额填入《增值税纳税申报表（适用于增值税一般纳税人）》第23栏“应纳税额减征额”。当本期减征额小于或等于第19栏“应纳税额”与第21栏“简易征收办法计算的应纳税额”之和时，按本期减征额实际填写；当本期减征额大于第19栏“应纳税额”与第21栏“简易征收办法计算的应纳税额”之和时，按本期第19栏与第21栏之和填写，本期减征额不足抵减部分结转下期继续抵减。

小规模纳税人将抵减金额填入《增值税纳税申报表（适用于小规模纳税人）》第11栏“本期应纳税额减征额”。当本期减征额小于或等于第10栏“本期应纳税额”时，按本期减征额实际填写；当本期减征额大于第10栏“本期应纳税额”时，按本期第10栏填写，本期减征额不足抵减部分结转下期继续抵减。

（6）异地经营项目预缴的税款，如何进行纳税申报？

①先填写预缴情况表——《附列资料（四）（税额抵减情况表）》：

填写《附列资料（四）（税额抵减情况表）》：需要将建筑服务、销售不动产、出租不动产已预缴的税款分别填写在第3行“建筑服务预征缴纳税款”、第4行“销售不动产预征缴纳税款”、第5行“出租不动产预征缴纳税款”中；

②在异地预缴税款属于“本期已缴税额”，申报时可以抵应纳税额：

填写《增值税纳税申报表（一般纳税人适用）》：上述已预缴税款体现在第28行“分次预缴税款”中，根据报表逻辑关系计算，不会形成重复交税。

6.2.3 增值税发票管理

1. 发票使用和开具

（1）纳税信用A级或B级的纳税人可以一次按几个月的发票用量领取发票？

国税总局2016第71号公告：纳税信用A级的纳税人可一次领取不超过3个月的增值税发票用量，纳税信用B级的纳税人可一次领取不超过2个月的增值税发票用量。以上两类纳税人生产经营情况发生变化，需要调整增值税发票用量，手续齐全的，按照规定即时办理。

（2）营改增后，地税局监制的发票是否可以继续使用？

自2016年5月1日起，地税机关不再向试点纳税人发放发票。试点纳税人已领取地税机关印制的发票以及印有本单位名称的发票，可继续使用至2016年6月30日，特殊情况经省国税局确定，可适当延长使用期限，最迟不超过2016年8月31日。

（3）已缴纳营业税未开发票的，如何补开发票？

根据国家税务总局2016年18号公告和23号公告规定，营改增前已交营业税但未开具发票要在2016年12月31日前开具不征税增值税普通发票，跨年度的就不能再开了。

（4）增值税纳税人不开发票是否还需要安装税控装置？

营改增纳税人推行增值税发票税控装置的范围是：增值税一般纳税人，以及销售货物、提供加工修理修配劳务月销售额超过3万元（按季纳税9万元），或者销售服务、无形资产月销售额超过3万元（按季纳税9万元）的小规模纳税人。对于纳入推行范围，但暂不需要开具发票的纳税人，国税机关可以根据其实际情况，尊重纳税人的意见，经纳税人确认后可暂不安装，待以后纳税人需要的时候，国税机关再行安排安装。

（5）增值税专用发票初次领用的程序是怎样的？

①凭增值税防伪税控系统使用通知书，到办事处购买防伪税控设备。

②凭增值税一般纳税人申请认定表和税务登记证副本、经办人身份证明和复印件、财务专用章或发票专用章印模及复印件，到所属国税机关办税服务厅申请并填写《纳税人领购发票票种核定申请表》。

③符合条件，大厅出具《税务文书领取通知书》。

④税务部门会对你公司进行实地调查，看你是否有发票保管开具能力、经营是否属实等。

⑤审批后，《纳税人领购发票票种核定申请表》被传到大厅，你拿着《税务文书领取通知书》可领取审批结果。

⑥这时候再携带税控设备，在税务部门进行两卡的初始发行就可以领购专用发票了。

（6）增值税专用发票的开具要求是什么？

按照规定，纳税人必须按照下列要求开具增值税专用发票。

①字迹清楚。

②不得涂改。如果发生填写错误应当另行开具增值税专用发票，并将填写错误的增值税专用发票上注明“误填作废”字样予以作废。如果增值税专用发票开具后因购货方未索取而成为废票的，也应当按填写有误办理。

③项目填写齐全。

④票、物相符，票面金额与实际收取的金额相符。

⑤各项目内容正确无误。

⑥全部联次一次性填开，上、下联的内容和金额一致。

⑦发票联和抵扣联必须加盖销售单位的发票专用章或财务专用章，不得加盖其他财务印章。按照规定，根据不同版本的增值税专用发票，财务专用章或发票专用章分别加盖在增值税专用发票的左下角或右下角，覆盖“开票单位”一栏。财务专用章或发票专用章用红色印泥。

⑧按规定时限开具增值税专用发票。

⑨不得开具伪造的增值税专用发票。

⑩不得拆本使用增值税专用发票。不得开具与国家税务总局统一制定的票样不相符合的增值税专用发票。

不符合上述要求的增值税专用发票，不得作为扣税凭证，购买方有权拒绝接受。

（7）汇总缴纳增值税的纳税人，总分支机构之间调拨资产，如何开具发票？

增值税汇总缴纳的纳税人，总分支机构之间调拨资产，按内部调拨处理，不缴纳增值税，也不得开具增值税发票。

（8）收到的增值税发票，为什么税率栏内是星号？

对于免税、差额征税以及其他个人出租其取得的不动产适用优惠政策减按1.5%征收情形的，使用金税盘开具发票，“税率”栏打出的是“***”。

（9）两个不同税率的项目能否开在同一张发票上？

《财政部 国家税务总局关于全面推开营业税改征增值税试点的通知》（财税〔2016〕36号）第三十九条规定，纳税人兼营销售货物、劳务、服务、无形资产或者不动产，适用不同税率或者征收率的，应当分别核算适用不同税率或者征收率的销售额；未分别核算的，从高适用税率。因此，可以按照不同税率分别开具，不同税率可以在同一张发票上开具。

（10）企业经营地址和注册地址不一致,开具增值税专用发票时应如何处理？

企业经营地址和注册地址不一致，按照税务登记证（统一社会信用代码证）上的地址开具。

（11）差额征税项目如何开具发票？

所有差额征税项目都要按照适用税率或征收率全额开具发票，差额征税不建议通过开票软件中的差额开票功能实现，而是通过差额申报的方式即通过增值税纳税申报表附列资料三（服务、不动产和无形资产扣除项目明细）

及增值税纳税申报表附列资料一（本期销售情况明细）的填报实现差额后征税。

（12）什么情形下应开具红字增值税专用发票？

一般纳税人取得专用发票后，发生销货退回、开票有误等情形但不符合作废条件的，或者因销货部分退回及发生销售折让的，需要开具增值税红字发票。

（13）如何在发票新系统中开具红字增值税专用发票？

①购买方取得专用发票已用于申报抵扣的：购买方可在增值税发票管理新系统（简称“新系统”）中填开并上传《开具红字增值税专用发票信息表》（简称《信息表》），在填开《信息表》时不填写相对应的蓝字专用发票信息，应暂依《信息表》所列增值税税额从当期进项税额中转出，待取得销售方开具的红字专用发票后，与《信息表》一并作为记账凭证。

②购买方取得专用发票未用于申报抵扣、但发票联或抵扣联无法退回的，购买方填开《信息表》时应填写相对应的蓝字专用发票信息。

③销售方开具专用发票尚未交付购买方，以及购买方未用于申报抵扣并将发票联及抵扣联退回的，销售方可在新系统中填开并上传《信息表》。销售方填开《信息表》时应填写相对应的蓝字专用发票信息。

（14）纳税人如何开具红字增值税普通发票？

对于一般纳税人在取得增值税专用发票后，发生销货退回、开票有误等情形但不符合作废条件的，或者因销货部分退回及发生销售折让的，购买方应填报《开具红字增值税专用发票申请单》，由购买方主管税务机关审核后，出具《开具红字增值税专用发票通知单》，销货方凭购买方提供的《开具红字增值税专用发票通知单》开具红字发票；对于销货方提出申请的，可由销货方主管税务机关直接根据纳税人填报的《开具红字增值税专用发票申请单》开具《开具红字增值税专用发票通知单》。

（15）一般纳税人适用简易计税方法的，能否开具增值税专用发票？

除以下情形之外，适用简易计税方法的应税项目可以开具专用发票：①属于增值税一般纳税人的单采血浆站销售非临床用人体血液，按照简易办法依照3%征收率计算应纳税额的；②纳税人销售旧货的；③销售自己使用过的固定资产，减按2%征税的；④税收法规规定不得开具专用发票的其他情形。

（16）纳税人的哪些情形不得开具增值税专用发票？

根据《中华人民共和国增值税暂行条例》第二十一条的规定，纳税人销售货物或者应税劳务，应当向索取增值税专用发票的购买方开具增值税专用发票，并在增值税专用发票上分别注明销售额和销项税额。属于下列情形之一的，不得开具增值税专用发票。

①向消费者个人销售货物或者应税劳务的；②销售货物或者应税劳务适用免税规定的；③小规模纳税人销售货物或者应税劳务的。此外，根据《增值税专用发票使用规定》第十条的规定，商业企业一般纳税人零售的烟、酒、食品、服装、鞋帽（不包括劳保专用部分）、化妆品等消费品不得开具专用发票。因此，如果增值税一般纳税人购买服装、鞋帽是为了满足其行业特点及生产工作环境的需要，并确实专门用于员工工作时的劳动保护，可以向销售方索取增值税专用发票并按规定申报抵扣，但如不属于劳保专用，则销售方不得开具增值税专用发票。

2. 电子发票

（1）电子发票是什么样的？适用于哪些纳税人？

电子发票是信息时代的产物，同普通发票一样，采用税务局统一发放的形式给商家使用，发票号码采用全国统一编码，采用统一防伪技术，分配给商家，在电子发票上附有电子税局的签名机制。

电子发票适合电商、电信、快递、公用事业、商场超市等行业，以及大量使用通用机打发票、自印衔头发票和增值税普通发票的纳税人。

（2）纳税人通过什么系统开具电子发票？

纳税人通过金税盘或税控盘的单机版或服务器版开具电子发票。电商等用票量大的企业可选用服务器版税控开票系统以满足企业大量集中开票需求；票量小的企业可使用单机版税控开票系统完成电子发票开具及电子数据生成。

3. 增值税发票新系统操作

（1）开具增值税发票时，发票票面栏次无法满足开具需求的，如何填写？

纳税人根据业务需要，开具发票时需要注明的信息，发票票面无相应栏次的，可在发票备注栏注明。增值税发票备注栏最大可容纳230个字符或115个汉字。

（2）开具发票时提示离线发票累计金额超限，如何处理？

①开具金额较小的发票；②到税务机关增加离线开票限额；③将计算机联网，待发票数据自动上传后重试；④执行办税厅抄税，到税务大厅完成报税。

4. 其他

（1）在发票查询平台中进行发票勾选、发票确认操作有没有时间限制？

纳税人每日均可登录本省增值税发票选择确认平台，查询、选择、确认用于申报抵扣或者出口退税的增值税发票信息。

（2）同一张发票在增值税发票查询平台中是否可以多次执行勾选、确认操作？

同一增值税发票在发票确认前，可以多次执行发票勾选、取消勾选的操作，但一张发票只能确认一次，一旦确认就无法再执行勾选操作了。

（3）发生销货退回、开票有误等情形，增值税专用发票可以作废吗？如何办理？

《国家税务总局关于修订〈增值税专用发票使用规定〉的通知》第十三条规定，一般纳税人在开具专用发票当月，发生销货退回、开票有误等情形，收到退回的发票联、抵扣联符合作废条件的，按作废处理。开具时发现有误的，可即时作废。作废专用发票须在防伪税控系统中将相应的数据电文按“作废”处理，在纸质专用发票（含未打印的专用发票）各联次上注明“作废”字样，全联次留存。

（4）发生哪些情形，一般纳税人不得领购开具专用发票？

一般纳税人有下列情形之一的，不得领购开具专用发票：

①会计核算不健全，不能向税务机关准确提供增值税销项税额、进项税额、应纳税额数据及其他有关增值税税务资料的。

上列其他有关增值税税务资料的内容，由省、自治区、直辖市和计划单列市税务局确定。

②有《税收征管法》规定的税收违法行为，拒不接受税务机关处理的。

③有下列行为之一，经税务机关责令限期改正而仍未改正的：

a.虚开增值税专用发票；

b.私自印制专用发票；

c.向税务机关以外的单位和个人买取专用发票；

d.借用他人专用发票；

e.未按本规定第十一条开具专用发票；

f.未按规定保管专用发票和专用设备；

g.未按规定申请办理防伪税控系统变更发行；

h.未按规定接受税务机关检查。

有上列情形的，如已领购专用发票，主管税务机关应暂扣其结存的专用发票和IC卡。

（5）纳税人发票保管满5年后该如何处理？

根据《国务院关于修改〈中华人民共和国发票管理办法〉的决定》（中华人民共和国国务院令第587号）第二十九条的规定：开具发票的单位和个人应当按照税务机关的规定存放和保管发票，不得擅自损毁。已经开具的发票存根联和发票登记簿，应当保存5年。保存期满，报经税务机关查验后销毁。

第7章 发票基础知识及使用过程中的疑难问题解析

7.1 发票基础知识解读

7.1.1 发票的基本联次、用途和基本内容

1. 普通发票

普通发票的基本联次为三联，第一联为存根联，开票方留存备查；第二联为发票联，收执方作为付款或收款原始凭证；第三联为记账联，开票方作为记账原始凭证。

2. 专用发票

专用发票的基本联次统一规定为三联，各联次必须按以下规定用途使用。第一联为抵扣联，购货方作扣税凭证。第二联为发票联，购货方作付款的记账凭证。第三联为记账联，销货方作销货的记账凭证。

7.1.2 发票的种类

发票分为普通发票和增值税专用发票。

普通发票，主要由增值税小规模纳税人使用，增值税一般纳税人在不能开具专用发票的情况下也可使用普通发票。

增值税专用发票，是我国实施新税制的产物，是国家税务部门根据增值税征收管理需要而设定的，专用于纳税人销售或者提供增值税应税项目的一种发票。

7.1.3 发票开具、取得手续

销售商品、提供服务以及从事其他经营活动的单位和个人，对外发生经营业务收取款项，收款方应当向付款方开具发票；特殊情况下，由付款方向收款方开具发票，具体指下列情况。

（1）收购单位和扣缴义务人支付个人款项时。

（2）国家税务总局认为其他需要由付款方向收款方开具发票的。向消费者个人零售小额商品或者提供零星服务的，是否可免予逐笔开具发票，由省税务机关确定。填开发票的单位和个人必须在发生经营业务确认营业收入时开具发票。未发生经营业务一律不准开具发票。开具发票后，如发生销货退回需开红字发票的，必须收回原发票并注明“作废”字样或取得对方有效证明。开具发票后，如发生销售折让的，必须在收回原发票并注明“作废”字样后重新开具销售发票或取得对方有效证明后开具红字发票。

（3）所有单位和从事生产、经营活动的个人在购买商品、接受服务以及从事其他经营活动支付款项，应当向收款方取得发票。取得发票时，不得要求变更品名和金额。

（4）不符合规定的发票，不得作为财务报销凭证，任何单位和个人有权拒收。

7.1.4 税务机关代开发票的程序

税款征收岗位接到《申报单》后，应对以下事项进行审核。

（1）是否属于本税务机关管辖的增值税纳税人。

（2）《申报单》上增值税征收率填写、税额计算是否正确。

审核无误后，税款征收岗位应通过防伪税控代开票征收子系统录入《申报单》的相关信息，按照《申报单》上注明的税额征收税款，开具税收完税凭证，同时收取专用发票工本费，按照规定开具有关票证，将有关征税电子信息及时传递给代开发票岗位。

在防伪税控代开票征税子系统未使用前暂传递纸质凭证。

税务机关可采取税银联网划款、银行卡（POS机）划款或现金收取三种方式征收税款。

7.2 具体实务疑难问题

7.2.1 虚开发票的认定

1. 虚开增值税专用发票的手段

（1）没有货物、不动产、无形资产购销，提供或接受应税劳务、应税服务而为他人、为自己、让他人为自己、介绍他人开具增值税专用发票。

（2）有货物、不动产、无形资产购销，提供或接受应税劳务、应税服务但为他人、为自己、让他人为自己、介绍他人开具数量或者金额不实的增值税专用发票。

（3）进行了实际经营活动，但让他人为自己代开增值税专用发票。

2. 善意取得虚开增值税专用发票抵扣进项税额行为的认定

“善意”的认定应当同时满足下列条件：

（1）有货物、不动产、无形资产购销，提供或接受应税劳务、应税服务。

（2）销售方使用的是其所在省（自治区、直辖市和计划单列市）的专用发票。

（3）专用发票注明的销售方名称、印章、货物数量、金额及税额等全部内容与实际相符。

（4）没有证据表明购货方知道销售方提供的专用发票是以非法手段获得的。

3. 纳税人通过虚增增值税进项税额偷逃税款，但对外开具增值税专用发票同时符合以下情形的，不属于对外虚开增值税专用发票

（1）纳税人向受票方纳税人销售了货物、不动产、无形资产，或者提供应税劳务、应税服务。

（2）纳税人向受票方纳税人收取了所销售货物、不动产、无形资产、所提供应税劳务或者应税服务的款项，或者取得了索取销售款项的凭据。

（3）纳税人按规定向受票方纳税人开具的增值税专用发票相关内容，与所销售货物、不动产、无形资产、所提供应税劳务或者应税服务相符，且该增值税专用发票是纳税人合法取得、并以自己名义开具的。

受票方纳税人取得的符合上述情形的增值税专用发票，可以作为增值税扣税凭证抵扣进项税额。

走逃（失联）企业开具增值税专用发票认定处理，依据国家税务总局相关规定办理。

7.2.2 发生销售业务是否都可开具增值税专用发票

1. 不得开具增值税专用发票的综合项目

（1）向消费者个人销售货物、提供加工修理修配劳务、销售服务、无形资产或者不动产。

（2）适用免征增值税规定的应税行为、销售货物、提供加工修理修配劳务。

（3）实行增值税退（免）税办法的增值税零税率应税服务不得开具增值税专用发票。

（4）不征收增值税项目不得开具增值税专用发票。

2. 营改增特殊应税服务不得开具增值税专用发票

（1）金融商品转让，不得开具增值税专用发票。

（2）经纪代理服务，以取得的全部价款和价外费用，扣除向委托方收取并代为支付的政府性基金或者行政事业性收费后的余额为销售额。向委托方收取的政府性基金或者行政事业性收费，不得开具增值税专用发票。

（3）试点纳税人根据2016年4月30日前签订的有形动产融资性售后回租合同，在合同到期前提供的有形动产融资性售后回租服务，选择继续按照有形动产融资租赁服务缴纳增值税的，经人民银行、银保监会或者商务部批准从事融资租赁业务的试点纳税人，可以选择以向承租方收取的全部价款和价外费用，扣除向承租方收取的价款本金，以及对外支付的借款利息（包括外汇借款和人民币借款利息）、发行债券利息后的余额为销售额。向承租方收取的有形动产价款本金，不得开具增值税专用发票，可以开具普通发票。

（4）试点纳税人提供旅游服务，可以选择以取得的全部价款和价外费用，扣除向旅游服务购买方收取并支付给其他单位或者个人的住宿费、餐饮费、交通费、签证费、门票费和支付给其他接团旅游企业的旅游费用后的余额为销售额。选择上述办法计算销售额的试点纳税人，向旅游服务购买方收取并支付的上述费用，不得开具增值税专用发票，可以开具普通发票。

（5）提供劳务派遣服务选择差额纳税的纳税人，向用工单位收取用于支付给劳务派遣员工工资、福利和为其办理社会保险及住房公积金的费用，不得开具增值税专用发票，可以开具普通发票。

（6）纳税人提供人力资源外包服务，向委托方收取并代为发放的工资和代理缴纳的社会保险、住房公积金，不得开具增值税专用发票，可以开具普通发票。

3．销售特殊货物不得开具增值税专用发票

（1）一般纳税人销售自己使用过的固定资产，适用简易办法依3%征收率减按2%征收增值税政策的，不得开具增值税专用发票。

（2）小规模纳税人销售自己使用过的固定资产，不得向税务机关申请代开增值税专用发票。

（3）纳税人销售旧货，不得自行开具或者代开增值税专用发票。

（4）商业企业一般纳税人零售烟、酒、食品、服装、鞋帽（不包括劳保专用部分）、化妆品等消费品，不得开具增值税专用发票。

（5）一般纳税人的单采血浆站销售非临床用人体血液，可以按照简易办法依照3%征收率计算应纳税额，但不得对外开具增值税专用发票。

7.2.3 增值税发票不得抵扣的情形

1．有下列情形之一的，不得作为增值税进项税额的抵扣凭证

经认证，有下列情形之一的，不得作为增值税进项税额的抵扣凭证，税务机关退还原件，购买方可要求销售方重新开具增值税专用发票。

（1）无法认证。无法认证，是指增值税专用发票所列密文或者明文不能辨认，无法产生认证结果。

（2）纳税人识别号认证不符。纳税人识别号认证不符，是指增值税专用发票所列购买方纳税人识别号有误。

（3）增值税专用发票代码、号码认证不符。增值税专用发票代码、号码认证不符，是指增值税专用发票所列密文解译后与明文的代码或者号码不一致。

2. 有下列情形之一的，暂不得作为增值税进项税额的抵扣凭证

经认证，有下列情形之一的，暂不得作为增值税进项税额的抵扣凭证，税务机关扣留原件，查明原因，分别情况进行处理。

（1）重复认证，是指已经认证相符的同一张专用发票再次认证。

（2）密文有误，是指专用发票所列密文无法解译。

（3）认证不符，是指纳税人识别号有误，或者专用发票所列密文解译后与明文不一致。

本项所称认证不符不含1.的第（2）项、第（3）项所列情形。

（4）列为失控专用发票，是指认证时的专用发票已被登记为失控专用发票。

7.2.4 被盗、丢失增值税专用发票的处理

1．纳税人必须严格按照《增值税专用发票使用规定》保管使用专用发票，对违反规定发生被盗、丢失专用发票的纳税人，按《税收征收管理法》和《发票管理办法》的规定，处以1万元以下的罚款，并可视具体情况，对丢失专用发票的纳税人，在一定期限内（最长不超过半年）停止领购专用发票、对纳税人申报遗失的专用发票，如发现非法代开、虚开问题的，该纳税人应承担偷税、骗税的连带责任。

2．纳税人丢失专用发票后，必须按规定程序向当地主管税务机关、公安机关报失。各地税务机关对丢失专用发票的纳税人按规定进行处罚的同时，代收取“挂失登报费”，并将丢失专用发票的纳税人名称、发票份数、字轨号码、盖章与否等情况，统一传（寄）中国税务报社刊登“遗失声明”。传（寄）中国税务报社的“遗失声明”，必须经县（市）国家税务机关审核盖章、签署意见。

7.2.5 纳税人善意取得虚开的增值税专用发票处理

根据《国家税务总局关于纳税人善意取得虚开的增值税专用发票处理问题的通知》（国税发〔2000〕187号）及其他相关规定：

1．纳税人善意取得虚开的增值税专用发票指购货方与销售方存在真实交

易，且购货方不知取得的增值税专用发票是以非法手段获得的：

纳税人善意取得虚开的增值税专用发票，如能重新取得合法、有效的专用发票，准许其抵扣进项税款；如不能重新取得合法、有效的专用发票，不准其抵扣进项税款或追缴其已抵扣的进项税款。

纳税人善意取得虚开的增值税专用发票被依法追缴已抵扣税款的，不属于《税收征收管理法》第三十二条“纳税人未按照规定期限缴纳税款”的情形，不适用该条“税务机关除责令限期缴纳外，从滞纳税款之日起，按日加收滞纳税款万分之五的滞纳金”的规定。

2．购货方与销售方存在真实的交易，销售方使用的是其所在省（自治区、直辖市和计划单列市）的专用发票，专用发票注明的销售方名称、印章、货物数量、金额及税额等全部内容与实际相符，且没有证据表明购货方知道销售方提供的专用发票是以非法手段获得的，对购货方不以偷税或者骗取出口退税论处。但应按有关规定不予抵扣进项税款或者不予出口退税；购货方已经抵扣的进项税款或者取得的出口退税，应依法追缴。

3．购货方能够重新从销售方取得防伪税控系统开出的合法、有效专用发票的，或者取得手工开出的合法、有效专用发票且取得了销售方所在地税务机关已经或者正在依法对销售方虚开专用发票行为进行查处证明的，购货方所在地税务机关应依法准予抵扣进项税款或者出口退税。

4．如有证据表明购货方在进项税款得到抵扣或者获得出口退税前知道该专用发票是销售方以非法手段获得的，对购货方应按《国家税务总局关于纳税人取得虚开的增值税专用发票处理问题的通知》（国税发〔1997〕134号）和《国家税务总局关于〈国家税务总局关于纳税人取得虚开的增值税专用发票处理问题的通知〉的补充通知》（国税发〔2000〕182号）的规定处理。

5．依据国税发〔2000〕182号文件规定：有下列情形之一的，无论购货方（受票方）与销售方是否进行了实际的交易，增值税专用发票所注明的数量、金额与实际交易是否相符，购货方向税务机关申请抵扣进项税款或者出口退税的，对其均应按偷税或者骗取出口退税处理。

（1）购货方取得的增值税专用发票所注明的销售方名称、印章与其进行实际交易的销售方不符的，即国税发〔1997〕134号文件第二条规定的“购货方从销售方取得第三方开具的专用发票”的情况。

（2）购货方取得的增值税专用发票为销售方所在省（自治区、直辖市和计划单列市）以外地区的，即134号文件第二条规定的“从销货地以外的地区获得专用发票”的情况。

（3）其他有证据表明购货方明知取得的增值税专用发票系销售方以非法手段获得的，即134号文件第一条规定的“受票方利用他人虚开的专用发票，向税务机关申报抵扣税款进行偷税”的情况。

6. 纳税人虚开增值税专用发票，未就其虚开金额申报并缴纳增值税的，应按照其虚开金额补缴增值税；已就其虚开金额申报并缴纳增值税的，不再按照其虚开金额补缴增值税。税务机关对纳税人虚开增值税专用发票的行为，应按《税收征收管理法》及《发票管理办法》的有关规定给予处罚。纳税人取得虚开的增值税专用发票，不得作为增值税合法有效的扣税凭证抵扣其进项税额。

第8章
个人所得税实施过程中的疑难问题解析

8.1 个人所得税基础知识解读

8.1.1 纳税义务人与征税范围

1. 纳税义务人

个人所得税的纳税义务人，包括中国公民、个体工商业户、个人独资企业、合伙企业投资者、在中国有所得的外籍人员（包括无国籍人员，下同）和香港、澳门、台湾同胞。上述纳税义务人依据住所和居住时间两个标准，区分为居民和非居民，分别承担不同的纳税义务。

（1）居民纳税义务人。

居民纳税义务人负有无限纳税义务。其所取得的应纳税所得，无论是来源于中国境内还是中国境外任何地方，都要在中国缴纳个人所得税。根据《个人所得税法》规定，居民纳税义务人是指在中国境内有住所，或者无住所而在中国境内居住满1年的个人。

所谓在中国境内有住所的个人，是指因户籍、家庭、经济利益关系，而在中国境内习惯性居住的个人。这里所说的习惯性居住，是判定纳税义务人属于居民还是非居民的一个重要依据。它是指个人因学习、工作、探亲等原因消除之后，没有理由在其他地方继续居留时，所要回到的地方，而不是指实际居住或在某一个特定时期内的居住地。一个纳税人因学习、工作、探亲、旅游等原因，原来是在中国境外居住，但是在这些原因消除之后，如果必须回到中国境内居住的，则中国为该人的习惯性居住地。尽管该纳税义务人在一个纳税年度内，甚至连续几个纳税年度，都未在中国境内居住过1天，他仍然是中国居民纳税义务人，应就其来自全球的应纳税所得，向中国缴纳个人所得税。

所谓在境内居住满1年，是指在一个纳税年度（即公历1月1日起至12月31日止，下同）内，在中国境内居住满365日。在计算居住天数时，对临时离境应视同在华居住，不扣减其在华居住的天数。这里所说的临时离境，是指在一个纳税年度内，一次不超过30日或者多次累计不超过90日的离境。综上可知，个人所得税的居民纳税义务人包括以下两类：

①在中国境内定居的中国公民和外国侨民。但不包括虽具有中国国籍，却并没有在中国大陆定居，而是侨居海外的华侨和居住在香港、澳门、台湾的同胞。

②从公历1月1日起至12月31日止，居住在中国境内的外国人、海外侨胞和香港、澳门、台湾同胞。这些人如果在一个纳税年度内，一次离境不超过30日，或者多次离境累计不超过90日的，仍应被视为全年在中国境内居住，从而判定为居民纳税义务人。例如，一个外籍人员从1997年10月起到中国境内的公司任职，在1998纳税年度内，曾于3月7～12日离境回国，向其总公司述职，12月23日又离境回国欢度圣诞节和元旦。这两次离境时间相加，没有超过90日的标准，应视作临时离境，不扣减其在华居住天数。因此，该纳税义务人应为居民纳税义务人。

现行税法中关于“中国境内”的概念，是指中国大陆地区，目前还不包括香港、澳门和台湾地区。

（2）非居民纳税义务人。

非居民纳税义务人，是指不符合居民纳税义务人判定标准（条件）的纳税义务人，非居民纳税义务人承担有限纳税义务，即仅就其来源于中国境内的所得，向中国缴纳个人所得税。《个人所得税法》规定，非居民纳税义务人是“在中国境内无住所又不居住或者无住所而在境内居住不满1年的个人”。也就是说，非居民纳税义务人，是指习惯性居住地不在中国境内，而且不在中国居住，或者在一个纳税年度内，在中国境内居住不满1年的个人。在现实生活中，习惯性居住地不在中国境内的个人，只有外籍人员、华侨或香港、澳门和台湾同胞。因此，非居民纳税义务人，实际上只能是在一个纳税年度中，没有在中国境内居住，或者在中国境内居住不满1年的外籍人员、华侨或香港、澳门、台湾同胞。

自2004年7月1日起，对境内居住的天数和境内实际工作期间按以下规定为准：

①判定纳税义务及计算在中国境内居住的天数。

对在中国境内无住所的个人，需要计算确定其在中国境内居住天数，以便依照税法和协定或安排的规定判定其在华负有何种纳税义务时，均应以该个人实际在华逗留天数计算。上述个人入境、离境、往返或多次往返境内外的当日，均按1天计算其在华实际逗留天数。

②个人离境当日及在中国境内实际工作期间的判定。

对在中国境内、境外机构同时担任职务或仅在境外机构任职的境内无住所个人，在按《国家税务总局关于在中国境内无住所的个人计算缴纳个人所得税若干具体问题的通知》（国税函发〔1995〕125号）第一条的规定计算其境内工作期间时，对其入境、离境、往返或多次往返境内外的当日，均按半天计算为在华实际工作天数。

2. 征税范围

下列各项个人所得，应纳个人所得税。

（1）工资、薪金所得。

工资、薪金所得，是指个人因任职或者受雇而取得的工资、薪金、奖金、年终加薪、劳动分红、津贴、补贴以及与任职或者受雇有关的其他所得。

一般来说，工资、薪金所得属于非独立个人劳动所得。所谓非独立个人劳动，是指个人所从事的是由他人指定、安排并接受管理的劳动，工作或服务于公司、工厂、行政事业单位的人员（私营企业主除外）均为非独立劳动者：他们从上述单位取得的劳动报酬，是以工资、薪金的形式体现的。在这类报酬中，工资和薪金的收入主体略有差异。通常情况下，把直接从事生产、经营或服务的劳动者（工人）的收入称为工资，即所谓“蓝领阶层”所得；而将从事社会公职或管理活动的劳动者（公职人员）的收入称为薪金，即所谓“白领阶层”所得。但实际立法过程中，各国都从简便易行的角度考虑，将工资、薪金合并为一个项目计征个人所得税。除工资、薪金以外，奖金、年终加薪、劳动分红、津贴、补贴也被确定为工资、薪金范畴。其中，年终加薪、劳动分红不分种类和取得情况，一律按工资、薪金所得课税。津贴补贴等则有例外：根据我国目前个人收入的构成情况，规定对于一些不属于工资、薪金性质的补贴、津贴或者不属于纳税人本人工资、薪金所得项目的收入，不予征税。这些项目包括：

①独生子女补贴。

②执行公务员工资制度未纳入基本工资总额的补贴、津贴差额和家属成员的副食品补贴。

③托儿补助费。

④托儿补助费。

⑤差旅费津贴、误餐补助。其中，误餐补助是指按照财政部规定，个人因公在城区、郊区工作，不能在工作单位或返回就餐会，根据实际误餐顿数，按规定的标准领取的误餐费。单位以误餐补助名义发给职工的补助、津贴不能包括在内。

奖金是指所有具有工资性质的资金，免税奖金的范围在税法中另有规定。

公司职工取得的用于购买企业国有股权的劳动分红，按“工资、薪金所得”项目计征个人所得税。

出租汽车经营单位对出租车驾驶员采取单车承包或承租方式运营，出租车驾驶员从事客货营运取得的收入，按工资、薪金所得征税。

（2）个体工商户的生产、经营所得。

①个体工商户从事工业、手工业、建筑业、交通运输业、商业、饮食业、服务业、修理业及其他行业取得的所得。

②个人经政府有关部门批准，取得执照，从事办学、医疗、咨询以及其他有偿服务活动取得的所得。

③上述个体工商户和个人取得的与生产、经营有关的各项应税所得。

④个人因从事彩票代销业务而取得的所得，应按照“个体工商户的生产、经营所得”项目计征个人所得税。

⑤从事个体出租车运营的出租车驾驶员取得的收入，按个体工商户的生产、经营所得项目缴纳个人所得税。

出租车属个人所有，但挂靠出租汽车经营单位或企事业单位，驾驶员向挂靠单位缴纳管理费的，或出租汽车经营单位将出租车所有权转移给驾驶员的，出租车驾驶员从事客货运营取得的收入，比照个体工商户的生产、经营所得项目征税。

⑥个体工商户和从事生产、经营的个人，取得与生产、经营活动无关的其他各项应税所得，应分别按照其他应税项目的有关规定，计算征收个人所得税。如取得银行存款的利息所得、对外投资取得的股息所得，应按“股息、利息、红利”税目的规定单独计征个人所得税。

⑦个人独资企业、合伙企业的个人投资者以企业资金为本人、家庭成员及其相关人员支付与企业生产经营无关的消费性支出及购买汽车、住房等财产性支出，视为企业对个人投资者利润分配，并入投资者个人的生产经营所得，依照“个体工商户的生产、经营所得”项目计征个人所得税。

⑧其他个人从事个体工商业生产、经营取得的所得。

（3）对企事业单位的承包经营、承租经营所得。

对企事业单位的承包经营、承租经营所得，是指个人承包经营或承租经营以及转包、转租取得的所得。承包项目可分多种，如生产经营、采购、销售、建筑安装等各种承包。转包包括全部转包或部分转包。

（4）劳务报酬所得。

劳务报酬所得，指个人独立从事各种非雇用的各种劳务所取得的所得。

自2004年1月20日起，对商品营销活动中，企业和单位对其营销业绩突出的非雇员以培训班、研讨会、工作考察等名义组织旅游活动，通过免收差旅费、旅游费对个人实行的营销业绩奖励（包括实物、有价证券等），应根据所发生费用的全额作为该营销人员当期的劳务收入，按照“劳务报酬所得”项目征收个人所得税，并由提供上述费用的企业和单位代扣代缴。

在实际操作过程中，还可能出现难以判定一项所得是属于工资、薪金所得，还是属于劳务报酬所得的情况。这两者的区别在于：工资、薪金所得是属于非独立个人劳务活动，即在机关、团体、学校、部队、企业、事业单位及其他组织中任职、受雇而得到的报酬；而劳务报酬所得，则是个人独立从事各种技艺、提供各项劳务取得的报酬。

（5）稿酬所得。

稿酬所得，是指个人因其作品以图书、报刊形式出版、发表而取得的所得。将稿酬所得独立划归一个征税项目，而对不以图书、报刊形式出版、发表的翻译、审稿、书画所得归为劳务报酬所得，主要是考虑了出版、发表作品的特殊性。第一，它是一种依靠较高智力创作的精神产品；第二，它具有普遍性；第三，它与社会主义精神文明和物质文明密切相关；第四，它的报酬相对偏低。因此，稿酬所得应当与一般劳务报酬相区别，并给予适当优惠照顾。

（6）特许权使用费所得。

特许权使用费所得，是指个人提供专利权、商标权、著作权、非专利技术以及其他特许权的使用权取得的所得。提供著作权的使用权取得的所得，不包括稿酬所得。

专利权，是由国家专利主管机关依法授予专利申请人或其权利继承人在一定期间内实施其发明创造的专有权。对于专利权，许多国家只将提供他人使用取得的所得，列入特许权使用费，而将转让专利权所得列为资本利得税的征税对象。我国没有开征资本利得税，故将个人提供和转让专利权取得的所得，都列入特许权使用费所得征收个人所得税。

商标权，即商标注册人享有的商标专用权。著作权，即版权，是作者依法对文学、艺术和科学作品享有的专有权。个人提供或转让商标权、著作权、专有技术或技术秘密、技术诀窍取得的所得，应当依法缴纳个人所得税。

（7）利息、股息、红利所得。

利息、股息、红利所得，是指个人拥有债权、股权而取得的利息、股息、红利所得。利息，是指个人拥有债权而取得的利息，包括存款利息、贷款利息和各种债券的利息。按税法规定，个人取得的利息所得，除国债和国家发行的金融债券利息外，应当依法缴纳个人所得税。股息、红利，是指个人拥有股权取得的股息、红利。按照一定的比率对每股发给的息金叫股息；公司、企业应分配的利润，按股份分配的叫红利。股息、红利所得，除另有规定外，都应当缴纳个人所得税。

除个人独资企业、合伙企业以外的其他企业的个人投资者，以企业资金为本人、家庭成员及其相关人员支付与企业生产经营无关的消费性支出及购买汽车、住房等财产性支出，视为企业对个人投资者的红利分配，依照“利息、股息、红利所得”项目计征个人所得税。企业的上述支出不允许在所得税前扣除。

纳税年度内个人投资者从其投资企业（个人独资企业、合伙企业除外）借款，在该纳税年度终了后既不归还又未用于企业生产经营的，其未归还的借款可视为企业对个人投资者的红利分配，依照“利息、股息、红利所得”

项目计征个人所得税。

个人在个人银行结算账户的存款自2003年9月1日起孳生的利息，应按“利息、股息、红利所得”项目计征个人所得税，税款由办理个人银行结算账户业务的储蓄机构在结付利息时代扣代缴。自2008年10月9日起暂免征收储蓄存款利息的个人所得税。

（8）财产租赁所得。

财产租赁所得，是指个人出租建筑物、土地使用权、机器设备、车船以及其他财产取得的所得。

个人取得的财产转租收入，属于“财产租赁所得”的征税范围，由财产转租人缴纳个人所得税。

（9）财产转让所得。

财产转让所得，是指个人转让有价证券、股权、建筑物、土地使用权、机器设备、车船以及其他财产取得的所得。

在现实生活中，个人进行的财产转让主要是个人财产所有权的转让。财产转让实际上是一种买卖行为，当事人双方通过签订、履行财产转让合同，形成财产买卖的法律关系，使出让财产的个人从对方取得价款（收入）或其他经济利益。财产转让所得因其性质的特殊性，需要单独列举项目征税。对个人取得的各项财产转让所得，除股票转让所得外，都要征收个人所得税。具体规定为：

①股票转让所得。

根据《个人所得税法实施条例》规定，对股票转让所得征收个人所得税的办法，由财政部另行制定，报国务院批准施行。鉴于我国证券市场发育还不成熟，股份制还处于试点阶段，对股票转让所得的计算、征税办法和纳税期限的确认等都需要做深入的调查研究后，结合国际通行的做法，作出符合我国实际的规定。因此国务院决定，对股票转让所得暂不征收个人所得税。

②量化资产股份转让。

集体所有制企业在改制为股份合作制企业时，对职工个人以股份形式取得的拥有所有权的企业量化资产，暂缓征收个人所得税；待个人将股份转让时，就其转让收入额，减除个人取得该股份时实际支付的费用支出和合理转让费用后的余额，按“财产转让所得”项目计征个人所得税。

（10）偶然所得。

偶然所得，是指个人得奖、中奖、中彩以及其他偶然性质的所得。得奖是指参加各种有奖竞赛活动，取得名次得到的奖金；中奖、中彩是指参加各种有奖活动，如有奖销售、有奖储蓄或者购买彩票，经过规定程序，抽中、摇中号码而取得的奖金。偶然所得应缴纳的个人所得税税款，一律由发奖单位或机构代扣代缴。

（11）经国务院财政部门确定征税的其他所得。

除上述列举的各项个人应税所得外，其他确有必要征税的个人所得，由国务院财政部门确定。个人取得的所得，难以界定应纳税所得项目的，由主管税务机关确定。

8.1.2 税率

1. 综合所得适用税率

综合所得适用七级超额累进税率，税率为3%～45%（见表8-1）。

表 8-1 工资、薪金所得个人所得税税率表

级数	全月含税应纳税所得	税率（%）	速算扣除数（元）
1	不超过 36 000 元的	3	0
2	超过 36 000 ～ 144 000 元的部分	10	2520
3	超过 144 000 ～ 300 000 元的部分	20	16920
4	超过 300 000 ～ 420 000 元的部分	25	31920
5	超过 420 000 ～ 660 000 元的部分	30	52920
6	超过 660 000 ～ 960 000 元的部分	35	85920
7	超过 960 000 元的部分	45	181920

2. 个体工商户的生产、经营所得和对企事业单位的承包经营、承租经营适用税率

个体工商户包括：依法取得个体工商户营业执照，从事生产经营的个体工商户；经政府有关部门批准，从事办学、医疗、咨询等有偿服务活动的个人以及其他从事个体生产、经营的个人。个体工商户以业主为个人所得税纳税义务人。

（1）个体工商户的生产、经营所得和对企事业单位的承包经营、承租经

营所得适用5%～35%的五级超额累进税率（见表8-2）。

表 8-2　个体工商户的生产、经营所得和对企事业单位的承包经营、承租经营所得个人所得税税率表

级数	全月含税应纳税所得	税率（%）	速算扣除数
1	不超过 30000 元的	5	0
2	超过 30000 元～ 90000 元的部分	10	1500
3	超过 90000 元～ 300000 元的部分	20	10500
4	超过 300000 元～ 500000 元的部分	30	40500
5	超过 500000 元的部分	35	65500

注：本表所称全年含税应纳税所得额和全年不含税应纳税所得额，对个体工商户的生产、经营所得，是指以每一纳税年度的收入总额，减除成本、费用、相关税费以及损失后的余额；对企事业单位的承包经营、承租经营所得，是指以每一纳税年度的收入总额，减除必要费用后的余额。

这里值得注意的是，由于目前实行承包（租）经营的形式较多，分配方式也不相同，因此，承包、承租人按照承包、承租经营合同（协议）规定取得所得的适用税率也不一致。

①承包、承租人对企业经营成果不拥有所有权，仅是按合同（协议）规定取得一定所得的，其所得按“工资、薪金”所得项目征税，适用3%～45%的七级超额累进税率。

②承包、承租人按合同（协议）的规定只向发包、出租方缴纳一定费用后，企业经营成果归其所有的，承包、承租人取得的所得，按对企事业单位的承包经营、承租经营所得项目，适用5%～35%的五级超额累进税率征税。

（2）个人独资企业和合伙企业的个人投资者取得的生产经营所得也适用5%～35%的五级超额累进税率。

3．稿酬所得适用税率

稿酬所得适用比例税率，税率为20%，并按应纳税额减征30%。故其实际税负为14%。

4．劳务报酬所得适用税率

劳务报酬所得，适用比例税率，税率为20%。对劳务报酬所得一次收入畸高的，可以实行加成征收，具体办法由国务院规定。

根据《个人所得税法实施条例》规定，“劳务报酬所得一次收入畸高”，是指个人一次取得劳务报酬，其应纳税所得额超过20 000元。对应纳税所得额超过20 000～50 000元的部分，依照税法规定计算应纳税额后再按照应

纳税额加征五成；超过50 000元的部分，加征十成。因此，劳务报酬所得实际上适用20%、30%、40%的三级超额累进税率（见表8-3）。

表 8-3　劳务报酬所得个人所得税税率表

级数	每次应纳税所得额	税率（%）
1	不超过 20 000 元的部分	20
2	超过 20 000 ～ 50 000 元的部分	30
3	超过 50 000 元的部分	40

注：本表所称每次应纳税所得额，是指每次收入额减除费用 800 元（每次收入额不超过 4000 元时）或者减除 20% 的费用（每次收入额超过 4 000 元时）后的余额。

5．特许权使用费所得，利息、股息、红利所得，财产租赁所得，财产转让所得，偶然所得和其他所得适用税率

特许权使用费所得，利息、股息、红利所得，财产租赁所得，财产转让所得，偶然所得和其他所得，适用比例税率，税率为20%。从2007年8月15日起，居民储蓄利息税率调为5%，自2008年10月9日起暂免征收储蓄存款利息的个人所得税。对个人出租住房取得的所得减按10%的税率征收个人所得税。

8.1.3　应纳税所得额的确定

由于个人所得税的应税项目不同，并且取得某项所得所需费用也不相同，因此，计算个人应纳税所得额，需按不同应税项目分项计算。以某项应税项目的收入额减去税法规定的该项目费用减除标准后的余额，为该应税项应纳税所得额。

1．每次收入的确定

《个人所得税法》对纳税义务人的征税方法有三种：一是按年计征，如个体工商户和承包、承租经营所得；二是按月计征，如工资、薪金所得；三是按次计征，如劳务报酬所得，稿酬所得，特许权使用费所得，利息、股息、红利所得，财产租赁所得，偶然所得和其他所得等7项所得。在按次征收情况下，由于扣除费用依据每次应纳税所得额的大小，分别规定了定额和定率两种标准。因此，无论是从正确贯彻税法的立法精神、维护纳税义务人的合法权益方面来看，还是从避免税收漏洞、防止税款流失、保证国家税收收入方面来看，如何准确划分“次”，都是十分重要的。劳务报酬所得等7个项目的“次”，《个人所得税法实施条例》中作出了明确规定。具体是：

（1）劳务报酬所得，根据不同劳务项目的特点，分别规定为。

①只有一次性收入的，以取得该项收入为一次。例如从事设计、安装、装潢、制图、化验、测试等劳务，往往是接受客户的委托，按照客户的要求，完成一次劳务后取得收入。因此，是属于只有一次性的收入，应以每次提供劳务取得的收入为一次。

②属于同一事项连续取得收入的，以1个月内取得的收入为一次。例如，某歌手与一酒吧签约，在1年内每天到酒吧演唱一次，每次演出后付酬50元。在计算其劳务报酬所得时，应视为同一事项的连续性收入，以其1个月内取得的收入为一次计征个人所得税，而不能以每天取得的收入为一次。

（2）稿酬所得，以每次出版、发表取得的收入为一次。具体又可细分为。

①同一作品再版取得的所得，应视作另一次稿酬所得计征个人所得税。

②同一作品先在报刊上连载，然后再出版，或先出版，再在报刊上连载的，应视为两次稿酬所得征税。即连载作为一次，出版作为另一次。

③同一作品在报刊上连载取得收入的，以连载完成后取得的所有收入合并为一次，计征个人所得税。

④同一作品在出版和发表时，以预付稿酬或分次支付稿酬等形式取得的稿酬收入，应合并计算为一次。

⑤同一作品出版、发表后，因添加印数而追加稿酬的，应与以前出版、发表时取得的稿酬合并计算为一次，计征个人所得税。

（3）特许权使用费所得，以某项使用权的一次转让所取得的收入为一次。一个纳税义务人，可能不仅拥有一项特许权利，每一项特许权的使用权也可能不止一次地向他人提供。因此，对特许权使用费所得的“次”的界定，明确为每一项使用权的每次转让所取得的收入为一次。如果该次转让取得的收入是分笔支付的，则应将各笔收入相加为一次的收入，计征个人所得税。

（4）财产租赁所得，以1个月内取得的收入为一次。

（5）利息、股息、红利所得，以支付利息、股息、红利时取得的收入为一次。

（6）偶然所得，以每次收入为一次。

（7）其他所得，以每次收入为一次。

2. 费用减除标准

（1）工资、薪金所得，以每月收入额减除费用5000元后的余额为应纳税所得额。

（2）个体工商户的生产、经营所得，以每一纳税年度的收入总额，减除成本、费用以及损失后的余额，为应纳税所得额。成本、费用，是指纳税义务人从事生产、经营所发生的各项直接支出和分配计入成本的间接费用以及销售费用、管理费用、财务费用；所说的损失，是指纳税义务人在生产、经营过程中发生的各项营业外支出。

从事生产、经营的纳税义务人未提供完整、准确的纳税资料，不能正确计算应纳税所得额的，由主管税务机关核定其应纳税所得额。

个人独资企业的投资者以全部生产经营所得为应纳税所得额；合伙企业的投资者按照合伙企业的全部生产经营所得和合伙协议约定的分配比例，确定应纳税所得额，合伙协议没有约定分配比例的，以全部生产经营所得和合伙人数量平均计算每个投资者的应纳税所得额。

上述所称生产经营所得，包括企业分配给投资者个人的所得和企业当年留存的所得（利润）。

（3）对企事业单位的承包经营、承租经营所得，以每一纳税年度的收入总额，减除必要费用后的余额，为应纳税所得额。每一纳税年度的收入总额，是指纳税义务人按照承包经营、承租经营合同规定分得的经营利润和工资、薪金性质的所得；所说的减除必要费用，是指按月减除5 000元。

（4）劳务报酬所得、稿酬所得、特许权使用费所得、财产租赁所得，每次收入不超过4 000元的，减除费用800元；4 000元以上的，减除20%的费用，其余额为应纳税所得额。

（5）财产转让所得，以转让财产的收入额减除财产原值和合理费用后的余额，为应纳税所得额。财产原值，是指：

①有价证券，为买入价以及买入时按照规定缴纳的有关费用。

②建筑物，为建造费或者购进价格以及其他有关费用。

③土地使用权，为取得土地使用权所支付的金额、开发土地的费用以及其他有关费用。

④机器设备、车船，为购进价格、运输费、安装费以及其他有关费用。

⑤其他财产，参照以上方法确定。

纳税义务人未提供完整、准确的财产原值凭证，不能正确计算财产原值的，由主管税务机关核定其财产原值。

合理费用，是指卖出财产时按照规定支付的有关费用。

（6）利息、股息、红利所得，偶然所得和其他所得，以每次收入额为应纳税所得额。

3. 附加减除费用适用的范围和标准

上面讲到的计算个人应纳税所得额的费用减除标准，对所有纳税人都是普遍适用的。但是，考虑到外籍人员和在境外工作的中国公民的生活水平比国内公民要高，而且，我国汇率的变化情况对他们的工资、薪金所得也有一定的影响。为了不因征收个人所得税而加重他们的负担，现行税法对外籍人员和在境外工作的中国公民的工资、薪金所得增加了附加减除费用的照顾。

按照税法的规定，对在中国境内无住所而在中国境内取得工资、薪金所得的纳税义务人和在中国境内有住所而在中国境外取得工资、薪金所得的纳税义务人，可以根据其平均收入水平、生活水平以及汇率变化情况确定附加减除费用，附加减除费用适用的范围和标准由国务院规定。

国务院在发布的《个人所得税法实施条例》中，对附加减除费用适用的范围和标准作了具体规定：

（1）附加减除费用适用的范围，包括：

①在中国境内的外商投资企业和外国企业中工作取得工资、薪金所得的外籍人员。

②应聘在中国境内的企事业单位、社会团体、国家机关中工作取得工资、薪金所得的外籍专家。

③在中国境内有住所而在中国境外任职或者受雇取得工资、薪金所得的个人。

④财政部确定的取得工资、薪金所得的其他人员。

（2）附加减除费用标准。

从2011年9月1日起，在每月减除3 500元费用的基础上，再附加减除1 300元。

（3）华侨和香港、澳门、台湾同胞参照上述附加减除费用标准执行。

4. 应纳税所得额的其他规定

（1）个人将其所得通过中国境内的社会团体、国家机关向教育和其他社会公益事业以及遭受严重自然灾害地区、贫困地区捐赠，捐赠额未超过纳税义务人申报的应纳税所得额30%的部分，可以从其应纳税所得额中扣除。

（2）个人的所得（不含偶然所得和经国务院财政部门确定征税的其他所得）用于资助非关联的科研机构和高等学校研究开发新产品、新技术、新工艺所发生的研究开发经费，经主管税务机关确定，可以全额在下月（工资、薪金所得）或下次（按次计征的所得）或当年（按年计征的所得）计征个人所得税时，从应纳税所得额中扣除，不足抵扣的，不得结转抵扣。

（3）个人取得的应纳税所得，包括现金、实物和有价证券。所得为实物的，应当按照取得的凭证上所注明的价格计算应纳税所得额；无凭证的实物或者凭证上所注明的价格明显偏低的，由主管税务机关参照当地的市场价格核定应纳税所得额。所得为有价证券的，由主管税务机关根据票面价格和市场价格核定应纳税所得额。

8.2 具体实务疑难问题

8.2.1 福利费的涉税风险

企业所得税法施行以后，将原按计税工资总额14%计提（余额可结转下期使用）职工福利费，改为“企业发生的职工福利费支出，不超过工资、薪金总额14%的部分，准予扣除”。由于职工福利费的列支与企业所得税税前扣除发生了根本变化，在实务中也呈现出很多问题。

“是不是任何超标准的费用都可以转到福利费列支?”“组织职工旅游的费用可作为福利费在税前扣除吗?”从这些问题的提出，可以看出常常有人把职工福利费当作一个什么都可以装的“万能筐”，误以为凡是不能在正常费用中列支或税前扣除的支出都可以计入福利费科目来扣除。

1. 福利费的定义以及允许税前扣除的支出

企业职工福利费是指企业为职工提供的除职工工资、奖金、津贴、纳入工资总额管理的补贴、职工教育经费、社会保险费和补充养老保险费（年金）、补充医疗保险费及住房公积金以外的福利待遇支出。一般应以货币形式为主。下列实际发放或支付的现金补贴和非货币性集体福利允许扣除：

尚未实行分离办社会职能的企业，其内设福利部门所发生的设备、设施和人员费用，包括职工食堂、职工浴室、理发室、医务所、托儿所、疗养院等集体福利部门的设备、设施及维修保养费用和福利部门工作人员的工资薪金、社会保险费、住房公积金、劳务费等。

为职工卫生保健、生活、住房、交通等所发放的各项补贴和非货币性福利，包括企业向职工发放的因公外地就医费用、未实行医疗统筹企业职工医疗费用、职工供养直系亲属医疗补贴、供暖费补贴、防暑降温费、困难补贴、救济费、食堂经费补贴、交通补贴等。

按照其他规定发生的其他职工福利费，包括丧葬补助费、抚恤费、安家费、探亲假路费等。

除上述列举的费用项目外，其他符合税法规定的权责发生制原则，满足合法性、真实性、相关性、合理性和确定性等税前扣除要求，确实是企业全体职工福利性质的费用支出，允许作为职工福利费扣除。

2. 福利费列支和扣除的凭证必须符合规定

原规定按计税工资的14%计提福利费，实际就是先税前扣除再使用，因此，其是否使用、如何使用对企业所得税已没有影响。而现行规定是按发生的福利费用限制比例在税前扣除，实际就是一项特定的费用支出，是否允许扣除将直接影响企业所得税的税基及应纳税额。

在实务中应当根据合法性、合理性原则，依照相关税法、发票管理法规和财务制度的规定取得支付凭证。以何种单据作为福利费列支和税前扣除时的凭证，不能一概而论，既不能生硬的要求全部凭发票支付和扣除，又不能简单地理解为即使没有发票也都可以支付和扣除。

支付的福利费用于购买属于应征增值税的应税劳务或货物等应税项目的，如购买用于节日发放的物品，内设福利部门购买食堂用具等实物或支付维修费等对外发生的费用，应当取得发票为支付凭证。而发放给职工的福利费或拨付给内设福利部门的经费，如困难补助费、防暑降温费，食堂经费补贴等对内发生的费用，则可凭收据等作为合法支付凭证。

3. 福利费不是什么费用都可以列支的“筐”

企业发生的职工福利费，应该单独设置账册，进行准确核算。应严格区分福利费与其他费用的列支和扣除口径，既不能将诸如内设福利部门的设备购置、修理费，发放的交通补贴等应在职工福利费中列支的费用改在管理费用等科目中列支；更不能把职工旅游支出，为客户购买的礼品等费用支出，应由职工个人承担的社会保险金、代缴的个人所得税等不属于福利费开支范围的费用作为福利费列支。

企业按月按标准发放给职工的住房补贴、交通补贴或车改补贴、通讯补贴，给职工发放的节日补助、未统一供餐而按月发放的午餐费补贴，均应当纳入职工工资总额，不再计入福利费。

企业为职工支付的娱乐、健身、旅游、招待、购物、馈赠等支出，购买商业保险、证券、股权、收藏品等支出，个人行为导致的罚款、赔偿等支出，为个人购买住房、支付物业管理费，以及应由个人承担的其他支出，均不得作为福利费开支及税前扣除。

由此可见，福利费的列支和税前扣除同样有着严格的规定，绝不是可以将超扣除标准的费用、其他科目不便列支的费用、没有合法支付凭证的费用，甚至所有不符合税法扣除规定的费用都往里面装的“筐”，更不是避税港。福利费的列支必须符合财务制度和税法的规定;福利费的支付应当凭据真实、合法、有效的凭证；同时并非所有符合规定的福利费支出都可全额在税前扣除，只准予在不超过工资薪金总额14%的比例内据实扣除。

职工福利是企业对职工劳动补偿的辅助形式，企业应当参照历史一般水平合理控制职工福利费在职工总收入的比重，既不能随意调整福利费开支范围和开支标准，也不得任意压缩开支而侵害职工合法权益，应遵循制度健全，标准合理，管理科学，核算规范的原则进行管理，防止因不规范列支和扣除而招致税务风险发生。

8.2.2 从公司借款的涉税风险

随着中小企业的发展以及金融企业对贷款业务风险的控制，企业非金融机构融资呈逐年增加的趋势。若企业对借款涉税政策不熟悉，在具体业务处理中就会埋下涉税风险的隐患。本文对企业借款的涉税风险进行分析，以期能帮助企业规避风险。

1. 向金融机构借款的涉税风险

企业在生产经营活动中向金融机构借款的利息支出可据实扣除。但在具体业务处理时，应注意以下两点风险：

（1）企业借款的利息支出必须严格区分资本性支出和收益性支出。

（2）企业投资者在规定期限内未缴足其应缴资本额的，该企业对外借款所发生的利息，相当于投资者实缴资本额与在规定期限内应缴资本额的差额应计付的利息，其不属于企业合理的支出，应由企业投资者负担，不得在计算企业应纳税所得额时扣除（国税函〔2009〕312号文）。

2. 向非金融机构和个人借款的涉税风险

向非金融机构和个人借款的利息支出，不超过按照金融机构同期同类贷款利率计算的数额的部分可据实扣除，超过部分不允许扣除。

根据《关于企业向自然人借款的利息支出企业所得税税前扣除问题的通知》（国税函〔2009〕777号）和《关于企业所得税若干问题的公告》（国家税务总局〔2011〕34号）文件的规定，企业向非金融机构借款支付的利息要想在企业所得税前扣除，需要符合以下4个条件。

（1）企业与非金融机构和个人之间签订了借款合同。

（2）企业在按照合同要求首次支付利息并进行税前扣除时，应提供"金融企业的同期同类贷款利率情况说明"，以证明其利息支出的合理性。

（3）企业在对外支付利息时，需要取得相应的发票。如果未取得相应的发票，属于未取得税前扣除的合法凭证，税前不得扣除。

（4）支付利息时，替债权人支付的税款不得在企业所得税税前扣除。在实践中，当企业向个人支付借款利息时，与所付利息相关的税款往往由企业负担。由于这部分税款的完税凭证上注明的纳税人是债权人，因此不得记入债务人的支出，不得在企业所得税前扣除。

3. 向关联企业借款的涉税风险

（1）向关联企业借款扣除限额的确定。

①据实扣除。企业如果能够按照企业所得税法及其实施条例的有关规定提供相关资料，并证明相关交易活动符合独立交易原则；或者该企业的实际税负不高于境内关联方的，其实际支付给境内关联方的利息支出，在计算应纳税所得额时准予扣除。

②不超过规定比例准予扣除。关联方借款不符合上面据实扣除的条件，

在计算应纳税所得额时，企业实际支付给关联方的利息支出，不超过以下规定比例和企业所得税法及其实施条例有关规定计算的部分，准予扣除，超过的部分不得在发生当期和以后年度扣除。关联方债权性投资与其权益性投资比例为：金融企业为5:1；其他企业为2:1。

③企业计提未实际支付的借款利息，在计算应纳税所得额时不能扣除。

④企业向股东或其他与企业有关联关系的自然人借款属于关联方借款的范畴，参照关联方债权性投资与其权益性投资比例的计算。

（2）关联企业无偿借款涉税风险。

关联企业间无偿借款面临按照“贷款服务”补交增值税和企业所得税的风险。依据《税收征收管理法实施细则》（国务院令〔2002〕362号）第五十四条第二款的规定：纳税人与其关联企业之间的业务往来有下列情形之一的，税务机关可以调整其应纳税额：融通资金所支付或者收取的利息超过或者低于没有关联关系的企业之间所能同意的数额，或者利率超过或者低于同类业务的正常利率。根据上述规定，关联企业之间的资金划拨，如果没有按独立企业之间的往来正常收取利息，则税务机关有权根据征管法调整应纳税额，并作出相应惩罚。

8.2.3 权益转增注册资本和股本的涉税风险

1. 企业“转增股本”都有哪些形式？

转增股本是指企业以未分配利润、盈余公积、资本公积向股东转增股本。

（1）未分配利润转增股本：未分配利润是投资者的收益，将未分配利润作为转增资本的行为实质上是投资收益分配的一种转变形式。

（2）盈余公积转增股本：公司将从税后利润中提取的法定公积金和任意公积金转增注册资本，实际上是该公司将盈余公积金向股东分配了股息、红利，股东再以分得的股息、红利增加注册资本。

（3）资本公积金转增股本：通俗地讲就是用资本公积金向股东转送股票,每股资本公积金。资本公积金是在公司的生产经营之外，由资本、资产本身及其他原因形成的股东权益收入。

股份公司的资本公积金，主要来源于的股票发行的溢价收入、接受的赠与、资产增值、因合并而接受其他公司资产净额等。其中，股票发行溢价是上市公司最常见、也是最主要的资本公积金的来源。

2．“未分配利润”转增股本，如何纳税？

（1）法人股东。

①居民企业直接投资于其他居民企业取得的股息、红利等权益性投资收益（不包括连续持有居民企业公开发行并上市流通的股票不足12个月取得的投资收益），为免税收入。

②居民企业按照投资比例用被投资企业的未分配利润转增股本，增加的部分注册资本是免征企业所得税的。

（2）自然人股东。

①个人股东获得转增的股本，应按照“利息、股息、红利所得”项目，适用20%税率征收个人所得税（财税〔2015〕116号）。

②个人从公开发行和转让市场取得的上市公司股票，持股期限在1个月以内（含1个月）的，其股息红利所得全额计入应纳税所得额；持股期限在1个月以上至1年（含1年）的，暂减按50%计入应纳税所得额；持股期限超过1年的，股息红利所得暂免征收个人所得税。上述所得统一适用20%的税率计征个人所得税（财税〔2015〕101号）。

③个人持有全国中小企业股份转让系统（简称全国股份转让系统）挂牌公司的股票，持股期限在1个月以内（含1个月）的，其股息红利所得全额计入应纳税所得额；持股期限在1个月以上至1年（含1年）的，暂减按50%计入应纳税所得额；持股期限超过1年的，暂减按25%计入应纳税所得额。上述所得统一适用20%的税率计征个人所得税（财税〔2014〕48号）。

④自2016年1月1日起，全国范围内的中小高新技术企业以未分配利润向个人股东转增股本时，个人股东一次缴纳个人所得税确有困难的，可根据实际情况自行制定分期缴税计划，在不超过5个公历年度内（含）分期缴纳，并将有关资料报主管税务机关备案（财税〔2015〕116号）。

3．“盈余公积”转增股本，如何纳税？

（1）法人股东。

①居民企业直接投资于其他居民企业取得的股息、红利等权益性投资收益（不包括连续持有居民企业公开发行并上市流通的股票不足12个月取得的投资收益），为免税收入。

②居民企业按照投资比例用被投资企业的盈余公积转增股本，增加的部分注册资本是免征企业所得税的。

（2）自然人股东。

①股份制企业用盈余公积金派发红股属于股息、红利性质的分配，对个人取得的红股数额，应作为个人所得征税（国税发〔1997〕198号）。

②公司将从税后利润中提取的法定公积金和任意公积金转增注册资本，实际上是该公司将盈余公积金向股东分配了股息、红利，股东再以分得的股息、红利增加注册资本。因此，对属于个人股东分得并再投入公司（转增注册资本）的部分应按照“利息、股息、红利所得”项目征收个人所得税（国税函〔1998〕333号）。

③自2016年1月1日起，全国范围内的中小高新技术企业以盈余公积向个人股东转增股本时，个人股东一次缴纳个人所得税确有困难的，可根据实际情况自行制定分期缴税计划，在不超过5个公历年度内（含）分期缴纳，并将有关资料报主管税务机关备案。

④非上市及未在全国中小企业股份转让系统挂牌的其他企业转增股本，应及时代扣代缴个人所得税。

⑤上市公司或在全国中小企业股份转让系统挂牌的企业转增股本（不含以股票发行溢价形成的资本公积转增股本），按现行有关股息红利差别化政策执行。

4. “资本公积”转增股本，如何纳税？

（1）法人股东。

根据《国家税务总局关于贯彻落实企业所得税法若干税收问题的通知》（国税函〔2010〕79号）第四条规定：“被投资企业将股权（票）溢价所形成的资本公积转为股本的，不作为投资方企业的股息、红利收入，投资方企业也不得增加该项长期投资的计税基础”。

因此，公司以股权（票）溢价所形成的资本公积转增股本，居民企业的法人股东税务上不需要确认收入，自然无需缴纳企业所得税。

（2）自然人股东。

①股份制企业用资本公积金转增股本不属于股息、红利性质的分配，对个人取得的转增股本数额，不作为个人所得，不征收个人所得税（国税发〔1997〕198号）。

②上述的“资本公积金”是指股份制企业股票溢价发行收入所形成的资本公积金。将此转增股本由个人取得的数额，不作为应税所得征收个人所得税。而与此不相符合的其他资本公积金分配个人所得部分，应当依法征收个人所得税（国税函〔1998〕289号）。

③自2016年1月1日起，全国范围内的中小高新技术企业以资本公积向个人股东转增股本时，个人股东一次缴纳个人所得税确有困难的，可根据实际情况自行制定分期缴税计划，在不超过5个公历年度内（含）分期缴纳，并将有关资料报主管税务机关备案。

④非上市及未在全国中小企业股份转让系统挂牌的其他企业转增股本，应及时代扣代缴个人所得税。

⑤上市公司或在全国中小企业股份转让系统挂牌的企业转增股本（不含以股票发行溢价形成的资本公积转增股本），按现行有关股息红利差别化政策执行。

8.2.4 股权激励的涉税风险

关于股权激励，税法和会计准则上有不同的规定。

会计处理方面，《企业会计准则第11号——股份支付》规定，除了立即可行权的股份支付外，无论是权益结算的股份支付还是现金结算的股份支付，企业在授予日均不作会计处理。企业应当在等待期内的每个资产负债表日，将取得职工或其他方提供的服务计入成本费用，同时确认所有者权益或负债。

税务处理方面，《国家税务总局关于我国居民企业实行股权激励计划有关企业所得税处理问题的公告》（国家税务总局公告2012年第18号，以下简称18号公告）规定，对于股权激励，上市公司等待期内会计上计算确认的相关成本费用，在当期在计算企业所得税应纳税所得额时不得扣除。实施股权激励的企业，只有在股权激励计划可行权后，按照该股票实际行权时的公允价格（一般是实际行权日该股票收盘价）与当年激励对象实际行权支付价格的差额及数量，计算确定作为当年上市公司工资、薪金支出，依照税法规定进行税前扣除。

8.2.5 其他涉税问题

1. 退休返聘，是工资薪金还是劳务报酬?

离退休人员取得的按国家统一规定发给的离退休工资免征个人所得税；返聘人员取得返聘收入应计算缴纳个人所得税。返聘人员与单位存在雇用与被雇佣关系，取得的收入应按工资、薪金所得缴纳个人所得税。

2. 劳务报酬所得，如何代扣代缴?

《个人所得税法》第九条第一款：“个人所得税以所得人为纳税人，以支付所得的单位或者个人为扣缴义务人”。

3. 公司年会抽奖，员工应该如何交税?

根据《个人所得税法实施条例》第八条第（一）项规定，工资、薪金所得，是指个人因任职或者受雇而取得的工资、薪金、奖金、年终加薪、劳动分红、津贴、补贴以及与任职或者受雇有关的其他所得。据此，公司员工年会抽奖奖品所得属于“工资、薪金所得”性质所得，应并入取得奖品当月的工资薪金一并代扣代缴个人所得税。

第9章 财务成果计算及企业所得税疑难问题解析

9.1 财务成果的计算

9.1.1 利润的计算

利润是指企业在一定会计期间的经营成果。通常情况下，如果企业实现了利润，表明企业的所有者权益将增加，业绩得到了提升；反之，如果企业发生了亏损（即利润为负数），表明企业的所有者权益将减少，业绩下滑了。因此，利润往往是评价企业管理层业绩的一项重要指标，也是投资者等财务报告使用者进行决策时的重要参考。

利润包括收入减去费用后的净额、直接计入当期利润的利得和损失等。其中收入减去费用后的净额反映的是企业日常活动的业绩，直接计入当期利润的利得和损失反映的是企业非日常活动的业绩。直接计入当期利润的利得和损失，是指应当计入当期损益、最终会引起所有者权益发生增减变动的、与所有者投入资本或者向所有者分配利润无关的利得或者损失。企业应当严格区分收入和利得、费用和损失之间的区别，以更加全面地反映企业的经营业绩。

利润总额=营业利润+营业外收入-营业外支出

9.1.2 所得税费用的计算

应纳税所得额是企业所得税的计税依据，按照企业所得税法的规定，应纳税所得额为企业每一个纳税年度的收入总额，减除不征税收入、免税收入、各项扣除以及允许弥补的以前年度亏损后的余额。基本公式为：

应纳税所得额=收入总额-不征税收入-免税收入-各项扣除-允许弥补的以前年度亏损

所得税费用=应纳税所得额×适用税率

企业应纳税所得额的计算以权责发生制为原则，属于当期的收入和费用，不论款项是否收付，均作为当期的收入和费用；不属于当期的收入和费用，即使款项已经在当期收付，均不作为当期的收入和费用。应纳税所得额的正确计算直接关系到国家财政收入和企业的税收负担，并且同成本、费用核算关系密切。

9.1.3 亏损的弥补

1．亏损，是指企业依照《企业所得税法》及其暂行条例的规定，将每一纳税年度的收入总额减除不征税收入、免税收入和各项扣除后小于零的数额。税法规定，企业某一纳税年度发生的亏损可以用下一年度的所得弥补，下一年度的所得不足以弥补的，可以逐年延续弥补，但最长不得超过5年。而且，企业在汇总计算缴纳企业所得税时，其境外营业机构的亏损不得抵减境内营业机构的盈利。

2．企业筹办期间不计算为亏损年度，企业自开始生产经营的年度，为开始计算企业损益的年度。企业从事生产经营之前进行筹办活动期间发生筹办费用支出，不得计算为当期的亏损，企业可以在开始经营之日的当年一次性扣除，也可以按照新税法有关长期待摊费用的处理规定处理，但一经选定，不得改变。

3．税务机关对企业以前年度纳税情况进行检查时调增的应纳税所得额，凡企业以前年度发生亏损且该亏损属于企业所得税法规定允许弥补的，应允许调增的应纳税所得额弥补该亏损。弥补该亏损后仍有余额的，按照企业所得税法规定计算缴纳企业所得税。对检查调增的应纳税所得额应根据其情节，依照《税收征收管理法》有关规定进行处理或处罚。

上述规定自2010年12月1日开始执行。以前（含2008年度之前）没有处理的事项，按本规定执行。

4．对企业发现以前年度实际发生的、按照税收规定应在企业所得税前扣除而未扣除或者少扣除的支出，企业作出专项申报及说明后，准予追补至该项目发生年度计算扣除，但追补确认期限不得超过5年。

企业由于上述原因多缴的企业所得税税款，可以在追补确认年度企业所得税应纳税款中抵扣，不足抵扣的，可以向以后年度递延抵扣或申请退税。

亏损企业追补确认以前年度未在企业所得税前扣除的支出，或盈利企业经过追补确认后出现亏损的，应首先调整该项支出所属年度的亏损额，然后再按照弥补亏损的原则计算以后年度多缴的企业所得税款，并按前款规定处理。

9.2 企业所得税概述

9.2.1 纳税义务人、征税对象与税率

企业所得税的纳税义务人，是指在中华人民共和国境内的企业和其他取得收入的组织。《企业所得税法》第一条规定，除个人独资企业、合伙企业不适用企业所得税法外，凡在我国境内，企业和其他取得收入的组织（以下统称“企业”）为企业所得税的纳税人，依照本法规定缴纳企业所得税。

企业所得税的纳税人分为居民企业和非居民企业，这是根据企业纳税义务范围的宽窄进行的分类方法，不同的企业在向中国政府缴纳所得税时，纳税义务不同。把企业分为居民企业和非居民企业，是为了更好地保障我国税收管辖权的有效行使。税收管辖权是一国政府在征税方面的主权，是国家主权的重要组成部分。根据国际上的通行做法，我国选择了地域管辖权和居民管辖权的双重管辖权标准，最大限度地维护我国的税收利益。

1. 居民企业

居民企业，是指依法在中国境内成立，或者依照外国（地区）法律成立但实际管理机构在中国境内的企业。这里的企业包括国有企业、集体企业、私营企业、联营企业、股份制企业、外商投资企业、外国企业以及有生产、经营所得和其他所得的其他组织。其中，有生产、经营所得和其他所得的其他组织，是指经国家有关部门批准，依法注册、登记的事业单位、社会团体等组织。由于我国的一些社会团体组织、事业单位在完成国家事业计划的过程中，开展多种经营和有偿服务活动，取得除财政部门各项拨款、财政部和国家物价部门批准的各项规费收入以外的经营收入，具有了经营的特点，应当视同企业纳入征税范围。其中，实际管理机构，是指对企业的生产经营、

人员、账务、财产等实施实质性全面管理和控制的机构。

2. 非居民企业

非居民企业，是指依照外国（地区）法律成立且实际管理机构不在中国境内，但在中国境内设立机构、场所的，或者在中国境内未设立机构、场所，但有来源于中国境内所得的企业。

上述所称机构、场所，是指在中国境内从事生产经营活动的机构、场所，包括：

（1）管理机构、营业机构、办事机构。

（2）工厂、农场、开采自然资源的场所。

（3）提供劳务的场所。

（4）从事建筑、安装、装配、修理、勘探等工程作业的场所。

（5）其他从事生产经营活动的机构、场所。

非居民企业委托营业代理人在中国境内从事生产经营活动的，包括委托单位或者个人经常代其签订合同，或者储存、交付货物等，该营业代理人视为非居民企业在中国境内设立的机构、场所。

3. 征税对象

企业所得税的征税对象，是指企业的生产经营所得、其他所得和清算所得。

（1）居民企业的征税对象。

居民企业应就来源于中国境内、境外的所得作为征税对象。所得包括销售货物所得、提供劳务所得、转让财产所得、股息红利等权益性投资所得、利息所得、租金所得、特许权使用费所得、接受捐赠所得和其他所得。

（2）非居民企业的征税对象。

非居民企业在中国境内设立机构、场所的，应当就其所设机构、场所取得的来源于中国境内的所得，以及发生在中国境外但与其所设机构、场所有实际联系的所得，缴纳企业所得税。非居民企业在中国境内未设立机构、场所的，或者虽设立机构、场所但取得的所得与其所设机构、场所没有实际联系的，应当就其来源于中国境内的所得缴纳企业所得税。

上述所称实际联系，是指非居民企业在中国境内设立的机构、场所拥有的据以取得所得的股权、债权，以及拥有、管理、控制据以取得所得的财产。

4．税率

企业所得税税率是体现国家与企业分配关系的核心要素。税率设计的原则是兼顾国家、企业、职工个人三者利益，既要保证财政收入的稳定增长，又要使企业在发展生产、经营方面有一定的财力保证；既要考虑到企业的实际情况和负担能力，又要维护税率的统一性。

企业所得税实行比例税率。比例税率简便易行，透明度高，不会因征税而改变企业间收入分配比例，有利于促进效率的提高。现行规定是：

（1）基本税率为25%。适用于居民企业和在中国境内设有机构、场所且所得与机构、场所有关联的非居民企业。

（2）低税率为20%。适用于在中国境内未设立机构、场所的，或者虽设立机构、场所但取得的所得与其所设机构、场所没有实际联系的非居民企业。但实际征税时适用10%的税率。

现行企业所得税基本税率设定为25%，从世界各国比较而言还是偏低的。据有关资料介绍，世界上近160个实行企业所得税的国家（地区）平均税率为28.6%，我国周边18个国家（地区）的平均税率为26.7%。现行税率的确定，既考虑了我国财政承受能力，又考虑了企业负担水平。

9.2.2 资产的税务处理

资产是由于资本投资而形成的财产，对于资本性支出以及无形资产受让、开办、开发费用，不允许作为成本、费用从纳税人的收入总额中做一次性扣除，只能采取分次计提折旧或分次摊销的方式予以扣除。即纳税人经营活动中使用的固定资产的折旧费用、无形资产和长期待摊费用的摊销费用可以扣除。税法规定，纳入税务处理范围的资产形式主要有固定资产、生物资产、无形资产、长期待摊费用、投资资产、存货等，均以历史成本为计税基础。历史成本是指企业取得该项资产时实际发生的支出。企业持有各项资产期间资产增值或者减值，除国务院财政、税务主管部门规定可以确认损益外，不得调整该资产的计税基础。

1．固定资产的税务处理

固定资产，是指企业为生产产品、提供劳务、出租或者经营管理而持有的、使用时间超过12个月的非货币性资产，包括房屋、建筑物、机器、机械、运输工具以及其他与生产经营活动有关的设备、器具、工具等。

（1）固定资产计税基础。

①外购的固定资产，以购买价款和支付的相关税费以及直接归属于使该资产达到预定用途发生的其他支出为计税基础。

②自行建造的固定资产，以竣工结算前发生的支出为计税基础。

③融资租人的固定资产，以租赁合同约定的付款总额和承租人在签订租赁合同过程中发生的相关费用为计税基础，租赁合同未约定付款总额的，以该资产的公允价值和承租人在签订租赁合同过程中发生的相关费用为计税基础。

④盘盈的固定资产，以同类固定资产的重置完全价值为计税基础。

⑤通过捐赠、投资、非货币性资产交换、债务重组等方式取得的固定资产，以该资产的公允价值和支付的相关税费为计税基础。

⑥改建的固定资产，除已足额提取折旧的固定资产和租入的固定资产以外的其他固定资产，以改建过程中发生的改建支出增加计税基础。

（2）固定资产折旧的范围。

在计算应纳税所得额时，企业按照规定计算的固定资产折旧，准予扣除。下列固定资产不得计算折旧扣除：

①房屋、建筑物以外未投入使用的固定资产。

②以经营租赁方式租入的固定资产。

③以融资租赁方式租出的固定资产。

④已足额提取折旧仍继续使用的固定资产。

⑤与经营活动无关的固定资产。

⑥单独估价作为固定资产入账的土地。

⑦其他不得计算折旧扣除的固定资产。

（3）固定资产折旧的计提方法。

①企业应当自固定资产投入使用月份的次月起计算折旧；停止使用的固定资产，应当自停止使用月份的次月起停止计算折旧。

②企业应当根据固定资产的性质和使用情况，合理确定固定资产的预计净残值。固定资产的预计净残值一经确定，不得变更。

③固定资产按照直线法计算的折旧，准予扣除。

（4）固定资产折旧的计提年限。

除国务院财政、税务主管部门另有规定外，固定资产计算折旧的最低年限如下：

①房屋、建筑物，为20年。

②飞机、火车、轮船、机器、机械和其他生产设备，为10年。

③与生产经营活动有关的器具、工具、家具等，为5年。

④飞机、火车、轮船以外的运输工具，为4年。

⑤电子设备，为3年。

从事开采石油、天然气等矿产资源的企业，在开始商业性生产前发生的费用和有关固定资产的折耗、折旧方法，由国务院财政、税务主管部门另行规定。

（5）固定资产折旧的企业所得税处理。

①企业固定资产会计折旧年限如果短于税法规定的最低折旧年限，其按会计折旧年限计提的折旧高于按税法规定的最低折旧年限计提的折旧部分，应调增当期应纳税所得额；企业固定资产会计折旧年限已期满且会计折旧已提足，但税法规定的最低折旧年限尚未到期且税收折旧尚未足额扣除，其未足额扣除的部分准予在剩余的税收折旧年限继续按规定扣除。

②企业固定资产会计折旧年限如果长于税法规定的最低折旧年限，其折旧应按会计折旧年限计算扣除，税法另有规定除外。

③企业按会计规定提取的固定资产减值准备，不得税前扣除，其折旧仍按税法确定的固定资产计税基础计算扣除。

④企业按税法规定实行加速折旧的，其按加速折旧办法计算的折旧额可全额在税前扣除。

⑤石油天然气开采企业在计提油气资产折耗（折旧）时，由于会计与税法规定计算方法不同导致的折耗（折旧）差异，应按税法规定进行纳税调整。

（6）固定资产改扩建的税务处理。

自2011年7月1日起，企业对房屋、建筑物固定资产在未足额提取折旧前进行改扩建的，如属于推倒重置的，该资产原值减除提取折旧后的净值，应并入重置后的固定资产计税成本，并在该固定资产投入使用后的次月起，按照税法规定的折旧年限，一并计提折旧；如属于提升功能、增加面积的，该固定资产的改扩建支出，并入该固定资产计税基础，并从改扩建完工投入使用后的次月起，重新按税法规定的该固定资产折旧年限计提折旧，如该改扩建后的固定资产尚可使用的年限低于税法规定的最低年限的，可以按尚可使用的年限计提折旧。

2．生物资产的税务处理

生物资产，是指有生命的动物和植物。生物资产分为消耗性生物资产、生产性生物资产和公益性生物资产。消耗性生物资产，是指为出售而持有的、或在将来收获为农产品的生物资产，包括生长中的农田作物、蔬菜、用材林以及存栏待售的牲畜等。生产性生物资产，是指为产出农产品、提供劳务或出租等目的而持有的生物资产，包括经济林、薪炭林、产畜和役畜等。公益性生物资产，是指以防护、环境保护为主要目的的生物资产，包括防风固沙林、水土保持林和水源涵养林等。

（1）生物资产的计税基础。

生产性生物资产按照以下方法确定计税基础。

①外购的生产性生物资产，以购买价款和支付的相关税费为计税基础。

②通过捐赠、投资、非货币性资产交换、债务重组等方式取得的生产性生物资产，以该资产的公允价值和支付的相关税费为计税基础。

（2）生物资产的折旧方法和折旧年限。

生产性生物资产按照直线法计算的折旧，准予扣除。企业应当自生产性生物资产投入使用月份的次月起计算折旧；停止使用的生产性生物资产，应当自停止使用月份的次月起停止计算折旧。

企业应当根据生产性生物资产的性质和使用情况，合理确定生产性生物资产的预计净残值。生产性生物资产的预计净残值一经确定，不得变更。

生产性生物资产计算折旧的最低年限如下：

①林木类生产性生物资产，为10年。

②畜类生产性生物资产，为3年。

3．无形资产的税务处理

无形资产，是指企业长期使用、但没有实物形态的资产，包括专利权、商标权、著作权、土地使用权、非专利技术、商誉等。

（1）无形资产的计税基础。

无形资产按照以下方法确定计税基础：

①外购的无形资产，以购买价款和支付的相关税费以及直接归属于使该

资产达到预定用途发生的其他支出为计税基础。

②自行开发的无形资产，以开发过程中该资产符合资本化条件后至达到预定用途前发生的支出为计税基础。

③通过捐赠、投资、非货币性资产交换、债务重组等方式取得的无形资产，以该资产的公允价值和支付的相关税费为计税基础。

（2）无形资产摊销的范围。

在计算应纳税所得额时，企业按照规定计算的无形资产摊销费用，准予扣除。

下列无形资产不得计算摊销费用扣除：

①自行开发的支出已在计算应纳税所得额时扣除的无形资产。

②自创商誉。

③与经营活动无关的无形资产。

④其他不得计算摊销费用扣除的无形资产。

（3）无形资产的摊销方法及年限。

无形资产的摊销，采取直线法计算。无形资产的摊销年限不得低于10年。作为投资或者受让的无形资产，有关法律规定或者合同约定了使用年限的，可以按照规定或者约定的使用年限分期摊销。外购商誉的支出，在企业整体转让或者清算时，准予扣除。

4．长期待摊费用的税务处理

长期待摊费用，是指企业发生的应在1个年度以上或几个年度进行摊销的费用。在计算应纳税所得额时，企业发生的下列支出作为长期待摊费用，按照规定摊销的，准予扣除。

（1）已足额提取折旧的固定资产的改建支出。

（2）租入固定资产的改建支出。

（3）固定资产的大修理支出。

（4）其他应当作为长期待摊费用的支出。

企业的固定资产修理支出可在发生当期直接扣除。企业的固定资产改良支出，如果有关固定资产尚未提足折旧，可增加固定资产价值；如有关固定资产已提足折旧，可作为长期待摊费用，在规定的期间内平均摊销。

固定资产的改建支出，是指改变房屋或者建筑物结构、延长使用年限等发生的支出。已足额提取折旧的固定资产的改建支出，按照固定资产预计尚可使用年限分期摊销；租入固定资产的改建支出，按照合同约定的剩余租赁期限分期摊销；改建的固定资产延长使用年限的，除已足额提取折旧的固定资产、租入固定资产的改建支出外，其他的固定资产发生改建支出，应当适当延长折旧年限。

5．存货的税务处理

存货，是指企业持有以备出售的产品或者商品、处在生产过程中的在产品、在生产或者提供劳务过程中耗用的材料和物料等。

（1）存货的计税基础。

存货按照以下方法确定成本：

①通过支付现金方式取得的存货，以购买价款和支付的相关税费为成本。

②通过支付现金以外的方式取得的存货，以该存货的公允价值和支付的相关税费为成本。

③生产性生物资产收获的农产品，以产出或者采收过程中发生的材料费、人工费和分摊的间接费用等必要支出为成本。

（2）存货的成本计算方法。

企业使用或者销售的存货的成本计算方法，可以在先进先出法、加权平均法、个别计价法中选用一种。计价方法一经选用，不得随意变更。

企业转让以上资产，在计算企业应纳税所得额时，资产的净值允许扣除。其中，资产的净值是指有关资产、财产的计税基础减除已经按照规定扣除的折旧、折耗、摊销、准备金等后的余额。

除国务院财政、税务主管部门另有规定外，企业在重组过程中，应当在交易发生时确认有关资产的转让所得或者损失，相关资产应当按照交易价格重新确定计税基础。

6．投资资产的税务处理

投资资产，是指企业对外进行权益性投资和债权性投资而形成的资产。

（1）投资资产的成本。

投资资产按以下方法确定投资成本：

①通过支付现金方式取得的投资资产，以购买价款为成本。

②通过支付现金以外的方式取得的投资资产，以该资产的公允价值和支付的相关税费为成本。

（2）投资资产成本的扣除方法。

企业对外投资期间，投资资产的成本在计算应纳税所得额时不得扣除，企业在转让或者处置投资资产时，投资资产的成本准予扣除。

（3）投资企业撤回或减少投资的税务处理。

自2011年7月1日起，投资企业从被投资企业撤回或减少投资，其取得的资产中，相当于初始出资的部分，应确认为投资收回；相当于被投资企业累计未分配利润和累计盈余公积按减少实收资本比例计算的部分，应确认为股息所得；其余部分确认为投资资产转让所得。

被投资企业发生的经营亏损，由被投资企业按规定结转弥补；投资企业不得调整减低其投资成本，也不得将其确认为投资损失。

7. 税法规定与会计规定差异的处理

税法规定与会计规定差异的处理，是指企业在财务会计核算中与税法规定不一致的，应当依照税法规定予以调整。即企业在平时进行会计核算时，可以按会计制度的有关规定进行账务处理，但在申报纳税时，对税法规定和会计制度规定有差异的，要按税法规定进行纳税调整。

根据《企业所得税法》第二十一条规定，对企业依据财务会计制度规定，并实际在财务会计处理上已确认的支出，凡没有超过《企业所得税法》和有关税收法规规定的税前扣除范围和标准的，可按企业实际会计处理确认的支出，在企业所得税前扣除，计算其应纳税所得额。

（1）企业不能提供完整、准确的收入及成本、费用凭证，不能正确计算应纳税所得额的，由税务机关核定其应纳税所得额。

（2）企业依法清算时，以其清算终了后的清算所得为应纳税所得额，按规定缴纳企业所得税。所谓清算所得，是指企业的全部资产可变现价值或者交易价格减除资产净值、清算费用以及相关税费等后的余额。

投资方企业从被清算企业分得的剩余资产，其中相当于从被清算企业累计未分配利润和累计盈余公积中应当分得的部分，应当确认为股息所得；剩余资产减除上述股息所得后的余额，超过或者低于投资成本的部分，应当确认为投资资产转让所得或者损失。

（3）企业应纳税所得额是根据税收法规计算出来的，它在数额上与依据财务会计制度计算的利润总额往往不一致。因此，税法规定：对企业按照有关财务会计规定计算的利润总额，要按照税法的规定进行必要调整后，才能作为应纳税所得额计算缴纳所得税。

（4）自2011年7月1日起，企业当年度实际发生的相关成本、费用，由于各种原因未能及时取得该成本、费用的有效凭证，企业在预缴季度所得税时，可暂按账面发生金额进行核算；但在汇算清缴时，应补充提供该成本、费用的有效凭证。

9.2.3 企业重组的所得税处理

1. 企业重组的定义

企业重组，是指企业在日常经营活动以外发生的法律结构或经济结构重大改变的交易，包括企业法律形式改变、债务重组、股权收购、资产收购、合并、分立等。

企业法律形式改变，是指企业注册名称、住所以及企业组织形式等的简单改变，但符合本通知规定其他重组的类型除外。

债务重组，是指在债务人发生财务困难的情况下，债权人按照其与债务人达成的书面协议或者法院裁定书，就其债务人的债务作出让步的事项。

股权收购，是指一家企业（以下称为“收购企业”）购买另一家企业（以下称为“被收购企业”）的股权，以实现对被收购企业控制的交易。收购企业支付对价的形式包括股权支付、非股权支付或两者的组合。

资产收购，是指一家企业（以下称为“受让企业”）购买另一家企业（以下称为“转让企业”）实质经营性资产的交易。受让企业支付对价的形式包括股权支付、非股权支付或两者的组合。

合并，是指一家或多家企业（以下称为“被合并企业”）将其全部资产和负债转让给另一家现存或新设企业（以下称为“合并企业”），被合并企业股东换取合并企业的股权或非股权支付，实现两个或两个以上企业的依法合并。

分立，是指一家企业（以下称为“被分立企业”）将部分或全部资产分离转让给现存或新设的企业（以下称为“分立企业”），被分立企业股东换取分立企业的股权或非股权支付，实现企业的依法分立。

股权支付，是指企业重组中购买、换取资产的一方支付的对价中，以本企业或其控股企业的股权、股份作为支付的形式。

非股权支付，是指以本企业的现金、银行存款、应收款项、本企业或其控股企业股权和股份以外的有价证券、存货、固定资产、其他资产以及承担债务等作为支付的形式。

自2008年1月1日起，企业发生上述重组事项的，按下列2、3中的相关规定进行所得税处理。

2. 企业重组的一般性税务处理方法

（1）企业由法人转变为个人独资企业、合伙企业等非法人组织，或将登记注册地转移至中华人民共和国境外，应视同企业进行清算、分配，股东重新投资成立新企业。企业的全部资产以及股东投资的计税基础均应以公允价值为基础确定。

企业发生其他法律形式简单改变的，可直接变更税务登记，除另有规定外，有关企业所得税纳税事项（包括亏损结转、税收优惠等权益和义务）由变更后企业承继，但因住所发生变化而不符合税收优惠条件的除外。

（2）企业债务重组，相关交易应按以下规定处理。

①以非货币资产清偿债务，应当分解为转让相关非货币性资产、按非货币性资产公允价值清偿债务两项业务，确认相关资产的所得或损失。

②发生债权转股权的，应当分解为债务清偿和股权投资两项业务，确认有关债务清偿所得或损失。

③债务人应当按照支付的债务清偿额低于债务计税基础的差额，确认债务重组所得；债权人应当按照收到的债务清偿额低于债权计税基础的差额，确认债务重组损失。

④债务人的相关所得税纳税事项原则上保持不变。

（3）企业股权收购、资产收购重组交易，相关交易应按以下规定处理。

①被收购方应确认股权、资产转让所得或损失。

②收购方取得股权或资产的计税基础应以公允价值为基础确定。

③被收购企业的相关所得税事项原则上保持不变。

（4）企业合并，当事各方应按下列规定处理。

①合并企业应按公允价值确定接受被合并企业各项资产和负债的计税基础。

②被合并企业及其股东都应按清算进行所得税处理。

③被合并企业的亏损不得在合并企业结转弥补。

（5）企业分立，当事各方应按下列规定处理。

①被分立企业对分立出去资产应按公允价值确认资产转让所得或损失。

②分立企业应按公允价值确认接受资产的计税基础。

③被分立企业继续存在时，其股东取得的对价应视同被分立企业分配进行处理。

④被分立企业不再继续存在时，被分立企业及其股东都应按清算进行所得税处理；

⑤企业分立相关企业的亏损不得相互结转弥补。

3. 企业重组的特殊性税务处理方法

（1）适用特殊性税务处理的条件。

企业重组同时符合下列条件的，适用特殊性税务处理规定：

①具有合理的商业目的，且不以减少、免除或者推迟缴纳税款为主要目的。

②被收购、合并或分立部分的资产或股权比例符合下述（2）规定的比例。

③企业重组后的连续12个月内不改变重组资产原来的实质性经营活动。

④重组交易对价中涉及股权支付金额符合下述（2）规定的比例。

⑤企业重组中取得股权支付的原主要股东，在重组后连续12个月内，不得转让所取得的股权。

（2）企业重组符合上述特殊性税务处理条件的，交易各方对其交易中的股权支付部分，可以按以下规定进行特殊性税务处理。

①企业债务重组确认的应纳税所得额占该企业当年应纳税所得额50%以上，可以在5个纳税年度的期间内，均匀计入各年度的应纳税所得额。

企业发生债权转股权业务，对债务清偿各股权投资两项业务暂不确认有关债务清偿所得或损失，股权投资的计税基础以原债权的计税基础确定。企业的其他相关所得税事项保持不变。

②股权收购，收购企业购买的股权不低于被收购企业全部股权的50%，且收购企业在该股权收购发生时股权支付金额不低于其交易支付总额的85%，可以选择按以下规定处理。

（3）资产收购，受让企业收购的资产不低于转让企业全部资产的50%，且受让企业在该资产收购发生时的股权支付金额不低于其交易支付总额的85%，可以选择按以下规定处理。

①转让企业取得受让企业股权的计税基础，以被转让资产的原有计税基础确定。

②受让企业取得转让企业资产的计税基础，以被转让资产的原有计税基础确定。

（4）企业合并，企业股东在该企业合并发生时取得的股权支付金额不低于其交易支付总额的85%，以及同一控制下且不需要支付对价的企业合并，可以选择按以下规定处理。

①合并企业接受被合并企业资产和负债的计税基础，以被合并企业的原有计税基础确定。

②被合并企业合并前的相关所得税事项由合并企业承继。

③可由合并企业弥补的被合并企业亏损的限额=被合并企业净资产公允价值×截至合并业务发生当年年末国家发行的最长期限的国债利率。

④被合并企业股东取得合并企业股权的计税基础，以其原持有的被合并企业股权的计税基础确定。

（5）企业分立，被分立企业所有股东按原持股比例取得分立企业的股权，分立企业和被分立企业均不改变原来的实质经营活动，且被分立企业股东在该企业分立发生时取得的股权支付金额不低于其交易支付总额的85%，可以选择按以下规定处理。

①分立企业接受被分立企业资产和负债的计税基础，以被分立企业的原有计税基础确定。

②被分立企业已分立出去资产相应的所得税事项由分立企业承继。

③被分立企业未超过法定弥补期限的亏损额可按分立资产占全部资产的比例进行分配，由分立企业继续弥补。

④被分立企业的股东取得分立企业的股权（以下简称“新股”），如需部分或全部放弃原持有的被分立企业的股权（以下简称“旧股”），新股的计税基础应以放弃旧股的计税基础确定。如不需放弃旧股，则其取得新股的计税基础可从以下两种方法中选择确定：直接将新股的计税基础确定为零；或者以被分立企业分立出去的净资产占被分立企业全部净资产的比例先调减原持有的旧股的计税基础，再将调减的计税基础平均分配到新股上。

（6）重组交易各方按上述（1）～（5）项规定对交易中股权支付暂不确认有关资产的转让所得或损失的，其非股权支付仍应在交易当期确认相应的资产转让所得或损失，并调整相应资产的计税基础。

（7）对100%直接控制的居民企业之间，以及受同一或相同多家居民企业100%直接控制的居民企业之间按账面净值划转股权或资产，凡具有合理商业目的、不以减少、免除或者推迟缴纳税款为主要目的，股权或资产划转后连续12个月内不改变被划转股权或资产原来实质性经营活动，且划出方企业和划入方企业均未在会计上确认损益的，可以选择按以下规定进行特殊性税务处理。

①划出方企业和划入方企业均不确认所得。

②划入方企业取得被划转股权或资产的计税基础，以被划转股权或资产的原账面净值确定。

③划入方企业取得的被划转资产，应按其原账面净值计算折旧扣除。

（8）企业发生涉及中国境内与境外之间（包括港澳台地区）的股权和资产收购交易，除应符合上述第（1）规定的条件外，还应同时符合下列条件，才可选择适用特殊性税务处理规定。

①非居民企业向其100%直接控股的另一非居民企业转让其拥有的居民企业股权，没有因此造成以后该项股权转让所得预提税负变化，且转让方非居民企业向主管税务机关书面承诺在3年（含3年）内不转让其拥有受让方非居民企业的股权；

②非居民企业向与其具有100%直接控股关系的居民企业转让其拥有的另一居民企业股权；

③居民企业以其拥有的资产或股权向其100%直接控股的非居民企业进行投资；

④财政部、国家税务总局核准的其他情形。

上述第3条所指的居民企业以其拥有的资产或股权向其100%直接控股关系的非居民企业进行投资，其资产或股权转让收益如选择特殊性税务处理，可以在10个纳税年度内均匀计入各年度应纳税所得额。

（9）在企业吸收合并中，合并后的存续企业性质及适用税收优惠的条件未发生改变的，可以继续享受合并前该企业剩余期限的税收优惠，其优惠金额按存续企业合并前一年的应纳税所得额（亏损计为零）计算。

在企业存续分立中，分立后的存续企业性质及适用税收优惠的条件未发生改变的，可以继续享受分立前该企业剩余期限的税收优惠，其优惠金额按该企业分立前一年的应纳税所得额（亏损计为零）乘以分立后存续企业资产占分立前该企业全部资产的比例计算。

（10）企业在重组发生前后连续12个月内分步对其资产、股权进行交易，应根据实质重于形式原则将上述交易作为一项企业重组交易进行处理。

（11）企业发生符合上述规定的特殊性重组条件并选择特殊性税务处理的，当事各方应在该重组业务完成当年企业所得税年度申报时，向主管税务机关提交书面备案资料，证明其符合各类特殊性重组规定的条件。企业未按规定书面备案的，一律不得按特殊重组业务进行税务处理。

9.2.4 应纳税所得额的计算

应纳税所得额是企业所得税的计税依据，按照企业所得税法的规定，应纳税所得额为企业每一个纳税年度的收入总额，减除不征税收入、免税收入、各项扣除以及允许弥补的以前年度亏损后的余额。基本公式为：

应纳税所得额=收入总额－不征税收入－免税收入－各项扣除－允许弥补的以前年度亏损

企业应纳税所得额的计算以权责发生制为原则，属于当期的收入和费用，不论款项是否收付，均作为当期的收入和费用；不属于当期的收入和费用，即使款项已经在当期收付，均不作为当期的收入和费用。应纳税所得额的正确计算直接关系到国家财政收入和企业的税收负担，并且同成本、费用核算关系密切。因此，企业所得税法对应纳税所得额计算作了明确规定。主要内容包括收入总额、扣除范围和标准、资产的税务处理、亏损弥补等。

1. 收入总额

企业的收入总额包括以货币形式和非货币形式从各种来源取得的收入，具体有：销售货物收入，提供劳务收入，转让财产收入，股息、红利等权益性投资收益，利息收入，租金收入，特许权使用费收入，接受捐赠收入，其他收入。

企业取得收入的货币形式，包括现金、存款、应收账款、应收票据、准备持有至到期的债券投资以及债务的豁免等；纳税人以非货币形式取得的收入，包括固定资产、生物资产、无形资产、股权投资、存货、不准备持有至到期的债券投资、劳务以及有关权益等，这些非货币资产应当按照公允价值确定收入额，公允价值是指按照市场价格确定的价值。收入的具体构成为：

（1）一般收入的确认。

①销售货物收入，是指企业销售商品、产品、原材料、包装物、低值易耗品以及其他存货取得的收入。

②劳务收入，是指企业从事建筑安装、修理修配、交通运输、仓储租赁、金融保险、邮电通信、咨询经纪、文化体育、科学研究、技术服务、教育培训、餐饮住宿、中介代理、卫生保健、社区服务、旅游、娱乐、加工以及其他劳务服务活动取得的收入。

③转让财产收入，是指企业转让固定资产、生物资产、无形资产、股权、债权等财产取得的收入。

企业转让股权收入，应于转让协议生效且完成股权变更手续时，确认收入的实现。转让股权收入扣除为取得该股权所发生的成本后，为股权转让所得。企业在计算股权转让所得时，不得扣除被投资企业未分配利润等股东留存收益中按该项股权所可能分配的金额。

④股息、红利等权益性投资收益，是指企业因权益性投资从被投资方取得的收入。股息、红利等权益性投资收益，除国务院财政、税务主管部门另有规定外，按照被投资方作出利润分配决定的日期确认收入的实现。

被投资企业将股权（票）溢价所形成的资本公积转为股本的，不作为投资方企业的股息、红利收入，投资方企业也不得增加该项长期投资的计税基础。

依据《财政部 国家税务总局 证监会关于沪港股票市场交易互联互通机制试点有关税收政策的通知》（财税〔2014〕81号）的规定，自2014年11月17日起，对内地企业投资者通过沪港通投资香港联交所上市股票取得的股息红利所得，计入其收入总额，依法计征企业所得税。其中，内地居民企业连续持有H股满12个月取得的股息红利所得，依法免征企业所得税。

香港联交所上市H股公司应向中国结算提出申请，由中国结算向H股公司提供内地企业投资者名册，H股公司对内地企业投资者不代扣股息红利所得税款，应纳税款由企业自行申报缴纳。

内地企业投资者自行申报缴纳企业所得税时，对香港联交所非H股上市公司已代扣代缴的股息红利所得税，可依法申请税收抵免。

⑤利息收入，是指企业将资金提供他人使用但不构成权益性投资，或者

因他人占用本企业资金取得的收入，包括存款利息、贷款利息、债券利息、欠款利息等收入。利息收入，按照合同约定的债务人应付利息的日期确认收入的实现。

⑥租金收入，是指企业提供固定资产、包装物或者其他有形资产的使用权取得的收入。租金收入，按照合同约定的承租人应付租金的日期确认收入的实现。其中，如果交易合同或协议中规定租赁期限跨年度，且租金提前一次性支付的，根据《实施条例》第九条规定的收入与费用配比原则，出租人可对上述已确认的收入，在租赁期内，分期均匀计入相关年度收入。

⑦特许权使用费收入，是指企业提供专利权、非专利技术、商标权、著作权以及其他特许权的使用权取得的收入。特许权使用费收入，按照合同约定的特许权使用人应付特许权使用费的日期确认收入的实现。

⑧接受捐赠收入，是指企业接受的来自其他企业、组织或者个人无偿给予的货币性资产、非货币性资产。接受捐赠收入，按照实际收到捐赠资产的日期确认收入的实现。

⑨其他收入，是指企业取得的除以上收入外的其他收入，包括企业资产溢余收入、逾期未退包装物押金收入、确实无法偿付的应付款项、已作坏账损失处理后又收回的应收款项、债务重组收入、补贴收入、违约金收入、汇兑收益等。

（2）特殊收入的确认。

①以分期收款方式销售货物的，按照合同约定的收款日期确认收入的实现。

②企业受托加工制造大型机械设备、船舶、飞机，以及从事建筑、安装、装配工程业务或者提供其他劳务等，持续时间超过12个月的，按照纳税年度内完工进度或者完成的工作量确认收入的实现。

③采取产品分成方式取得收入的，按照企业分得产品的日期确认收入的实现，其收入额按照产品的公允价值确定。

④企业发生非货币性资产交换，以及将货物、财产、劳务用于捐赠、偿债、赞助、集资、广告、样品、职工福利或者利润分配等用途的，应当视同销售货物、转让财产或者提供劳务，但国务院财政、税务主管部门另有规定的除外。

（3）处置资产收入的确认。

①企业发生下列情形的处置资产，除将资产转移至境外以外，由于资产所有权属在形式和实质上均不发生改变，可作为内部处置资产，不视同销售确认收入，相关资产的计税基础延续计算：将资产用于生产、制造、加工另一产品；改变资产形状、结构或性能；改变资产用途（如自建商品房转为自用或经营）；将资产在总机构及其分支机构之间转移；上述两种或两种以上情形的混合；其他不改变资产所有权属的用途。

②企业将资产移送他人的下列情形，因资产所有权属已发生改变而不属于内部处置资产，应按规定视同销售确定收入：用于市场推广或销售；用于交际应酬；用于职工奖励或福利；用于股息分配；用于对外捐赠；其他改变资产所有权属的用途。

③企业发生第2条规定情形时，属于企业自制的资产，应按企业同类资产同期对外销售价格确定销售收入；属于外购的资产，可按购入时的价格确定销售收入。

（4）非货币性资产投资企业所得税处理。

非货币性资产，是指现金、银行存款、应收账款、应收票据以及准备持有至到期的债券投资等货币性资产以外的资产。

①居民企业（以下简称企业）以非货币性资产对外投资确认的非货币性资产转让所得，可在不超过5年期限内，分期均匀计入相应年度的应纳税所得额，按规定计算缴纳企业所得税。

②企业以非货币性资产对外投资，应对非货币性资产进行评估并按评估后的公允价值扣除计税基础后的余额，计算确认非货币性资产转让所得。

企业以非货币性资产对外投资，应于投资协议生效并办理股权登记手续时，确认非货币性资产转让收入的实现。

③企业以非货币性资产对外投资而取得被投资企业的股权，应以非货币性资产的原计税成本为计税基础，加上每年确认的非货币性资产转让所得，逐年进行调整。

被投资企业取得非货币性资产的计税基础，应按非货币性资产的公允价值确定。

④企业在对外投资5年内转让上述股权或投资收回的，应停止执行递延纳税政策，并就递延期内尚未确认的非货币性资产转让所得，在转让股权或投资收回当年的企业所得税年度汇算清缴时，一次性计算缴纳企业所得税；企

业在计算股权转让所得时，可按本通知第三条第一款规定将股权的计税基础一次调整到位。

企业在对外投资5年内注销的，应停止执行递延纳税政策，并就递延期内尚未确认的非货币性资产转让所得，在注销当年的企业所得税年度汇算清缴时，一次性计算缴纳企业所得税。

⑤此处所称非货币性资产投资，限于以非货币性资产出资设立新的居民企业，或将非货币性资产注入现存的居民企业。

⑥企业发生非货币性资产投资，符合《财政部 国家税务总局关于企业重组业务企业所得税处理若干问题的通知》（财税〔2009〕59号）等文件规定的特殊性税务处理条件的，也可选择按特殊性税务处理规定执行。

（5）企业转让上市公司限售股有关所得税处理。

根据国家税务总局公告2011年第39号规定，自2011年7月1日起，企业转让上市公司限售股有关所得税的处理按以下规定执行。

①纳税义务人的范围界定问题。

根据《企业所得税法》第一条及其《实施条例》第三条的规定，转让限售股取得收入的企业（包括事业单位、社会团体、民办非企业单位等），为企业所得税的纳税义务人。

②企业转让代个人持有的限售股征税问题。

因股权分置改革造成原由个人出资而由企业代持有的限售股，企业在转让时按以下规定处理：

企业转让上述限售股取得的收入，应作为企业应税收入计算纳税。

上述限售股转让收入扣除限售股原值和合理税费后的余额为该限售股转让所得。企业未能提供完整、真实的限售股原值凭证，不能准确计算该限售股原值的，主管税务机关一律按该限售股转让收入的15%，核定为该限售股原值和合理税费。

依照本条规定完成纳税义务后的限售股转让收入余额转付给实际所有人时不再纳税。

依法院判决、裁定等原因，通过证券登记结算公司，企业将其代持的个人限售股直接变更到实际所有人名下的，不视同转让限售股。

③企业在限售股解禁前转让限售股征税问题。

企业在限售股解禁前将其持有的限售股转让给其他企业或个人（以下简

称“受让方”），其企业所得税问题按以下规定处理：

企业应按减持在证券登记结算机构登记的限售股取得的全部收入，计入企业当年度应税收入计算纳税。

企业持有的限售股在解禁前已签订协议转让给受让方，但未变更股权登记、仍由企业持有的，企业实际减持该限售股取得的收入，依照规定纳税后，其余额转付给受让方的，受让方不再纳税。

（6）企业接收政府和股东划入资产的企业所得税处理。

①企业接收政府划入资产的企业所得税处理。

县级以上人民政府（包括政府有关部门，下同）将国有资产明确以股权投资方式投入企业，企业应作为国家资本金（包括资本公积）处理。该项资产如为非货币性资产，应按政府确定的接收价值确定计税基础。

县级以上人民政府将国有资产无偿划入企业，凡指定专门用途并按《财政部 国家税务总局关于专项用途财政性资金企业所得税处理问题的通知》（财税〔2011〕70号）规定进行管理的，企业可作为不征税收入进行企业所得税处理。其中，该项资产属于非货币性资产的，应按政府确定的接收价值计算不征税收入。

县级以上人民政府将国有资产无偿划入企业，属于①项前两段所述情形的，应按政府确定的接收价值计入当期收入总额计算缴纳企业所得税。政府没有确定接收价值的，按资产的公允价值计算确定应税收入。

②企业接收股东划入资产的企业所得税处理。

企业接收股东划入资产（包括股东赠与资产、上市公司在股权分置改革过程中接收原非流通股股东和新非流通股股东赠与的资产、股东放弃本企业的股权，下同），凡合同、协议约定作为资本金（包括资本公积）且在会计上已做实际处理的，不计入企业的收入总额，企业应按公允价值确定该项资产的计税基础。

企业接收股东划入资产，凡作为收入处理的，应按公允价值计入收入总额，计算缴纳企业所得税，同时按公允价值确定该项资产的计税基础。

（7）相关收入实现的确认。

除《企业所得税法》及《实施条例》前述收入的规定外，企业销售收入的确认，必须遵循权责发生制原则和实质重于形式原则。

①企业销售商品同时满足下列条件的，应确认收入的实现：

商品销售合同已经签订，企业已将商品所有权相关的主要风险和报酬转移给购货方。

企业对已售出的商品既没有保留通常与所有权相联系的继续管理权，也没有实施有效控制。

收入的金额能够可靠地计量。

已发生或将发生的销售方的成本能够可靠地核算。

②符合上款收入确认条件，采取下列商品销售方式的，应按以下规定确认收入实现时间。

销售商品采用托收承付方式的，在办妥托收手续时确认收入。

销售商品采取预收款方式的，在发出商品时确认收入。

销售商品需要安装和检验的，在购买方接受商品以及安装和检验完毕时确认收入。如果安装程序比较简单，可在发出商品时确认收入。

销售商品采用支付手续费方式委托代销的，在收到代销清单时确认收入。

③采用售后回购方式销售商品的，销售的商品按售价确认收入，回购的商品作为购进商品处理。有证据表明不符合销售收入确认条件的，如以销售商品方式进行融资，收到的款项应确认为负债，回购价格大于原售价的，差额应在回购期间确认为利息费用。

④销售商品以旧换新的，销售商品应当按照销售商品收入确认条件确认收入，回收的商品作为购进商品处理。

⑤企业为促进商品销售而在商品价格上给予的价格扣除属于商业折扣，商品销售涉及商业折扣的，应当按照扣除商业折扣后的金额确定销售商品收入金额。

债权人为鼓励债务人在规定的期限内付款而向债务人提供的债务扣除属于现金折扣，销售商品涉及现金折扣的，应当按扣除现金折扣前的金额确定销售商品收入金额，现金折扣在实际发生时作为财务费用扣除。

企业因售出商品的质量不合格等原因而在售价上给予的减让属于销售折让；企业因售出商品质量、品种不符合要求等原因而发生的退货属于销售退回。企业已经确认销售收入的售出商品发生销售折让和销售退回，应当在发生当期冲减当期销售商品收入。

⑥企业在各个纳税期末，提供劳务交易的结果能够可靠估计的，应采用

完工进度（完工百分比）法确认提供劳务收入。

2. 不征税收入和免税收入

国家为了扶持和鼓励某些特殊的纳税人和特定的项目，或者避免因征税影响企业的正常经营，对企业取得的某些收入予以不征税或免税的特殊政策，以减轻企业的负担，促进经济的协调发展。或准予抵扣应纳税所得额，或者是对专项用途的资金作为非税收入处理；减轻企业的税负，增加企业可用资金。

（1）不征税收入。

①财政拨款，是指各级人民政府对纳入预算管理的事业单位、社会团体等组织拨付的财政资金，但国务院和国务院财政、税务主管部门另有规定的除外。

②依法收取并纳入财政管理的行政事业性收费、政府性基金。行政事业性收费是指依照法律法规等有关规定，按照国务院规定程序批准，在实施社会公共管理，以及在向公民、法人或者其他组织提供特定公共服务过程中，向特定对象收取并纳入财政管理的费用。政府性基金，是指企业依照法律、行政法规等有关规定，代政府收取的具有专项用途的财政资金。

③国务院规定的其他不征税收入，是指企业取得的，由国务院财政、税务主管部门规定专项用途并经国务院批准的财政性资金。

（2）免税收入。

①国债利息收入。为鼓励企业积极购买国债，支援国家建设，税法规定，企业因购买国债所得的利息收入，免征企业所得税。

②符合条件的居民企业之间的股息、红利等权益性收益，是指居民企业直接投资于其他居民企业取得的投资收益。

③在中国境内设立机构、场所的非居民企业从居民企业取得与该机构、场所有实际联系的股息、红利等权益性投资收益。该收益都不包括连续持有居民企业公开发行并上市流通的股票不足12个月取得的投资收益。

④符合条件的非营利组织的收入。

⑤非营利组织的下列收入为免税收入：接受其他单位或者个人捐赠的收入；除《企业所得税法》第七条规定的财政拨款以外的其他政府补助收入，但不包括因政府购买服务取得的收入；按照省级以上民政、财政部门规定收取的会费；不征税收入和免税收入孳生的银行存款利息收入；财政部、国家

税务总局规定的其他收入。

3. 扣除原则和范围

（1）税前扣除项目的原则。

企业申报的扣除项目和金额要真实、合法。所谓真实是指能提供证明有关支出确属已经实际发生；合法是指符合国家税法的规定，若其他法规规定与税收法规规定不一致，应以税收法规的规定为标准。除税收法规另有规定外，税前扣除一般应遵循以下原则：

①权责发生制原则，是指企业费用应在发生的所属期扣除，而不是在实际支付时确认扣除。

②配比原则，是指企业发生的费用应当与收入配比扣除。除特殊规定外，企业发生的费用不得提前或滞后申报扣除。

③相关性原则，是指企业可扣除的费用从性质和根源上必须与取得应税收入直接相关。

④确定性原则，是指企业可扣除的费用不论何时支付，其金额必须是确定的。

⑤合理性原则，是指符合生产经营活动常规，应当计入当期损益或者有关资产成本的必要和正常的支出。

（2）扣除项目的范围。

《企业所得税法》规定，企业实际发生的与取得收入有关的、合理的支出，包括成本、费用、税金、损失和其他支出，准予在计算应纳税所得额时扣除。在实际中，计算应纳税所得额时还应注意三方面的内容：企业发生的支出应当区分收益性支出和资本性支出。收益性支出在发生当期直接扣除；资本性支出应当分期扣除或者计入有关资产成本，不得在发生当期直接扣除；企业的不征税收入用于支出所形成的费用或者财产，不得扣除或者计算对应的折旧、摊销扣除；除《企业所得税法》和本条例另有规定外，企业实际发生的成本、费用、税金、损失和其他支出，不得重复扣除。

①成本，是指企业在生产经营活动中发生的销售成本、销货成本、业务支出以及其他耗费，即企业销售商品（产品、材料、下脚料、废料、废旧物资等）、提供劳务、转让固定资产、无形资产（包括技术转让）的成本。

企业必须将经营活动中发生的成本合理划分为直接成本和间接成本。直接成本是可直接计入有关成本计算对象或劳务的经营成本中的直接材料、直接人工等。间接成本是指多个部门为同一成本对象提供服务的共同成本，或者同一种投入可以制造、提供两种或两种以上的产品或劳务的联合成本。

直接成本可根据有关会计凭证、记录直接计入有关成本计算对象或劳务的经营成本中。间接成本必须根据与成本计算对象之间的因果关系、成本计算对象的产量等，以合理的方法分配计入有关成本计算对象中。

②费用，是指企业每一个纳税年度为生产、经营商品和提供劳务等所发生的销售（经营）费用、管理费用和财务费用。已经计入成本的有关费用除外。

销售费用，是指应由企业负担的为销售商品而发生的费用，包括广告费、运输费、装卸费、包装费、展览费、保险费、销售佣金（能直接认定的进口佣金调整商品进价成本）、代销手续费、经营性租赁费及销售部门发生的差旅费、工资、福利费等费用。

管理费用，是指企业的行政管理部门为管理组织经营活动提供各项支援性服务而发生的费用。

财务费用，是指企业筹集经营性资金而发生的费用，包括利息净支出、汇兑净损失、金融机构手续费以及其他非资本化支出。

③税金，是指企业发生的除企业所得税和允许抵扣的增值税以外的企业缴纳的各项税金及其附加。即企业按规定缴纳的消费税、城市维护建设税、关税、资源税、土地增值税、房产税、车船税、土地使用税、印花税、教育费附加等产品销售税金及附加。这些已纳税金准予税前扣除。准许扣除的税金有两种方式：一是在发生当期扣除；二是在发生当期计入相关资产的成本，在以后各期分摊扣除。

④损失，是指企业在生产经营活动中发生的固定资产和存货的盘亏、毁损、报废损失，转让财产损失，呆账损失，坏账损失，自然灾害等不可抗力因素造成的损失以及其他损失。

企业发生的损失，减除责任人赔偿和保险赔款后的余额，依照国务院财政、税务主管部门的规定扣除。

企业已经作为损失处理的资产，在以后纳税年度又全部收回或者部分收回时，应当计入当期收入。

⑤扣除的其他支出，是指除成本、费用、税金、损失外，企业在生产经营活动中发生的与生产经营活动有关的、合理的支出。

（3）扣除项目及其标准。

在计算应纳税所得额时，下列项目可按照实际发生额或规定的标准扣除。

①工资、薪金支出。

企业发生的合理的工资、薪金支出准予据实扣除。工资、薪金支出是企业每一纳税年度支付给本企业任职或与其有雇佣关系的员工的所有现金或非现金形式的劳动报酬，包括基本工资、奖金、津贴、补贴、年终加薪、加班工资，以及与任职或者是受雇有关的其他支出。

②职工福利费、工会经费、职工教育经费。

企业发生的职工福利费、工会经费、职工教育经费按标准扣除，未超过标准的按实际数扣除，超过标准的只能按标准扣除。

企业发生的职工福利费支出，不超过工资薪金总额14%的部分准予扣除。

③社会保险费。

④利息费用。

企业在生产、经营活动中发生的利息费用，按下列规定扣除。

非金融企业向金融企业借款的利息支出、金融企业的各项存款利息支出和同业拆借利息支出、企业经批准发行债券的利息支出可据实扣除。

非金融企业向非金融企业借款的利息支出，不超过按照金融企业同期同类贷款利率计算的数额的部分可据实扣除，超过部分不许扣除。

其中，所谓金融机构，是指各类银行、保险公司及经中国人民银行批准从事金融业务的非银行金融机构。包括国家专业银行、区域性银行、股份制银行、外资银行、中外合资银行以及其他综合性银行；还包括全国性保险企业、区域性保险企业、股份制保险企业、中外合资保险企业以及其他专业性保险企业；城市、农村信用社、各类财务公司以及其他从事信托投资、租赁等业务的专业和综合性非银行金融机构。非金融机构，是指除上述金融机构以外的所有企业、事业单位以及社会团体等企业或组织。

鉴于目前我国对金融企业利率要求的具体情况，企业在按照合同要求首次支付利息并进行税前扣除时，应提供金融企业的同期同类贷款利率情况说明，以证明其利息支出的合理性。

金融企业的同期同类贷款利率情况说明中，应包括在签订该借款合同当时，本省任何一家金融企业提供同期同类贷款利率情况。该金融企业应为经政府有关部门批准成立的可以从事贷款业务的企业，包括银行、财务公司、信托公司等金融机构。同期同类贷款利率是指在贷款期限、贷款金额、贷款担保以及企业信誉等条件基本相同下，金融企业提供贷款的利率。既可以是金融企业公布的同期同类平均利率，也可以是金融企业对某些企业提供的实际贷款利率。

关联企业利息费用的扣除。企业从其关联方接受的债权性投资与权益性投资的比例超过规定标准而发生的利息支出，不得在计算应纳税所得额时扣除。

在计算应纳税所得额时，企业实际支付给关联方的利息支出，不超过以下规定比例和税法及其实施条例有关规定计算的部分，准予扣除，超过的部分不得在发生当期和以后年度扣除。

企业实际支付给关联方的利息支出，除符合下面第②条规定外，其接受关联方债权性投资与其权益性投资比例为：金融企业5:1；其他企业2:1。

企业如果能够按照税法及其实施条例的有关规定提供相关资料，并证明相关交易活动符合独立交易原则的；或者该企业的实际税负不高于境内关联方的，其实际支付给境内关联方的利息支出，在计算应纳税所得额时准予扣除。

企业同时从事金融业务和非金融业务，其实际支付给关联方的利息支出，应按照合理方法分开计算；没有按照合理方法分开计算的，一律按前述有关其他企业的比例计算准予税前扣除的利息支出。

企业自关联方取得的不符合规定的利息收入应按照有关规定缴纳企业所得税。

企业向自然人借款的利息支出在企业所得税税前的扣除。

企业向股东或其他与企业有关联关系的自然人借款的利息支出，应根据《企业所得税法》第四十六条及《财政部 国家税务总局关于企业关联方利息支出税前扣除标准有关税收政策问题的通知》（财税〔2008〕121号）规定的条件，计算企业所得税扣除额。

企业向以上规定以外的内部职工或其他人员借款的利息支出，其借款情况同时符合以下条件的，其利息支出在不超过按照金融企业同期同类贷款利率计算的数额的部分，准予扣除。

条件一：企业与个人之间的借贷是真实、合法、有效的，并且不具有非法集资目的或其他违反法律、法规的行为；

条件二：企业与个人之间签订了借款合同。

⑤借款费用。

企业在生产经营活动中发生的合理的不需要资本化的借款费用，准予扣除。

企业为购置、建造固定资产、无形资产和经过12个月以上的建造才能达到预定可销售状态的存货发生借款的，在有关资产购置、建造期间发生的合理的借款费用，应予以资本化，作为资本性支出计入有关资产的成本；有关资产交付使用后发生的借款利息，可在发生当期扣除。

企业通过发行债券、取得贷款、吸收保户储金等方式融资而发生的合理的费用支出，符合资本化条件的，应计入相关资产成本；不符合资本化条件的，应作为财务费用，准予在企业所得税前据实扣除。

⑥汇兑损失。

企业在货币交易中，以及纳税年度终了时将人民币以外的货币性资产、负债按照期末即期人民币汇率中间价折算为人民币时产生的汇兑损失，除已经计入有关资产成本以及与向所有者进行利润分配相关的部分外，准予扣除。

⑦业务招待费。

企业发生的与生产经营活动有关的业务招待费支出，按照发生额的60%扣除，但最高不得超过当年销售（营业）收入的5‰。

对从事股权投资业务的企业（包括集团公司总部、创业投资企业等），其从被投资企业所分配的股息、红利以及股权转让收入，可以按规定的比例计算业务招待费扣除限额。

企业在筹建期间，发生的与筹办活动有关的业务招待费支出，可按实际发生额的60%计入企业筹办费，并按有关规定在税前扣除。

⑧广告费和业务宣传费。

企业发生的符合条件的广告费和业务宣传费支出，除国务院财政、税务主管部门另有规定外，不超过当年销售（营业）收入15%的部分，准予扣除；超过部分，准予结转以后纳税年度扣除。

企业在筹建期间，发生的广告费和业务宣传费，可按实际发生额计入企业筹办费，可按上述规定在税前扣除。

企业申报扣除的广告费支出应与赞助支出严格区分。企业申报扣除的广告费支出，必须符合下列条件：广告是通过工商部门批准的专门机构制作的；已实际支付费用，并已取得相应发票；通过一定的媒体传播。

⑨环境保护专项资金。

企业依照法律、行政法规有关规定提取的用于环境保护、生态恢复等方面的专项资金，准予扣除。上述专项资金提取后改变用途的，不得扣除。

⑩保险费。

企业参加财产保险，按照规定缴纳的保险费，准予扣除。

⑪租赁费。

企业根据生产经营活动的需要租入固定资产支付的租赁费，按照以下方法扣除：

以经营租赁方式租入固定资产发生的租赁费支出，按照租赁期限均匀扣除。经营性租赁是指所有权不转移的租赁。

以融资租赁方式租入固定资产发生的租赁费支出，按照规定构成融资租入固定资产价值的部分应当提取折旧费用，分期扣除。融资租赁是指在实质上转移与一项资产所有权有关的全部风险和报酬的一种租赁。

⑫劳动保护费。

企业发生的合理的劳动保护支出，准予扣除。自2011年7月1日起，企业根据其工作性质和特点，由企业统一制作并要求员工工作时统一着装所发生的工作服饰费用，根据《实施条例》第二十七条的规定，可以作为企业合理的支出给予税前扣除。

⑬公益性捐赠支出。

公益性捐赠，是指企业通过公益性社会团体或者县级（含县级）以上人民政府及其部门，用于《中华人民共和国公益事业捐赠法》规定的公益事业的捐赠。

企业发生的公益性捐赠支出，不超过年度利润总额12%的部分，准予扣除。年度利润总额，是指企业依照国家统一会计制度的规定计算的年度会计利润。

⑭有关资产的费用。

企业转让各类固定资产发生的费用，允许扣除。企业按规定计算的固定资产折旧费、无形资产和递延资产的摊销费，准予扣除。

⑮一总机构分摊的费用。

非居民企业在中国境内设立的机构、场所，就其中国境外总机构发生的与该机构、场所生产经营有关的费用，能够提供总机构出具的费用汇集范围、定额、分配依据和方法等证明文件，并合理分摊的，准予扣除。

⑯资产损失。

企业当期发生的固定资产和流动资产盘亏、毁损净损失，由其提供清查盘存资料经主管税务机关审核后，准予扣除。

⑰依照有关法律、行政法规和国家有关税法规定准予扣除的其他项目。如会员费、合理的会议费、差旅费、违约金、诉讼费用等。

⑱手续费及佣金支出。

企业发生的与生产经营有关的手续费及佣金支出，不超过以下规定计算限额以内的部分，准予扣除；超过部分，不得扣除。

保险企业：财产保险企业按当年全部保费收入扣除退保金等后余额的15%（含本数，下同）计算限额；人身保险企业按当年全部保费收入扣除退保金等后余额的10%计算限额。

其他企业：按与具有合法经营资格中介服务机构或个人（不含交易双方及其雇员、代理人各代表人等）所签订服务协议或合同确认的收入金额的5%计算限额。

企业应与具有合法经营资格的中介服务企业或个签订代办协议或合同，并按国家有关规定支付手续费及佣金。除委托个人代理外，企业以现金等非转账方式支付的手续费及佣金不得在税前扣除。企业为发行权益性证券支付给有关证券承销机构的手续费及佣金不得在税前扣除。

企业不得将手续费及佣金支出计入回扣、业务提成、返利、进场费筹费用。

企业已计入固定资产、无形资产等相关资产的手续费及佣金支出，应当通过折旧、摊销等方式分期扣除，不得在发生当期直接扣除。

企业支付的手续费及佣金不得直接冲减服务协议或合同金额，并如实入账：

企业应当如实向当地主管税务机关提供当年手续费及佣金计算分配表和其他相关资料，并依法取得合法真实凭证。

电信企业在发展客户、拓展业务等过程中（如委托销售电话入网卡、电话充值卡等），需向经纪人、代办商支付手续费及佣金的，其实际发生的相关手续费及佣金支出，不超过企业当年收入总额5%的部分，准予在企业所得税前据实扣除。

从事代理服务、主营业务收入为手续费、佣金的企业（如证券、期货、保险代理等企业），其为取得该类收入而实际发生的营业成本（包括手续费及佣金支出），准予在企业所得税前据实扣除。

⑲保险公司缴纳的保险保障基金。

保险保障基金，是指按照《中华人民共和国保险法》和《保险保障基金管理办法》（保监会、财政部、人民银行令2008年第2号）规定缴纳形成的，在规定情形下用于救助保单持有人、保单受让公司或者处置保险业风险的非政府性行业风险救助基金。

4. 不得扣除的项目

在计算应纳税所得额时，下列支出不得扣除：

（1）向投资者支付的股息、红利等权益性投资收益款项。

（2）企业所得税税款。

（3）税收滞纳金，是指纳税人违反税收法规，被税务机关处以的滞纳金。

（4）罚金、罚款和被没收财物的损失，是指纳税人违反国家有关法律、法规规定，被有关部门处以的罚款，以及被司法机关处以的罚金和被没收财物。

（5）超过规定标准的捐赠支出。

（6）赞助支出，是指企业发生的与生产经营活动无关的各种非广告性质支出。

（7）未经核定的准备金支出，是指不符合国务院财政、税务主管部门规定的各项资产减值准备、风险准备等准备金支出。

（8）企业之间支付的管理费、企业内营业机构之间支付的租金和特许权使用费，以及非银行企业内营业机构之间支付的利息，不得扣除。

（9）与取得收入无关的其他支出。

9.3 具体实务疑难问题

9.3.1 新企业所得税年度纳税申报表变化情况一览表

2014 年版		2017 年版		简要说明
项目	填报内容	项目	填报内容	
总体说明	本表为年度纳税申报表主表，企业应该根据《中华人民共和国企业所得税法》及其实施条例（以下简称税法）、相关税收政策，以及国家统一会计制度（企业会计准则、小企业会计准则、企业会计制度、事业单位会计准则和民间非营利组织会计制度等）的规定，计算填报纳税人利润总额、应纳税所得额、应纳税额和附列资料等有关项目。 企业在计算应纳税所得额及应纳所得税时，企业财务、会计处理办法与税法规定不一致的，应当按照税法规定计算。税法规定不明确的，在没有明确规定之前，暂按企业财务、会计规定计算。	总体说明	本表为企业所得税年度纳税申报表主表，企业应该根据《中华人民共和国企业所得税法》及其实施条例（以下简称税法）、相关税收政策，以及国家统一会计制度（企业会计准则、小企业会计准则、企业会计制度、事业单位会计准则和民间非营利组织会计制度等）的规定，计算填报纳税人利润总额、应纳税所得额和应纳税额等有关项目。 企业在计算应纳税所得额及应纳所得税时，企业会计处理与税收规定不一致的，应当按照税收规定计算。税收规定不明确的，在没有明确规定之前，暂按国家统一会计制度计算。	1、删除附列资料； 2、强调是国家统一会计制度，因为该申报表适用企业、事业单位及非营利组织。
（一）表体项目	本表是在纳税人会计利润总额的基础上，加减纳税调整等金额后计算出“纳税调整后所得”（应纳税所得额）。会计与税法的差异（包括收入类、扣除类、资产类等差异）通过《纳税调整项目明细表》（A105000）集中填报。 本表包括利润总额计算、应纳税所得额计算、应纳税额计算、附列资料四个部分。 1.“利润总额计算”中的项目，按照国家统一会计制度口径计算填报。实行企业会计准则、小企业会计准则、企业会计制度、分行业会计制度纳税人其数据直接取自利润表；实行事业单位会计准则的纳税人其数据取自收入支出表；实行民间非营利组织会计制度纳税人其数据取自业务活动表；实行其他国家统一会计制度的纳税人，根据本表项目进行分析填报。 2.“应纳税所得额计算”和“应纳税额计算”中的项目，除根据主表逻辑关系计算的外，通过附表相应栏次填报。	（一）表体项目	本表是在纳税人会计利润总额的基础上，加减纳税调整等金额后计算出“纳税调整后所得”。会计与税法的差异（包括收入类、扣除类、资产类等差异）通过《纳税调整项目明细表》（A105000）集中填报。 本表包括利润总额计算、应纳税所得额计算、应纳税额计算三个部分。 1.“利润总额计算”中的项目，按照国家统一会计制度规定计算填报。实行企业会计准则、小企业会计准则、企业会计制度、分行业会计制度纳税人其数据直接取自利润表；实行事业单位会计准则的纳税人其数据取自收入支出表；实行民间非营利组织会计制度纳税人其数据取自业务活动表；实行其他国家统一会计制度的纳税人，根据本表项目进行分析填报。 2.“应纳税所得额计算”和“应纳税额计算”中的项目，除根据主表逻辑关系计算的外，通过附表相应栏次填报。	删除附列资料

续表

2014年版		2017年版		简要说明
项目	填报内容	项目	填报内容	
（二）行次说明	第1-13行参照企业会计准则利润表的说明编写。	（二）行次说明	第1-13行参照国家统一会计制度规定填写。	强调是国家统一会计制度。
1.第1行"营业收入"	填报纳税人主要经营业务和其他经营业务取得的收入总额。本行根据"主营业务收入"和"其他业务收入"的数额填报。一般企业纳税人通过《一般企业收入明细表》（A101010）填报；金融企业纳税人通过《金融企业收入明细表》（A101020）填报；事业单位、社会团体、民办非企业单位、非营利组织等纳税人通过《事业单位、民间非营利组织收入、支出明细表》（A103000）填报。	1.第1行"营业收入"	填报纳税人主要经营业务和其他经营业务取得的收入总额。本行根据"主营业务收入"和"其他业务收入"的数额填报。一般企业纳税人根据《一般企业收入明细表》（A101010）填报；金融企业纳税人根据《金融企业收入明细表》（A101020）填报；事业单位、社会团体、民办非企业单位、非营利组织等纳税人根据《事业单位、民间非营利组织收入、支出明细表》（A103000）填报。	
2.第2行"营业成本"项目	填报纳税人主要经营业务和其他经营业务发生的成本总额。本行根据"主营业务成本"和"其他业务成本"的数额填报。一般企业纳税人通过《一般企业成本支出明细表》（A102010）填报；金融企业纳税人通过《金融企业支出明细表》（A102020）填报；事业单位、社会团体、民办非企业单位、非营利组织等纳税人，通过《事业单位、民间非营利组织收入、支出明细表》（A103000）填报。	2.第2行"营业成本"项目	填报纳税人主要经营业务和其他经营业务发生的成本总额。本行根据"主营业务成本"和"其他业务成本"的数额填报。一般企业纳税人根据《一般企业成本支出明细表》（A102010）填报；金融企业纳税人根据《金融企业支出明细表》（A102020）填报；事业单位、社会团体、民办非企业单位、非营利组织等纳税人，根据《事业单位、民间非营利组织收入、支出明细表》（A103000）填报。	
3.第3行"营业税金及附加"	填报纳税人经营活动发生的营业税、消费税、城市维护建设税、资源税、土地增值税和教育费附加等相关税费。本行根据纳税人相关会计科目填报。纳税人在其他会计科目核算的本行不得重复填报。	3.第3行"税金及附加"	填报纳税人经营活动发生的消费税、城市维护建设税、资源税、土地增值税和教育费附加等相关税费。本行根据纳税人相关会计科目填报。纳税人在其他会计科目核算的税金不得重复填报。	财会〔2016〕22号：全面试行营业税改征增值税后，"营业税金及附加"科目名称调整为"税金及附加"科目，该科目核算企业经营活动发生的消费税、城市维护建设税、资源税、教育费附加及房产税、土地使用税、车船使用税、印花税等相关税费；利润表中的"营业税金及附加"项目调整为"税金及附加"项目。

续表

2014年版		2017年版		简要说明
项目	填报内容	项目	填报内容	
4.第4行"销售费用"	填报纳税人在销售商品和材料、提供劳务的过程中发生的各种费用。本行通过《期间费用明细表》（A104000）中对应的"销售费用"填报。	4.第4行"销售费用"	填报纳税人在销售商品和材料、提供劳务的过程中发生的各种费用。本行根据《期间费用明细表》（A104000）中对应的"销售费用"填报。	
5.第5行"管理费用"	填报纳税人为组织和管理企业生产经营发生的管理费用。本行通过《期间费用明细表》（A104000）中对应的"管理费用"填报。	5.第5行"管理费用"	填报纳税人为组织和管理企业生产经营发生的管理费用。本行根据《期间费用明细表》（A104000）中对应的"管理费用"填报。	
6.第6行"财务费用"	填报纳税人为筹集生产经营所需资金等发生的筹资费用。本行通过《期间费用明细表》（A104000）中对应的"财务费用"填报。	6.第6行"财务费用"	填报纳税人为筹集生产经营所需资金等发生的筹资费用。本行根据《期间费用明细表》（A104000）中对应的"财务费用"填报。	
7.第7行"资产减值损失"	填报纳税人计提各项资产准备发生的减值损失。本行根据企业"资产减值损失"科目上的数额填报。实行其他会计准则等的比照填报。	7.第7行"资产减值损失"	填报纳税人计提各项资产准备发生的减值损失。本行根据企业"资产减值损失"科目上的数额填报。实行其他会计制度的比照填报。	
8.第8行"公允价值变动收益"	填报纳税人在初始确认时划分为以公允价值计量且其变动计入当期损益的金融资产或金融负债（包括交易性金融资产或负债，直接指定为以公允价值计量且其变动计入当期损益的金融资产或金融负债），以及采用公允价值模式计量的投资性房地产、衍生工具和套期业务中公允价值变动形成的应计入当期损益的利得或损失。本行根据企业"公允价值变动损益"科目的数额填报。（损失以"-"号填列）	8.第8行"公允价值变动收益"	填报纳税人在初始确认时划分为以公允价值计量且其变动计入当期损益的金融资产或金融负债（包括交易性金融资产或负债，直接指定为以公允价值计量且其变动计入当期损益的金融资产或金融负债），以及采用公允价值模式计量的投资性房地产、衍生工具和套期业务中公允价值变动形成的应计入当期损益的利得或损失。本行根据企业"公允价值变动损益"科目的数额填报，损失以"-"号填列。	注意新修订的会计准则。
9.第9行"投资收益"	填报纳税人以各种方式对外投资确认所取得的收益或发生的损失。根据企业"投资收益"科目的数额计算填报；实行事业单位会计准则的纳税人根据"其他收入"科目中的投资收益金额分析填报（损失以"-"号填列）。实行其他会计准则等的比照填报。	9.第9行"投资收益"	填报纳税人以各种方式对外投资确认所取得的收益或发生的损失。根据企业"投资收益"科目的数额计算填报，实行事业单位会计准则的纳税人根据"其他收入"科目中的投资收益金额分析填报，损失以"-"号填列。实行其他会计制度的纳税人比照填报。	

续表

2014年版		2017年版		简要说明
项目	填报内容	项目	填报内容	
10. 第10行“营业利润”	填报纳税人当期的营业利润。根据上述项目计算填列。	10. 第10行“营业利润”	填报纳税人当期的营业利润。根据上述项目计算填列。	
11. 第11行“营业外收入”	填报纳税人取得的与其经营活动无直接关系的各项收入的金额。一般企业纳税人通过《一般企业收入明细表》（A101010）填报；金融企业纳税人通过《金融企业收入明细表》（A101020）填报；实行事业单位会计准则或民间非营利组织会计制度的纳税人通过《事业单位、民间非营利组织收入、支出明细表》（A103000）填报。	11. 第11行“营业外收入”	填报纳税人取得的与其经营活动无直接关系的各项收入的金额。一般企业纳税人根据《一般企业收入明细表》（A101010）填报；金融企业纳税人根据《金融企业收入明细表》（A101020）填报；实行事业单位会计准则或民间非营利组织会计制度的纳税人根据《事业单位、民间非营利组织收入、支出明细表》（A103000）填报。	
12. 第12行“营业外支出”	填报纳税人发生的与其经营活动无直接关系的各项支出的金额。一般企业纳税人通过《一般企业成本支出明细表》（A102010）填报；金融企业纳税人通过《金融企业支出明细表》（A102020）填报；实行事业单位会计准则或民间非营利组织会计制度的纳税人通过《事业单位、民间非营利组织收入、支出明细表》（A103000）填报。	12. 第12行“营业外支出”	填报纳税人发生的与其经营活动无直接关系的各项支出的金额。一般企业纳税人根据《一般企业成本支出明细表》（A102010）填报；金融企业纳税人根据《金融企业支出明细表》（A102020）填报；实行事业单位会计准则或民间非营利组织会计制度的纳税人根据《事业单位、民间非营利组织收入、支出明细表》（A103000）填报。	
13. 第13行“利润总额”	填报纳税人当期的利润总额。根据上述项目计算填列。	13. 第13行“利润总额”	填报纳税人当期的利润总额。根据上述项目计算填列。	
14. 第14行“境外所得”	填报纳税人发生的分国（地区）别取得的境外税后所得计入利润总额的金额。填报《境外所得纳税调整后所得明细表》（A108010）第14列减去第11列的差额。	14. 第14行“境外所得”	填报纳税人取得的境外所得且已计入利润总额的金额。本行根据《境外所得纳税调整后所得明细表》（A108010）填报。	财税〔2017〕84号：增加不分国（地区）别不分项的“综合抵免法”，并自2017年1月1日开始执行。

续表

2014 年版		2017 年版		简要说明
项目	填报内容	项目	填报内容	
15. 第 15 行“纳税调整增加额”	填报纳税人会计处理与税收规定不一致，进行纳税调整增加的金额。本行通过《纳税调整项目明细表》（A105000）“调增金额”列填报。	15. 第 15 行“纳税调整增加额”	填报纳税人会计处理与税收规定不一致，进行纳税调整增加的金额。本行根据《纳税调整项目明细表》（A105000）“调增金额”列填报。	
16. 第 16 行“纳税调整减少额”	填报纳税人会计处理与税收规定不一致，进行纳税调整减少的金额。本行通过《纳税调整项目明细表》（A105000）“调减金额”列填报。	16. 第 16 行“纳税调整减少额”	填报纳税人会计处理与税收规定不一致，进行纳税调整减少的金额。本行根据《纳税调整项目明细表》（A105000）“调减金额”列填报。	
17. 第 17 行“免税、减计收入及加计扣除”	填报属于税法规定免税收入、减计收入、加计扣除金额。本行通过《免税、减计收入及加计扣除优惠明细表》（A107010）填报	17. 第 17 行“免税、减计收入及加计扣除”	填报属于税收规定免税收入、减计收入、加计扣除金额。本行根据《免税、减计收入及加计扣除优惠明细表》（A107010）填报。	
18. 第 18 行“境外应税所得抵减境内亏损”	填报纳税人根据税法规定，选择用境外所得抵减境内亏损的数额。本行通过《境外所得税收抵免明细表》（A108000）填报。	18. 第 18 行“境外应税所得抵减境内亏损”	当纳税人选择不用境外所得抵减境内亏损时，填报 0；当纳税人选择用境外所得抵减境内亏损时，填报境外所得抵减当年度境内亏损的金额，用境外所得弥补以前年度境内亏损的，填报《境外所得税收抵免明细表》（A108000）。	
19. 第 19 行“纳税调整后所得”	填报纳税人经过纳税调整、税收优惠、境外所得计算后的所得额。	19. 第 19 行“纳税调整后所得”	填报纳税人经过纳税调整、税收优惠、境外所得计算后的所得额。	
20. 第 20 行“所得减免”	填报属于税法规定所得减免金额。本行通过《所得减免优惠明细表》（A107020）填报，本行＜ 0 时，填写负数。	20. 第 20 行“所得减免”	填报属于税收规定所得减免金额。本行根据《所得减免优惠明细表》（A107020）填报。	
21. 第 21 行“抵扣应纳税所得额”	填报根据税法规定应抵扣的应纳税所得额。本行通过《抵扣应纳税所得额明细表》（A107030）填报。	21. 第 21 行“抵扣应纳税所得额”	填报根据税法规定应抵扣的应纳税所得额。本行通过《抵扣应纳税所得额明细表》（A107030）填报。	

续表

2014年版		2017年版		简要说明
项目	填报内容	项目	填报内容	
22. 第22行“弥补以前年度亏损”	填报纳税人按照税法规定可在税前弥补的以前年度亏损的数额，本行根据《企业所得税弥补亏损明细表》（A106000）填报。	22. 第22行“弥补以前年度亏损”	填报纳税人按照税收规定可在税前弥补的以前年度亏损数额，本行根据《企业所得税弥补亏损明细表》（A106000）填报。	
23. 第23行“应纳税所得额”	金额等于本表第19-20-21-22行计算结果。本行不得为负数。本表第19行或者按照上述行次顺序计算结果本行为负数，本行金额填零。	23. 第23行“应纳税所得额”	金额等于本表第19-20-21-22行计算结果。本行不得为负数。按照上述行次顺序计算结果本行为负数，本行金额填零。	
24. 第24行“税率”	填报税法规定的税率25%。	24. 第24行“税率”	填报税法规定的税率25%。	
25. 第25行“应纳所得税额”	金额等于本表第23×24行。	25. 第25行“应纳所得税额”	金额等于本表第23×24行。	
26. 第26行“减免所得税额”	填报纳税人按税法规定实际减免的企业所得税额。本行通过《减免所得税优惠明细表》（A107040）填报。	26. 第26行“减免所得税额”	填报纳税人按税收规定实际减免的企业所得税额。本行根据《减免所得税优惠明细表》（A107040）填报。	
27. 第27行“抵免所得税额”	填报企业当年的应纳所得税额中抵免的金额。本行通过《税额抵免优惠明细表》（A107050）填报。	27. 第27行“抵免所得税额”	填报企业当年的应纳所得税额中抵免的金额。本行根据《税额抵免优惠明细表》（A107050）填报。	
28. 第28行“应纳税额”	金额等于本表第25-26-27行。	28. 第28行“应纳税额”	金额等于本表第25-26-27行。	
29. 第29行“境外所得应纳所得税额”	填报纳税人来源于中国境外的所得，按照我国税法规定计算的应纳所得税额。本行通过《境外所得税收抵免明细表》（A108000）填报。	29. 第29行“境外所得应纳所得税额”	填报纳税人来源于中国境外的所得，按照我国税收规定计算的应纳所得税额。本行根据《境外所得税收抵免明细表》（A108000）填报。	

续表

2014 年版		2017 年版		简要说明
项目	填报内容	项目	填报内容	
30. 第 30 行“境外所得抵免所得税额”	填报纳税人来源于中国境外所得依照中国境外税收法律以及相关规定应缴纳并实际缴纳（包括视同已实际缴纳）的企业所得税性质的税款（准予抵免税款）。本行通过《境外所得税收抵免明细表》（A108000）填报。	30. 第 30 行“境外所得抵免所得税额”	填报纳税人来源于中国境外所得依照中国境外税收法律以及相关规定应缴纳并实际缴纳（包括视同已实际缴纳）的企业所得税性质的税款（准予抵免税款）。本行根据《境外所得税收抵免明细表》（A108000）填报。	
31. 第 31 行“实际应纳所得税额”	填报纳税人当期的实际应纳所得税额。金额等于本表第 28+29-30 行。	31. 第 31 行“实际应纳所得税额”	填报纳税人当期的实际应纳所得税额。金额等于本表第 28+29-30 行。	
32. 第 32 行“本年累计实际已预缴的所得税额”	填报纳税人按照税法规定本纳税年度已在月（季）度累计预缴的所得税额，包括按照税法规定的特定业务已预缴（征）的所得税额，建筑企业总机构直接管理的跨地区设立的项目部按规定向项目所在地主管税务机关预缴的所得税额。	32. 第 32 行“本年累计实际已预缴的所得税额”	填报纳税人按照税收规定本纳税年度已在月（季）度累计预缴的所得税额，包括按照税收规定的特定业务已预缴（征）的所得税额，建筑企业总机构直接管理的跨地区设立的项目部按规定向项目所在地主管税务机关预缴的所得税额。	
33. 第 33 行“本年应补（退）的所得税额”	填报纳税人当期应补（退）的所得税额。金额等于本表第 31-32 行。	33. 第 33 行“本年应补（退）的所得税额”	填报纳税人当期应补（退）的所得税额。金额等于本表第 31-32 行。	
34. 第 34 行“总机构分摊本年应补（退）所得税额”	填报汇总纳税的总机构按照税收规定在总机构所在地分摊本年应补（退）所得税款。本行根据《跨地区经营汇总纳税企业年度分摊企业所得税明细表》（A109000）填报。	34. 第 34 行“总机构分摊本年应补（退）所得税额”	填报汇总纳税的总机构按照税收规定在总机构所在地分摊本年应补（退）所得税额。本行根据《跨地区经营汇总纳税企业年度分摊企业所得税明细表》（A109000）填报。	

续表

2014 年版		2017 年版		简要说明
项目	填报内容	项目	填报内容	
35. 第 35 行“财政集中分配本年应补（退）所得税额”	填报汇总纳税的总机构按照税收规定财政集中分配本年应补（退）所得税款。本行根据《跨地区经营汇总纳税企业年度分摊企业所得税明细表》（A109000）填报。	35. 第 35 行“财政集中分配本年应补（退）所得税额”	填报汇总纳税的总机构按照税收规定财政集中分配本年应补（退）所得税款。本行根据《跨地区经营汇总纳税企业年度分摊企业所得税明细表》（A109000）填报。	
36. 第 36 行“总机构主体生产经营部门分摊本年应补（退）所得税额”	填报汇总纳税的总机构所属的具有主体生产经营职能的部门按照税收规定应分摊的本年应补（退）所得税额。本行根据《跨地区经营汇总纳税企业年度分摊企业所得税明细表》（A109000）填报。	36. 第 36 行“总机构主体生产经营部门分摊本年应补（退）所得税额”	填报汇总纳税的总机构所属的具有主体生产经营职能的部门按照税收规定应分摊的本年应补（退）所得税额。本行根据《跨地区经营汇总纳税企业年度分摊企业所得税明细表》（A109000）填报。	
37. 第 37 行“以前年度多缴的所得税额在本年抵减额”	填报纳税人以前纳税年度汇算清缴多缴的税款尚未办理退税、并在本纳税年度抵缴的所得税额。	删除	删除	
38. 第 38 行“以前年度应缴未缴在本年入库所得额”	填报纳税人以前纳税年度应缴未缴在本纳税年度入库所得税额。	删除	删除	

9.3.2 收入类疑难问题

1. 不征税收入与免税收入的区别有哪些?

（1）从根本上来说，免税收入是国家优惠政策，对于某些该交税的经营活动准予其不交税，有可能是鼓励此项经济活动；而不征税收入是本身不需要交税的活动。

（2）不征税收入是指从性质和根源上不属于企业营利性活动带来的经济利益、不负有纳税义务并不作为应纳税所得额组成部分的收入。比如一些政府拨款、行政事业性收费。

（3）根据税法的一些规定：免税收入，本身已构成应税收入但予以免除，属于税收优惠项目。具体包括以下4项：国债利息收入；符合条件的居民企业之间的股息、红利等权益性投资收益；在中国境内设立机构、场所的非居民企业从居民企业取得与该机构、场所有实际联系的股息、红利等权益性投资收益；符合条件的非营利组织的非营利性收入，不包括非营利组织从事营利性活动取得的收入。

总之，免税收入是企业所得税税收优惠的一种，而不征税收入不属于税收优惠，只是属于国家明确的不予征税的收入。特别强调的是免税收入需要纳税人按规定向税务机关履行备案手续，而不征税收入只需条件符合即可申报。

2. 企业在筹建期收到政府补助如何进行涉税处理?

按照会计准则第16号规定，政府补助分为两类（按新修订会计准则政府补助的确认及会计处理）：

（1）与资产相关的政府补助，应当冲减相关资产的账面价值或确认为递延收益。与资产相关的政府补助确认为递延收益的，应当在相关资产使用寿命内按照合理、系统的方法分期计入损益。

（2）与收益相关的政府补助：①用于补偿企业以后期间的相关费用或损失的，确认为递延收益，并在确认相关费用或损失的期间，计入当期损益或冲减相关成本。②用于补偿企业已发生的相关费用或损失的，直接计入当期损益或冲减相关成本。

对于收到政府补助所得税处理应当首先判定是否属于不征税收入，如果符合不征税收入条件按照财税〔2011〕70号文件相关规定处理；如果不符合不征税收入条件应当作为政府补助在收到当期确认应税所得，发生的相关支出允许在税前扣除。

3．稳岗补贴是否要申报企业所得税？

企业取得的稳岗补贴，是按照国务院下发的《关于进一步做好新形势下就业创业工作的意见》（国发〔2015〕23号）以及人力资源和社会保障部、财政部、国家发展和改革委员会、工业和信息化部下发《关于失业保险支持企业稳定岗位有关问题的通知》（人社部发〔2014〕76号）规定，由财政部门拨付的专项资金，有着专门的资金管理办法和具体管理要求，企业能够对该项资金以及以该资金发生的支出单独核算的，即符合《企业所得税法》规定的不征税收入，在计算应纳税所得额中予以减除。

4．从劳动和社会保障部门取得的职业培训补贴和岗位用工补贴，是否要缴纳企业所得税？如果是出国参展，取得财政局补助的展位费呢？

根据《财政部 国家税务总局关于专项用途财政性资金有关企业所得税处理问题的通知》（财税〔2009〕87号）规定，对企业在2008年1月1日～2010年12月31日，从县级以上各级人民政府财政部门及其他部门取得的应计入收入总额的财政性资金，凡同时符合以下条件的，可以作为不征税收入，在计算应纳税所得额时从收入总额中减除：（1）企业能够提供资金拨付文件，且文件中规定该资金的专项用途。（2）财政部门或其他拨付资金的政府部门对该资金有专门的资金管理办法或具体管理要求。（3）企业对该资金以及以该资金发生的支出单独进行核算。财政性资金作不征税收入处理后，在5年（60个月）内未发生支出且未缴回财政或其他拨付资金的政府部门的部分，应重新计入取得该资金第6年的收入总额。重新计入收入总额的财政性资金发生的支出，允许在计算应纳税所得额时扣除。

综合上述规定，如果某公司是从县级（含本级）以上劳动和社会保障部门取得上述财政性资金，且同时符合上述文件规定的不征税收入三个条件的，可以作为不征税收入处理。但是不征税收入用于支出形成的费用以及资产的折旧、摊销不得税前扣除。

5．权益性投资收益收入时间如何确认？

企业权益性投资取得股息、红利等收入，应以被投资企业股东会或股东大会作出利润分配或转股决定的日期，确定收入的实现。

6．企业为出租方，与承租方签订了为期两年的房屋租赁合同，合同中约

定租金在租期开始时一次性支付，出租方如何确认收入?

根据《国家税务总局关于贯彻落实企业所得税法若干税收问题的通知》（国税函〔2010〕79号）规定：企业提供固定资产、包装物或者其他有形资产的使用权取得的租金收入，应按交易合同或协议规定的承租人应付租金的日期确认收入的实现。其中，如果交易合同或协议中规定租赁期限跨年度，且租金提前一次性支付的，根据《实施条例》第九条规定的收入与费用配比原则，出租人可对上述已确认的收入，在租赁期内，分期均匀计入相关年度收入。

7. 免租期的租金如何进行税务处理?

预收租金收入不能完全按照权责发生制原则确认，也应当按照合同约定的承租人应付租金的日期确认收入的实现，税收与会计确认收入会产生时间性差异，企业预收的租金收入当年应作纳税调增处理，计入预收当年的应纳税所得额，计征企业所得税。（国税函〔2010〕79号）对《企业所得税法实施条例》第十九条规定的补充修改，意味着企业提前一次性收到租赁期跨年度的租金收入可以在租赁期内根据权责发生制原则，分期均匀计入相关年度收入。但出租人分期均匀确认租金收入必须同时具备两个条件：

一是合同或协议规定租赁期限为跨年度。

二是租金为提前一次性支付。

8. 企业自产的货物用于职工奖励，以什么价格确认销售收入?

《国家税务总局关于企业处置资产所得税处理问题的通知》（国税函〔2008〕828号）第二条规定，企业将资产移送他人的下列情形，因资产所有权属已发生改变而不属于内部处置资产，应按规定视同销售确定收入：

（1）用于市场推广或销售。

（2）用于交际应酬。

（3）用于职工奖励或福利。

（4）用于股息分配。

（5）用于对外捐赠。

（6）其他改变资产所有权属的用途。

《国家税务总局关于企业所得税有关问题的公告》（国家税务总局公告2016年第80号）规定，企业发生《国家税务总局关于企业处置资产所得税处理问题的通知》（国税函〔2008〕828号）第二条规定情形的，除另有规定外，应按照被移送资产的公允价值确定销售收入。

9. 关联企业间“无息借款”如何进行税务处理？

《企业所得税法实施条例》有如下几条规定：

第二十五条规定：企业发生非货币性资产交换，以及将货物、财产、劳务用于捐赠、偿债、赞助、集资、广告、样品、职工福利或者利润分配等用途的，应当视同销售货物、转让财产或者提供劳务，但国务院财政、税务主管部门另有规定的除外。

第十五条规定：企业所得税法第六条第（二）项所称提供劳务收入，是指企业从事建筑安装、修理修配、交通运输、仓储租赁、金融保险、邮电通信、咨询经纪、文化体育、科学研究、技术服务、教育培训、餐饮住宿、中介代理、卫生保健、社区服务、旅游、娱乐、加工以及其他劳务服务活动取得的收入。

第十八条规定：企业所得税法第六条第（五）项所称利息收入，是指企业将资金提供他人使用但不构成权益性投资，或者因他人占用本企业资金取得的收入，包括存款利息、贷款利息、债券利息、欠款利息等收入。利息收入，按照合同约定的债务人应付利息的日期确认收入的实现。

10. 核定征收企业取得银行存款利息，是否缴纳企业所得税？

《国税总局关于企业所得税核定征收若干问题的通知》（国税函〔2009〕377号）第二条规定，（国税发〔2008〕30号）文件第六条中的“应税收入额”，等于收入总额减去不征税收入和免税收入后的余额。用公式表示为：应税收入额=收入总额－不征税收入－免税收入。其中，收入总额为企业以货币形式和非货币形式从各种来源取得的收入。《企业所得税法实施条例》第十八条第一款规定，企业所得税法第六条第（五）项所称利息收入，是指企业将资金提供他人使用但不构成权益性投资，或者因他人占用本企业资金取得的收入，包括存款利息、贷款利息、债券利息、欠款利息等收入。《青岛市地方税务局关于印发〈2010年所得税问题解答的通知〉》（青地税函〔2011〕4号）规定，根据《企业所得税法》第五条及其实施条例第十八条规定，银行存款利息属于中华人民共和国企业所得税法规定的收入总额的组成部分。因此，根据《国家税务总局关于企业所得税核定征收若干问题的通知》（国税函〔2009〕377号）规定，银行存款利息应计入应税收入额，按照规定的应税所得率计算缴纳企业所得税。根据上述规定，利息收入属于企业所得税法规定的收入总额的组成部分。因此，银行存款利息应计入应税收入额，按照规定的应税所得率计算缴纳企业所得税。

11. 企业将资产移送他人用于市场推广或销售，如何所得税处理?

根据《中华人民共和国企业所得税法实施条例》（中华人民共和国国务院令第512号）第二十五条规定："企业发生非货币性资产交换，以及将货物、财产、劳务用于捐赠、偿债、赞助、集资、广告、样品、职工福利或者利润分配等用途的，应当视同销售货物、转让财产或者提供劳务，但国务院财政、税务主管部门另有规定的除外。"

12. 企业转让股权是否应缴纳企业所得税?

《国家税务总局关于贯彻落实企业所得税法若干税收问题的通知》（国税函〔2010〕79号）第三条"关于股权转让所得确认和计算问题"规定，企业转让股权收入，应于转让协议生效、且完成股权变更手续时，确认收入的实现。转让股权收入扣除为取得该股权所发生的成本后，为股权转让所得。企业在计算股权转让所得时，不得扣除被投资企业未分配利润等股东留存收益中按该项股权所可能分配的金额。

13. 不征税收入的成本能否在企业所得税税前扣除?

企业所得税法第八条所称合理的支出，是指符合生产经营活动常规，应当计入当期损益或者有关资产成本的必要和正常的支出。

所称成本，是指企业在生产经营活动中发生的销售成本、销货成本、业务支出以及其他耗费。

不征税收入用于支出所形成的费用，不得在计算应纳税所得额时扣除；用于支出所形成的资产，其计算的折旧、摊销不得在计算应纳税所得额时扣除。

14. 企业当年度实际发生的相关成本、费用，未能及时取得该成本、费用等有效凭证的，在企业所得税季度预缴和汇算清缴时，应分别如何处理?

企业当年度实际发生的相关成本、费用，由于各种原因未能及时取得该成本、费用的有效凭证，企业在预缴季度所得税时，可暂按账面发生金额进行核算；但在汇算清缴时，应补充提供该成本、费用的有效凭证。

本公告自2011年7月1日起施行。本公告施行以前，企业发生的相关事项已经按照本公告规定处理的，不再调整；已经处理，但与本公告规定处理不一致的，凡涉及需要按照本公告规定调减应纳税所得额的，应当在本公告施行后相应调减2011年度企业应纳税所得额。

9.3.3 扣除类疑难问题

1. 提前解除员工劳动合同所支付的补偿金能否税前扣除?

解除劳动合同支付的补偿金不超过当地年平均工资3倍的免征税，超过3倍的数额部分的一次性补偿收入，除以个人在本企业的工作年限数（超过12年的按12年计算），一起商数作为个人的月工资、薪金收入，按照规定计算交纳个人所得税。

2. 企业离职补偿金可以作为三项经费计提基数吗?

个人所得税法将离职补偿金作为“工资、薪金”处理，同时《企业所得税法》明确按照“据实扣除”的原则予以税前扣除。《财政部 国家税务总局关于个人与用人单位解除劳动关系取得的一次性补偿收入征免个人所得税问题的通知》（财税〔2001〕157号）规定，个人因与用人单位解除劳动关系而取得的一次性补偿收入，在当地上年职工平均工资3倍数额以内的部分，免征个人所得税；超过的部分按照《国家税务总局关于个人因解除劳动合同取得经济补偿金征收个人所得税问题的通知》（国税发〔1999〕178号）的有关规定，计算征收个人所得税。在《国家税务总局关于华为集团内部人员调动离职补偿税前扣除问题的批复》（税总函〔2015〕299号）中也规定，离职补偿事项的税务处理要按照据实扣除原则，待职工从企业离职并实际领取离职补偿费后，企业可按规定进行税前扣除。

3. 母子公司框架下，母子公司均向派遣员工支付工资、奖金及补贴如何进行税前扣除?

工资薪金是指支付给在本企业任职或者受雇的员工的所有现金形式或者非现金形式的劳动报酬。调配的员工与母公司签订劳动合同，属于受雇于母公司，子公司支付的工资通常理解应不能作为子公司工资薪金税前扣除。

4. 企业为员工租房而支付的费用，企业所得税税前扣除时应如何处理?

根据《国家税务总局关于企业工资薪金及职工福利费扣除问题的通知》（国税函〔2009〕3号）第三条规定：“《实施条例》第四十条规定的企业职工福利费，包括以下内容：为职工卫生保健、生活、住房、交通等所发放的各项补贴和非货币性福利，包括企业向职工发放的因公外地就医费用、未实行医疗统筹企业职工医疗费用、职工供养直系亲属医疗补贴、供暖费补贴、职工防暑降温费、职工困难补贴、救济费、职工食堂经费补贴、职工交通补贴等。”

因此，根据上述规定，企业以货币形式向职工提供的住房补助或以非货币形式提供住房的支出均应列入职工福利费的内容，若企业为员工租房，与公寓直接签订租赁协议并取得抬头为公司发票，可以作为职工福利费计算税前扣除。若员工以个人名义签订租房协议，取得抬头为个人的租房发票，公司凭该发票为其报销租房费用，不能列入职工福利费，属于与企业无关的支出不能在税前扣除。

5. 职工旅游费能否在税前扣除？

财政部、国家税务总局《关于企业以免费旅游方式提供对营销人员个人奖励有关个人所得税政策的通知》（财税〔2004〕11号）规定，对商品营销活动中，企业和单位对营销业绩突出人员以培训班、研讨会、工作考察等名义组织旅游活动，通过免收差旅费、旅游费对个人实行的营销业绩奖励（包括实物、有价证券等），应根据所发生费用全额计入营销人员应税所得，依法征收个人所得税，并由提供上述费用的企业和单位代扣代缴。其中，对企业雇员享受的此类奖励，应与当期的工资、薪金合并，按照“工资、薪金所得”项目征收个人所得税。

6. 企业为部分高管支付的补充保险费可否税前扣除？

《财政部 国家税务总局关于补充养老保险费、补充医疗保险费有关企业所得税政策问题的通知》（财税〔2009〕27号）规定，自2008年1月1日起，企业根据国家有关政策规定，为在本企业任职或者受雇的全体员工支付的补充养老保险费、补充医疗保险费，分别在不超过职工工资总额5%标准内的部分，在计算应纳税所得额时准予扣除；超过的部分，不予扣除。

7. 存款保险保费是否允许税前扣除？

根据《财政部 国家税务总局关于银行业金融机构存款保险保费企业所得税税前扣除有关政策问题的通知》（财税〔2016〕106号）规定：“银行业金融机构依据《存款保险条例》的有关规定，按照不超过万分之一点六的存款保险费率，计算交纳的存款保险保费（不包括存款保险滞纳金），准予在企业所得税税前扣除。”

8. 房地产企业提取的准备金能否税前扣除？

《中华人民共和国企业所得税法》第十条规定，在计算应纳税所得额时，下列支出不得扣除：未经核定的准备金支出；《中华人民共和国企业所得税法实施条例》（国务院令第512号）第五十五条规定，企业所得税法第十条第（七）项所称未经核定的准备金支出，是指不符合国务院财政、税务主管部门规定的各项资产减值准备、风险准备等准备金支出。

9. 企业未支付的当期费用，能否在所得税前扣除？

根据《中华人民共和国企业所得税法实施条例》（中华人民共和国国务院令第512号）规定："第九条企业应纳税所得额的计算，以权责发生制为原则，属于当期的收入和费用，不论款项是否收付，均作为当期的收入和费用；不属于当期的收入和费用，即使款项已经在当期收付，均不作为当期的收入和费用。"

10. 房地产企业统借统还借款利息能否税前扣除？

《房地产开发经营业务企业所得税处理办法》（国税发〔2009〕31号）第二十一条规定，企业集团或其成员企业统一向金融机构借款分摊集团内部其他成员企业使用的，借入方凡能出具从金融机构取得借款的证明文件，可以在使用借款的企业间合理地分摊利息费用，使用借款的企业分摊的合理利息准予在税前扣除。

9.3.4 资产类疑难问题

1. 企业持有的固定资产评估增值是否缴纳企业所得税？

《中华人民共和国企业所得税法实施条例》（中华人民共和国国务院令第512号）第五十六条规定，企业的各项资产，包括固定资产、生物资产、无形资产、长期待摊费用、投资资产、存货等，以历史成本为计税基础。

前款所称历史成本，是指企业取得该项资产时实际发生的支出。

企业持有各项资产期间资产增值或者减值，除国务院财政、税务主管部门规定可以确认损益外，不得调整该资产的计税基础。

2. 企业间的互保损失能否税前扣除？

《国家税务总局关于发布〈企业资产损失所得税税前扣除管理办法〉的公告》（国家税务总局公告2011年第25号）第四十四条规定，企业对外提供与本企业生产经营活动有关的担保，因被担保人不能按期偿还债务而承担连带责任，经追索，被担保人无偿还能力，对无法追回的金额，比照本办法规定的应收款项损失进行处理。该条同时规定，与本企业生产经营活动有关的担保是指企业对外提供的与本企业应税收入、投资、融资、材料采购、产品销售等生产经营活动相关的担保。

3. 代偿的损失能否税前扣除?

财政部、国家税务总局《关于中小企业信用担保机构有关准备金企业所得税税前扣除政策的通知》（财税〔2012〕25号，以下简称“25号”）明确规定，符合条件的中小企业信用担保机构按照不超过当年年末担保责任余额1%的比例计提的担保赔偿准备金，允许在企业所得税税前扣除，同时将上年度计提的担保赔偿准备金余额转为当期收入；中小企业信用担保机构实际发生的代偿损失，符合税收法律法规关于资产损失税前扣除政策规定的，应冲减已在税前扣除的担保赔偿准备金，不足冲减部分据实在企业所得税税前扣除。

4. 应收账款打包出售出售收入与账面应收款的差额是否可以作为资产损失在税前扣除?

《企业资产损失所得税税前扣除管理办法》（国家税务总局公告2011年第25号）第四十七条规定，企业将不同类别的资产捆绑（打包），以拍卖、询价、竞争性谈判、招标等市场方式出售，其出售价格低于计税成本的差额，可以作为资产损失并准予在税前申报扣除，但应出具资产处置方案、各类资产作价依据、出售过程的情况说明、出售合同或协议、成交及入账证明、资产计税基础等确定依据。5.固定资产投入使用后未全额取得发票折旧能够税前扣除吗?

固定资产投入使用后，由于尚未办理竣工决算未取得全额发票的，可暂按合同规定的金额计入固定资产计税基础，并自固定资产投入使用月份的次月起计算折旧；在12个月内取得发票的，按发票金额调整原来的计税基础，补提的折旧应相应调整所属年度的应纳税所得额。12个月以后取得发票的，发票金额高于合同金额的差额部分，计算的折旧额不得在税前扣除，发票金额高于合同金额的差额待资产实际处置时允许在税前扣除。

5. 用政策性搬迁收入新购置的机器设备是否可以正常折旧?

企业政策性搬迁所涉及的资产，区分两种情况进行处理：一是，搬迁后原资产经过简单安装或不安装（如无形资产）仍可以继续使用的，在该资产重新投资使用后，继续计提折旧或摊销费用；二是，搬迁后原资产需要大修理后才能重新使用的，该资产的净值加上大修理支出，为该资产的计税成本。在该资产重新投资使用后，就该资产尚可使用的年限计提折旧。同时，该大修理支出应进行资本化，不得从搬迁收入中扣除。

6. 以公允价值模式计量的投资性房地产能不能税前扣除折旧？

根据《企业所得税法》第二十一条规定，对企业依据财务会计制度规定，并实际在财务会计处理上已确认的支出，凡没有超过《企业所得税法》和有关税收法规规定的税前扣除范围和标准的，可按企业实际会计处理确认的支出，在企业所得税前扣除，计算其应纳税所得额。

以公允价值模式计量的投资性房地产，在会计上不计提折旧，不属于“实际在财务会计处理上已确认的支出”，因此，不得计提折旧在企业所得税前扣除。

7. 纳税人符合六大行业领域的固定资产加速折旧是否需要备案？

企业享受小型微利企业所得税优惠政策、固定资产加速折旧（含一次性扣除）政策，通过填写纳税申报表相关栏次履行备案手续。

9.3.5 优惠类疑难问题

1. 信托计划分红收入免税吗？

根据《企业所得税法》及其实施条例的规定，居民企业直接投资于其他居民企业取得的投资收益属于免税收入。

2. 民政福利企业增值税退税收入是否是免税收入？

《中华人民共和国企业所得税法》第二十六条规定：“企业的下列收入为免税收入：（1）国债利息收入；（2）符合条件的居民企业之间的股息、红利等权益性投资收益；（3）在中国境内设立机构、场所的非居民企业从居民企业取得与该机构、场所有实际联系的股息、红利等权益性投资收益；（4）符合条件的非营利组织的收入。”民政福利企业增值税退税收入不属于免税收入。

3. 西部大开发低税率优惠与项目减半优惠可以同时享受吗？

西部大开发企业所得税税率执行15%；小型微利企业所得税税率执行20%，两者无法同时享受。但部分省份允许符合西部大开发企业所得税优惠政策的应纳税所得额10万元以下的小型微利企业可以享受减半计入应纳税所得额政策后再享受15%税率。

4. 高新技术企业注销是否可适用15%的优惠税率?

根据《财政部 国家税务总局关于企业清算业务企业所得税处理若干问题的通知》（财税〔2009〕60号）第四条规定，企业的全部资产可变现价值或交易价格，减除资产的计税基础、清算费用、相关税费，加上债务清偿损益等后的余额，为清算所得。企业应将整个清算期作为一个独立的纳税年度计算清算所得。

根据《国家税务总局关于印发〈中华人民共和国企业清算所得税申报表〉的通知》（国税函〔2009〕388号）附件2：《中华人民共和国企业清算所得税申报表填表说明》，第十二行“税率”明确为“填报企业所得税法规定的税率25%”。

根据上述规定，高新技术企业注销应当适用25%的税率，不得适用15%的优惠税率。

5. 高新技术企业发生重组，其高新技术企业资格是否会被取消?

根据《科技部 财政部 国家税务总局关于修订印发的通知》（国科发火〔2016〕32号）第十七条规定，高新技术企业发生更名或与认定条件有关的重大变化（如分立、合并、重组以及经营业务发生变化等）应在三个月内向认定机构报告。经认定机构审核符合认定条件的，其高新技术企业资格不变，对于企业更名的，重新核发认定证书，编号与有效期不变；不符合认定条件的，自更名或条件变化年度起取消其高新技术企业资格。

6. 亏损企业能否享受研发费用加计扣除政策?

根据《企业所得税法实施条例》第九十五条的规定：企业所得税法第三十条第（一）项所称研究开发费用的加计扣除，是指企业为开发新技术、新产品、新工艺发生的研究开发费用，未形成无形资产计入当期损益的，在按照规定据实扣除的基础上，按照研究开发费用的50%加计扣除；形成无形资产的，按照无形资产成本的150%摊销。该条款并未再对亏损企业不能享受加计扣除进行限定。近日下发的《关于印发〈中华人民共和国企业所得税年度纳税申报表〉的通知》（国税发〔2008〕101号）也可以看出，新申报表根据新所得税法规定将不征税收入、免税收入、减计收入、减免税项目所得、加计扣除和抵扣应纳税所得额直接计入纳税调减项目，在“纳税调整后所得”之前扣除。这样无论企业是否有利润和所得，这些项目都可以在当年作为税前扣除，直接减少所得额或扩大当年度亏损。

7. 采取股权投资方式投资满两年的期限如何计算?

创业投资企业投资于未上市的中小高新技术企业2年（24个月）以上的。存在两种情况：

（1）创业投资企业投资时，投资对象已是经认定的中小高新技术企业，则从投资年度起计算创业投资企业的投资期限（是否满24个月）；

（2）中小企业接受创业投资之后，经认定符合高新技术企业标准的，应自其被认定为高新技术企业的年度起，计算创业投资企业的投资期限（是否满24个月）。

其中，合伙创投企业投资满2年是指有合伙创投企业投资于未上市中小高新技术企业的实缴投资满2年，同时，法人合伙人对该合伙创投企业的实缴出资也应满2年。

8. 企业享受优惠政策后，汇算清缴期内未备案的怎么办?

根据《企业所得税优惠政策事项办理办法》（国家税务总局〔2015〕76号）规定，企业已经享受税收优惠，但在汇缴期间未按照规定备案的，应在发现后及时补办备案手续，同时提交《目录》列示优惠事项对应的留存备查资料。税务机关发现后，应当责令企业限期备案，同时提交《目录》列示优惠事项对应的留存备查资料。

9.3.6 其他类疑难问题

1. 企业预缴时多缴所得税如何进行抵缴?

根据《企业所得税汇算清缴管理办法》第十一条规定：纳税人在纳税年度内预缴企业所得税税款少于应缴企业所得税税款的，应在汇算清缴期内结清应补缴的企业所得税税款；预缴税款超过应纳税款的，主管税务机关应及时按有关规定办理退税，或者经纳税人同意后抵缴其下一年度应缴企业所得税税款。

2. 股东投资未到位发生股权转让，其股权投资初始投资成本如何确定?

企业进行长期股权投资，在投资未到位前发生股权转让，其初始投资成本按照实际出资额确定。

3. 股权转让时的资本公积部分，是否可以在计算应纳税所得额时扣除?

根据《国家税务总局关于贯彻落实企业所得税法若干税收问题的通知》

（国税函〔2010〕79号）的规定："三、关于股权转让所得确认和计算问题：企业转让股权收入，应于转让协议生效、且完成股权变更手续时，确认收入的实现。转让股权收入扣除为取得该股权所发生的成本后，为股权转让所得。企业在计算股权转让所得时，不得扣除被投资企业未分配利润等股东留存收益中按该项股权所可能分配的金额。"

4. 被投资企业资本公积、留存收益转增股本涉税处理如何进行?

根据《国家税务总局关于贯彻落实企业所得税法若干税收问题的通知》（国税函〔2010〕79号）第四条规定，"被投资企业将股权（票）溢价所形成的资本公积转为股本的，不作为投资方企业的股息、红利收入，投资方企业也不得增加该项长期投资的计税基础"；又根据《企业所得税法》第二十六条规定，"企业的下列收入为免税收入：（1）国债利息收入；（2）符合条件的居民企业之间的股息、红利等权益性投资收益；（3）在中国境内设立机构、场所的非居民企业从居民企业取得与该机构、场所有实际联系的股息、红利等权益性投资收益；（4）符合条件的非营利组织的收入。"

根据《中华人民共和国企业所得税法实施条例》第八十三条的规定，企业所得税法第二十六条第（二）项所称符合条件的居民企业之间的股息、红利等权益性投资收益，是指居民企业直接投资于其他居民企业取得的投资收益。企业所得税法第二十六条第（二）项和第（三）项所称股息、红利等权益性投资收益，不包括连续持有居民企业公开发行并上市流通的股票不足12个月取得的投资收益。

基于上述规定，股权（票）溢价所形成的资本公积转为股本的，以及利用盈余公积和未分配利润转增股本的，除连续持有居民企业公开发行并上市流通的股票不足12个月取得的投资收益部分外，居民企业股东无须针对此部分缴纳企业所得税。

5. 分支机构如何进行汇算清缴?

《国家税务总局关于印发〈跨地区经营汇总纳税企业所得税征收管理办法〉的公告》（国家税务总局2012年第57号）第十条规定：汇总纳税企业应当自年度终了之日起5个月内，由总机构汇总计算企业年度应纳所得税额，扣除总机构和各分支机构已预缴的税款，计算出应缴应退税款，按照本办法规定的税款分摊方法计算总机构和分支机构的企业所得税应缴应退税款，分别由总机构和分支机构就地办理税款缴库或退库。

6. 对二级分支机构查补税款如何在总分机构之间进行分摊?

《跨地区经营汇总纳税企业所得税征收管理办法》（国家税务总局公告2012年第57号），该文件第二十七条规定，总机构应将查补所得税款（包括滞纳金、罚款，下同）的50%按照本办法第十五条规定计算的分摊比例，分摊给各分支机构（不包括本办法第五条规定的分支机构）缴纳，各分支机构根据分摊查补税款就地办理缴库；50%分摊给总机构缴纳，其中25%就地办理缴库，25%就地全额缴入中央国库。汇总纳税企业缴纳查补所得税款时，总机构应向其所在地主管税务机关报送汇总纳税企业分支机构所得税分配表和总机构所在地主管税务机关出具的税务检查结论，各分支机构也应向其所在地主管税务机关报送经总机构所在地主管税务机关受理的汇总纳税企业分支机构所得税分配表和税务检查结论。

7. 企业在年度中间办理注销，企业所得税是否要进行纳税申报和汇算清缴?

《中华人民共和国企业所得税法》第五十三条规定：“企业在一个纳税年度中间开业，或者终止经营活动，使该纳税年度的实际经营期不足十二个月的，应当以其实际经营期为一个纳税年度。企业依法清算时，应当以清算期间作为一个纳税年度。”

第五十五条规定：“企业在年度中间终止经营活动的，应当自实际经营终止之日起六十日内，向税务机关办理当期企业所得税汇算清缴。企业应当在办理注销登记前，就其清算所得向税务机关申报并依法缴纳企业所得税。”

因此，企业在年度中间办理注销前，应当以其实际经营期为一个纳税年度，进行纳税申报和汇算清缴;依法清算时，应当以清算期间作为一个纳税年度，依法计算清算所得及其应纳所得税。

8. 企业清算时，是否可以弥补以前年度亏损?

根据《中华人民共和国企业所得税法》第十八条规定，企业纳税年度发生的亏损，准予向以后年度结转，用以后年度的所得弥补，但结转年限最长不得超过五年。根据《财政部 国家税务总局关于企业清算业务企业所得税处理若干问题的通知》（财税〔2009〕60号）第三条规定，企业清算的所得税处理包括依法弥补亏损，确定清算所得。因此，企业清算时，可以依法弥补以前年度亏损。

9．企业所得税核定征收改为查账征收，汇算清缴时可弥补核定征收年度利润表的亏损吗？

可税前弥补的亏损，是纳税申报后确认的亏损额。企业核定征收企业所得税的，纳税申报时，不会形成亏损，所以改查账征收后，并没有可以弥补的亏损。

10．如何确认房地产完工时间？

根据《国家税务总局关于印发〈房地产开发经营业务企业所得税处理办法〉的通知》（国税发〔2009〕31号）规定，企业房地产开发经营业务包括土地的开发，建造、销售住宅、商业用房以及其他建筑物、附着物、配套设施等开发产品。除土地开发之外，其开发产品符合下列条件之一的，应视为已经完工：（1）开发产品竣工证明材料已报房地产管理部门备案。（2）开发产品已开始投入使用。（3）开发产品已取得了初始产权证明。

根据《国家税务总局关于房地产开发企业开发产品完工条件确认问题的通知》（国税函〔2010〕201号）规定，房地产开发企业建造、开发的开发产品，无论工程质量是否通过验收合格，或是否办理完工（竣工）备案手续以及会计决算手续，当企业开始办理开发产品交付手续（包括入住手续）、或已开始实际投入使用时，为开发产品开始投入使用，应视为开发产品已经完工。房地产开发企业应按规定及时结算开发产品计税成本，并计算企业当年度应纳税所得额。

11．国资委控股企业间的股权无偿划拨能否适用特殊性重组政策？

参考《国家税务总局稽查局关于2017年股权转让检查工作的指导意见》（税总稽便函〔2017〕165号）

关于国资委控股企业间的股权无偿划拨适用政策的问题《财政部 国家税务总局关于促进企业重组有关企业所得税处理问题的通知》（财税〔2014〕109号）第三条规定：对百分之百直接控制的居民企业之间，以及受同一或相同多家居民企业百分之百直接控制的居民企业之间按账面净值划转股权或资产，凡具有合理商业目的、不以减少、免除或者推迟缴纳税款为主要目的，股权或资产划转后连续12个月内不改变被划转股权或资产原来实质性经营活动，且划出方企业和划入方企业均未在会计上确认损益的，可以适用特殊性税务处理。

因国资委并不是企业，国资委百分之百控股企业间的股权无偿划拨的情况，不适用这一政策。

第10章 如何享受税收优惠

10.1 一般纳税人的选择

1. 一般纳税人资格的定义

一般纳税人是指年应征增值税销售额（以下简称年应税销售额），超过财政部、国家税务总局规定的小规模纳税人标准的企业和企业性单位（以下简称企业）。

年应税销售额，是指纳税人在连续不超过12个月的经营期内累计应征增值税销售额，包括纳税申报销售额、稽查查补销售额、纳税评估调整销售额、税务机关代开发票销售额和免税销售额。其中稽查查补销售额和纳税评估调整销售额计入查补税款申报当月的销售额，不计入税款所属期销售额。经营期，是指在纳税人存续期内的连续经营期间，含未取得销售收入的月份。

应税服务的年应征增值税销售额（以下称应税服务年销售额）超过财政部和国家税务总局规定标准的纳税人为一般纳税人，未超过规定标准的纳税人为小规模纳税人。

兼有销售货物、提供应税劳务以及应税服务的纳税人，应税货物及劳务销售额与应税服务销售额分别计算，分别适用增值税一般纳税人资格认定标准。

兼有销售货物、提供加工修理修配劳务以及应税服务，且不经常发生应税行为的单位和个体工商户可选择按照小规模纳税人纳税。

小规模纳税人会计核算健全，能够提供准确税务资料的，可以向主管税务机关申请资格认定，不作为小规模纳税人，依照有关规定计算应纳税额。

试点实施前应税服务年销售额未超过500万元的试点纳税人，如符合相关规定条件，也可以向主管税务机关申请增值税一般纳税人资格认定。

2. 申请一般纳税人资格的条件

年应税销售额未超过财政部、国家税务总局规定的小规模纳税人标准以及新开业的纳税人，可以向主管税务机关申请一般纳税人资格认定。对提出申请并且同时符合下列条件的纳税人，主管税务机关应当为其办理一般纳税人资格认定：

（1）有固定的生产经营场所。

（2）能够按照国家统一的会计制度规定设置账簿，根据合法、有效凭证核算，能够提供准确税务资料。

3. 无须办理一般纳税人资格认定的纳税人

（1）个体工商户以外的其他个人；其他个人，是指自然人。

（2）选择按照小规模纳税人纳税的非企业性单位；非企业性单位，是指行政单位、事业单位、军事单位、社会团体和其他单位。

（3）选择按照小规模纳税人纳税的不经常发生应税行为的企业。不经常发生应税行为的企业，是指非增值税纳税人；不经常发生应税行为是指其偶然发生增值税应税行为。

（4）应税服务年销售额超过规定标准的其他个人不属于一般纳税人；不经常提供应税服务的非企业性单位、企业和个体工商户可选择按照小规模纳税人纳税。

（5）试点实施前已取得增值税一般纳税人资格并兼有应税服务的试点纳税人，不需要重新申请认定，由主管税务机关制作、送达《税务事项通知书》，告知纳税人。

4. 一般纳税人资格认定的所在地和权限

纳税人应当向其机构所在地主管税务机关申请一般纳税人资格认定。

一般纳税人资格认定的权限，在县（市、区）国家税务局或者同级别的税务分局（以下称认定机关）。

10.2 小规模纳税人的选择

1. 小规模纳税人资格的定义

小规模纳税人是指年销售额在规定标准以下，并且会计核算不健全。不能按规定报送有关税务资料的增值税纳税人。所称会计核算不健全是指不能正确核算增值税的销项税额、进项税额和应纳税额。

根据《增值税暂行条例》及其《增值税暂行条例实施细则》和“营改增”及相关文件的规定，小规模纳税人的认定标准是：

（1）从事货物生产或者提供应税劳务的纳税人，以及以从事货物生产或者提供应税劳务为主，并兼营货物批发或者零售的纳税人，年应税销售额在50万元以下（含本数，下同）的；“以从事货物生产或者提供应税劳务为主”是指纳税人的年货物生产或者提供应税劳务的销售额占年应税销售额的比重在50%以上。

（2）对上述规定以外的纳税人（不含提供应税服务的纳税人），年应税销售额在80万元以下的。

（3）年应税销售额超过小规模纳税人标准的其他个人按小规模纳税人纳税。

（4）非企业性单位、不经常发生应税行为的企业可选择按小规模纳税人纳税；对于应税服务年销售额超过规定标准但不经常提供应税服务的单位和个体工商户可选择按照小规模纳税人纳税。

（5）应税服务年销售额标准为500万元，应税服务年销售额未超过500万元的纳税人为小规模纳税人。

试点纳税人试点实施前的应税服务年销售额按以下公式换算：

应税服务年销售额=连续不超过12个月应税服务营业额合计÷（1+3%）

（6）旅店业和饮食业纳税人销售非现场消费的食品，属于不经常发生增值税应税行为，根据《增值税暂行条例实施细则》第二十九条的规定，可以选择按小规模纳税人缴纳增值税。

（7）兼有销售货物、提供加工修理修配劳务以及应税服务，且不经常发生应税行为的单位和个体工商户可选择按照小规模纳税人纳税。

2. 小规模纳税人的管理

小规模纳税人会计核算健全，能够提供准确税务资料的，可以向主管税务机关申请资格认定，不作为小规模纳税人。会计核算健全，是指能够按照国家统一的会计制度规定设置账簿，根据合法、有效凭证核算。

10.3 一般纳税人与小规模纳税人的选择

1. 增值率判断法

从两种增值税纳税人的计税原理看，一般纳税人增值税的计算是以增值额作为计税基础，而小规模纳税人的增值税是以全部收入（不含税）作为计税基础。在销售价格相同的情况下，税负的高低主要取决于增值率的大小。在增值率达到某一数值时，两种纳税人的税负相等。这一数值称之为无差别平衡点增值率。

增值率 =（不含税销售额 - 可抵扣购进项目金额）÷ 不含税销售额 × 100%

一般纳税人应纳增值税额 = 当期销项税额 - 当期进项税额 = 不含税销售额 × 增值率 × 增值税税率

小规模纳税人应纳增值税额 = 不含税销售额 × 征收率

当两者税负相等时，则有：增值率 = 征收率 ÷ 增值税税率，此值即为无差别平衡点增值率。

例如，当税率＝13%，征收率＝3%时，增值率平衡点＝3%÷13%×100%＝23.08%。说明当增值率为23.08%时，两种纳税人税负相同；当增值率低于23.08%时，小规模纳税人税负重于一般纳税人，适宜选择一般纳税人；当增值率高于23.08%时，一般纳税人税负高于小规模纳税人，适宜选择小规模纳税人。

总体来说，在增值率较低的情况下，一般纳税人比小规模纳税人有优势，主要原因是前者可抵扣进项税额，而后者不能。但随着增值率的上升，一般纳税人的优势越来越小。在非零售环节，一些毛利率较的企业，如经营奢侈品或富有弹性的商品时，小规模纳税人很容易通过降价来达到尽可能高的利润，而又少纳税。在零售环节，一般纳税人的优势地位更不显著，由于小规模纳税人按3%的征收率纳税，其不含税收入较高，当进销差价达到一定程度时，小规模纳税人的利润可能超过一般纳税人。

2. 可抵扣购进金额占销售额比重判别法

从另一角度来看，一般纳税人税负的高低取决于可抵扣的进项税额的多少。当抵扣额占不含税销售额的比重达到某一数值时，两种纳税人的税负相等，我们称之为无差别平衡点抵扣率。

抵扣率 = 可抵扣购进项目金额 × 100% ÷ 不含税销售额

增值率 = （不含税销售额 - 可抵扣购进项目金额）× 100% ÷ 不含税销售额 = 1 - 抵扣率一般纳税人应纳增值税额 = 销项税额 - 进项税额 = 不含税销售额 × 税率 ×（1 - 抵扣率）

小规模纳税人应纳增值税额 = 不含税销售额 × 征收率

当两者税负相等时，则有：抵扣率 = 1 - 征收率 ÷ 增值税税率，此值即为无差别平衡点抵扣率。

例如，当税率＝13%，征收率＝3%时，纳税比重平衡点＝1－3%÷13%＝76.92%。这也就是说，当企业可抵扣的购进项目占其销售额的比重为76.92%时，两种纳税人的税负完全相同。当企业可抵扣的购进项目占销售额的比重大于76.92%时，一般纳税人税负轻于小规模纳税人，反之，则一般纳税人税负重于小规模纳税人。总体来说，在抵扣率较低的情况下，小规模纳税人比一般纳税人有优势，随着抵扣率的上升，小规模纳税人的优势越来越小，当抵扣率上升达到一定程度时，一般纳税人反超小规模纳税人，比小规模纳税人有优势。

3. 含税购货金额占含税销售额比重判别法

有时纳税人提供的资料是含税的销售额和含税的购进金额，对此利用同样步骤，也可算出来纳税相同的比重点。假设Y为含增值税的销售额，X为含增值税的购货金额（符合抵扣条件），则下式成立：

$$[Y \div (1+13\%) - X \div (1+13\%)] \times 13\% = Y \div (1+3\%) \times 3\%$$

解得平衡点如下：X＝78.97%Y

当企业的含税购货额为同期含税销售额的78.97%时，两种纳税人的税负完全相同。当企业的含税购货额占同期含税销售额的比重大于78.97%时，一般纳税人税负轻于小规模纳税人。当企业的含税购货额占同期含税销售额的比重小于78.97%时，一般纳税人税负重于小规模纳税人。